Nicholas H. Dodman

Wer ist hier der Boss?

Vom Umgang mit eigenwilligen Hunden

Aus dem Amerikanischen
von Almuth Dittmar-Kolb

Hoffmann und Campe

Die Originalausgabe erschien 1996 unter dem Titel »The Dog Who
Loved Too Much. Tales, Treatments, and the Psychology of Dogs« im
Verlag Bantam Books, New York.

Die Deutsche Bibliothek – CIP-Einheitsaufnahme

Dodman, Nicholas H.:
Wer ist hier der Boss? : Vom Umgang mit eigenwilligen Hunden /
Nicholas H. Dodman. Aus dem Amerikan. von Almuth Dittmar-Kolb.
– 1. Aufl. – Hamburg : Hoffmann und Campe, 1997
Einheitssacht.: The dog who loved too much <dt.>
ISBN 3-455-11163-7

© 1996 by Nicholas H. Dodmann
Deutsche Ausgabe:
Copyright © 1997 by Hoffmann und Campe Verlag, Hamburg
Schutzumschlaggestaltung: Kai Eichenauer
unter Verwendung eines Fotos von TIB/JANEART
Satz: Utesch Satztechnik GmbH, Hamburg
Druck und Bindung: Clausen & Bosse, Leck
Printed in Germany

Inhalt

Gewidmet
meiner Frau Linda, die mich stets unterstützt hat,
meinen Kindern Stevie, Vicky, Keisha und Danny –
weil es sie gibt, meiner Mutter, die mir gezeigt hat,
was Tierliebe ist.

Vorbemerkung

Ich möchte mich bei »Bantam Books« dafür bedanken, daß sie es mir ermöglichten, dieses – mein erstes – Buch zu schreiben. Mein Dank gilt auch meinen beiden Lektoren, Leslie Meredith und Brian Tart, die mich bei der endgültigen Zusammenstellung des Textes so geschickt auf die richtige Spur gebracht haben. Ihre Einfälle und Vorschläge waren von unschätzbarem Wert für mich. Auch Glen Hartleys Begeisterung und Glauben an mein Projekt weiß ich zu schätzen. Zu guter Letzt möchte ich der Schriftstellerin Joan Gage für ihre Ermutigung zu Beginn dieses Unterfangens, dem Trainer Brian Kilcommons für Rat und Beistand und meiner Assistentin Karen Hayes für die großartige Arbeit danken, die sie bei der Erstellung des Manuskripts geleistet hat.

In diesem Buch werden verschiedene pharmakologische Mittel*   zur Behandlung von Verhaltensstörungen bei Hunden** erwähnt. Diese Medikamente sollten nur von einem Tierarzt verschrieben werden, der bereits über Er-

---

* Soweit sie in Deutschland nicht oder in anderer Form auf dem Markt sind, findet sich das Äquivalent in Klammern nach der amerikanischen Bezeichnung. Buspirone wird mit Bespar, Prozac mit Fluctin wiedergegeben.

** Die Schreibung der deutschen Bezeichnungen erfolgt nach den Maßgaben des Verbandes für das Deutsche Hundewesen e.V. (VDH), Dortmund.

fahrungen mit deren Anwendung verfügt. Die jeweiligen Dosierungen können sehr unterschiedlich sein, und in manchen Fällen kann es zu Nebenwirkungen und idio-synkratischen Reaktionen kommen. Außerdem sind viele der genannten Präparate noch nicht für den tierärztlichen Gebrauch zugelassen. Deshalb sollten sie nur in Fällen verschrieben werden, in denen sie der tierärztliche Kliniker für angezeigt hält und es kein veterinärmedizinisches Produkt mit vergleichbarer Wirkung gibt. Außerdem sollte die im Text erwähnte proteinarme Nahrung nicht unterschiedslos verabreicht werden, insbesondere nicht an Junghunde, trächtige oder säugende Hündinnen. Vor einer Veränderung der Ernährung sollte ein Tierarzt zu Rate gezogen werden.

Einleitung

Vor vielen Jahren, als Fragen des Tierverhaltens mich noch gar nicht interessierten, arbeitete ich in einer gutgehenden Tierarztpraxis in Glasgow in Schottland. Eines Abends stand ein Mann mit einem Jack Russell Terrier unter dem Arm in meinem Sprechzimmer. Mit Tränen in den Augen schüttelte er traurig den Kopf: »Ich fürchte, ich muß Sie darum bitten, sie einzuschläfern, Herr Doktor«, sagte er, indem er seine Hündin vorsichtig auf den Untersuchungstisch setzte.

»Wie kommen Sie denn darauf?« fragte ich.

»Leider ist unsere Sally sehr beißwütig. Immer wenn das Telefon klingelt, stürzt sie sich auf den Apparat und zerbeißt ihn. Drei hat sie schon kaputtgemacht, und wir können es uns einfach nicht leisten, ständig neue anzuschaffen.«

»Sie zerbeißt Telefone?« sagte ich ungläubig. »Können Sie den Apparat nicht einfach außerhalb ihrer Reichweite hinstellen?«

»Leider nein. Sie findet ihn, egal, wo ich ihn verstecke. Ich liebe Sally wirklich und habe mir die Entscheidung nicht leichtgemacht, aber so wie die Dinge liegen, müssen wir sie einschläfern lassen.«

Ich musterte die Hündin, die den Kopf schieflegte und mich stumm anblickte. Ein schönes Tier im besten Alter. Es wäre ein Jammer gewesen, sie einzuschläfern.

»Könnte ich nicht wenigstens den Versuch machen, sie zu behandeln?« bat ich, während ich krampfhaft überlegte, wie eine Lösung für dieses Problem aussehen könnte.

»Woran haben Sie denn gedacht, Herr Doktor?« fragte der Mann.

»Wir könnten es vielleicht mit Valium probieren«, sagte ich auf gut Glück. »Vielleicht würde sie das ein bißchen ruhiger machen.«

»In Ordnung«, sagte der Mann. »Das scheint mir zumindest einen Versuch wert zu sein.«

Ich verschrieb eine relativ niedrige Dosis Valium, einzunehmen dreimal täglich, und schickte den Mann mit seiner Hündin nach Hause. Doch in der folgenden Woche war er wieder da und sah noch trauriger aus als bei seinem ersten Besuch.

»Das hat nichts gebracht, Herr Doktor«, sagte er. »Sie war wieder hinter dem Telefon her. Ich fürchte, Sie werden sie doch einschläfern müssen.«

»Die Dosis war verhältnismäßig niedrig«, entgegnete ich. »Könnten Sie mir nicht noch eine Woche Zeit lassen, und wir probieren es mit einer höheren Dosis?«

Er war wieder einverstanden und verabschiedete sich, um es eine Woche lang mit der doppelten Menge zu versuchen. Doch beim nächsten Besuch war es das gleiche – keine Besserung in Sicht. Ich wußte, daß mir die Zeit davonlief, und bat ihn inständig um einen allerletzten Aufschub: noch eine Woche mit der Maximaldosis. Zögernd stimmte er zu.

Als er nach einer mir ungewöhnlich lang erscheinenden Woche schließlich wiederkam, strahlte er über das ganze Gesicht. »Es geht jetzt wieder, Herr Doktor«, sagte er. »Ich glaube, wir können sie behalten. Ihre Pillen haben gewirkt.«

Hocherfreut über diese Wendung zum Guten erwiderte ich: »Also, wenn ich Sie recht verstehe, beachtet sie das Telefon nun gar nicht mehr?«

»Nein – das kann man nicht behaupten«, erwiderte er. »Sie will es immer noch zu fassen kriegen, aber jetzt bewegt sie sich so langsam, daß ich sie noch rechtzeitig erwischen kann, bevor sie dort angelangt ist.«

Das war zwar nicht unbedingt die Lösung, die mir vorgeschwebt hatte, doch zumindest hatte ich für den Hund Zeit gewonnen. Und tatsächlich ließ Sally allmählich ganz von ihrer Jagd auf das Telefon ab. Vielleicht dachte sie, es lohne sich nicht, weil sie doch jedesmal wieder erwischt würde. Jedenfalls kann ich erfreulicherweise berichten, daß ihr die übliche Lebensdauer beschert war.

Sallys Beispiel veranschaulicht das Dilemma, vor dem vor zwanzig Jahren noch fast alle Tierärzte in solchen Fällen standen: Keiner wußte, was bei Verhaltensproblemen zu tun war. Die meisten reichten den Fall einfach an die nächste Hundeschule weiter und hofften das Beste. Manchmal war das eine gute Lösung – aber durchaus nicht immer. Glücklicherweise hat das Wissen bzw. Interesse der Tierärzte in bezug auf die Behandlung problematischer Verhaltensweisen in letzter Zeit sehr zugenommen; inzwischen ist daraus sogar eines der heißesten neuen Themen der Veterinärmedizin geworden. An den Tierärztlichen Hochschulen gibt es immer mehr Abteilungen für Ethologie mit eigenen Dozenten und Assistenten. Für viele Studenten der Veterinärmedizin sind entsprechende Seminare bereits obligatorisch, und auch in den Fortbildungsveranstaltungen für praktizierende Tierärzte wird das Thema Tierverhalten häufig angeboten. Wenn Sie heute einen Hund wegen irgendwelcher Verhaltensprobleme zum Tierarzt bringen, dann weiß die-

11

ser, was zu tun ist, oder er hat zumindest eine Ahnung, worum es geht. Es gibt sogar schon anerkannte Spezialisten für Tierverhalten, an die man besonders schwierige Fälle überweisen kann.

Die »Tufts University School of Veterinary Medicine«, an der ich arbeite, ist eine der führenden Tierärztlichen Hochschulen der Vereinigten Staaten. Wir sind stolz darauf, daß wir eine große Vielfalt von Auffälligkeiten, sowohl bei Kleintieren als auch bei großen, erfolgreich behandeln können. Wir haben einen personell gut ausgestatteten Service an unserem Krankenhaus eingerichtet, um unseren Klienten bei Verhaltensproblemen ihrer Haustiere helfen zu können. Und wir beabsichtigen, auf diesem hochinteressanten neuen Gebiet verstärkt zu forschen und die angehenden Tierärzte entsprechend auszubilden. Unser Programm beschränkt sich aber keineswegs auf simple Fälle wie Hunde, die fremde Menschen anspringen oder zuviel bellen, wobei wir solche kleineren Erziehungsprobleme natürlich auch behandeln können und wollen. In erster Linie sind wir auf »Überweisungsfälle« eingerichtet, also auf Tiere mit schwerwiegenden, hartnäckigen Problemen, mit denen man anderenorts weniger vertraut ist. So behandeln wir Hunde, die Phantasie-Kaninchen in Phantasie-Kaninchenhöhlen jagen oder Luft schlucken, bis sie prall wie ein Wetterballon sind. Auch deckensaugende Dackel, Springer Spaniels mit Wutsyndrom, Afghanische Windhunde mit Angstzuständen und Zwangsneurotiker wie Golden Retriever und Labradors sind bei uns nichts Ungewöhnliches.

Manchmal ist es ein Problem für sich, wie man jemanden dazu bewegt, uns sein Haustier vorzustellen. Den eigenen Hund zu einem Experten für Tierverhalten zu bringen finden Hundebesitzer offenbar ziemlich peinlich. Häufig zögern sie eine Beratung bei uns immer wieder hinaus, weil sie befürchten, irgend etwas falsch gemacht zu haben. Die Frage, ob die Konsultation eines Verhaltensexperten angebracht ist, kann sogar zu offenen Konflikten in der Familie führen. Frauen sind in dieser Hinsicht nämlich häufig etwas aufgeschlossener, während Männer offenbar das Gefühl haben, ein Gang zum »Tierpsychologen« sei etwas für Waschlappen; aus Angst, sich lächerlich zu machen, wollen sie nicht einmal, daß ihre Bekannten davon erfahren. Wer nichts Genaues darüber weiß, stellt sich anscheinend eine Art Voodoopriester oder Freud für Vierbeiner darunter vor, der den Hund auf die sprichwörtliche Couch legt und nach seinen Erlebnissen als Welpe befragt. So mancher Hundehalter hat wohl auch die Befürchtung, daß er womöglich selber analysiert werden soll.

Unsere Klienten sind jedenfalls immer erleichtert, daß bei unseren Konsultationen nichts Ungewöhnlicheres stattfindet, als daß wir auf Grund klinischer Beobachtung, Anamnese und eventueller Laboruntersuchungen erstens *eine Diagnose* stellen und zweitens, zur Korrektur des Problems, *Ratschläge zur Behandlung* erteilen. Außerdem bemerken sie mit Erleichterung, daß eine Behandlung weder endloses tägliches Training noch größere Lebensumstellungen erforderlich macht. Normalerweise betreffen unsere Ratschläge Verbesserungen in bezug auf Bewegung, Ernährung und Umgebung des Tiers; außerdem gehört ein wenig Umerziehung (zweimal täglich fünf bis zehn Minuten) dazu sowie eine spezielle Therapie zur Verhaltensmodifikation. Der wichtigste Teil der Konsultation ist die Aufklärung des Halters über die Eigenheiten seines Tieres. Denn viele der vermeintlichen Störungen sind in Wirklichkeit normale artspezifische Verhaltens-

13

weisen, die sich nur durch ein schlechtes Zusammenspiel von Mensch und Tier negativ auf die Beziehung zwischen Herr und Hund auswirken. In den meisten Fällen genügt es schon, daß der Besitzer sein Tier besser versteht und erfährt, welche Behandlung wirkungsvoll ist und welche er sich sparen kann, damit alles wieder ins Lot kommt.

Außer der Skepsis der Hundehalter gegenüber den Methoden und dem Wert einer verhaltenstherapeutisch ausgerichteten Beratung gibt es noch einen weiteren Faktor, der zu Komplikationen führen kann: die Persönlichkeit bzw. das Verhalten des Hundebesitzers selbst. Dieser kann nämlich, ohne es zu wollen, das Problemverhalten seines Hundes verstärken, weil er ihm die falschen Signale zukommen läßt. Zum Beispiel können freundliche, nachgiebige Halter das Dominanzverhalten ihres Hundes fördern, weil sie zu sehr auf seine Vorlieben und Abneigungen eingehen, ihm keine Grenzen setzen und auch keine Gegenleistung von ihm erwarten. (Wenn solche Leute Kinder im Teenageralter haben, werden sie mit diesen oft ebensowenig fertig wie mit ihren Hunden und landen in ganz ähnlichen Situationen!) Aus einer bei uns an der Tufts-Klinik durchgeführten vorläufigen Studie geht hervor, daß die Besitzer aggressiv-dominanter Hunde häufig in ihrer Persönlichkeit stärker emotional als rational ausgerichtet sind. Diese Erkenntnis hat wesentliche Auswirkungen auf die Behandlung.

Eine weitere Auffälligkeit, die durch die Reaktionen des Tierhalters gefördert werden kann, ist die Ängstlichkeit. Durch Körpersprache, Tonfall und bestimmte physische Anhaltspunkte wie plötzliche innere Anspannung oder ein Festerfassen der Leine bei einem Spaziergang kann ein Hundebesitzer seine eigene Angst auf seinen Hund übertragen. Solche Reaktionen vermitteln dem

Hund nämlich, daß irgend etwas nicht stimmt. Darüber hinaus machen ängstliche Herrchen und Frauchen oft alles noch schlimmer, indem sie unmittelbar darauf ihre Hunde loben und auf diese Weise die Furchtsamkeit, die sie gerade selbst hervorgerufen haben, noch zusätzlich belohnen. Es gibt zahlreiche Beispiele für den Einfluß der Halterpersönlichkeit auf das Hundeverhalten, doch keines ist so ausgeprägt wie die wechselseitige Abhängigkeit, die sich zwischen liebebedürftigen Hundebesitzern und an Trennungsangst leidenden Hunden (vgl. »Wenn Hunde zu sehr lieben«, S. 137 f.) herausbildet. Die betreffenden Herrchen und Frauchen sind häufig besonders nette und rücksichtsvolle Mitmenschen, die – vielleicht auf Grund eigener ungestillter seelischer Bedürfnisse – ihren liebebedürftigen Vierbeiner mit Zuwendung überschütten. Gefühlvolle Menschen dieses Typs verschärfen in der Tat noch das problematische Verhalten ihres Hundes, auch wenn ihnen nichts ferner liegt als dies. Zum Behandlungsplan solcher und anderer Verhaltensprobleme gehört deshalb auch die Umgestaltung des Verhältnisses von Herr bzw. Frau und Hund; so lernt zum Beispiel der Besitzer eines dominanten Hundes, wie er sich gegen diesen durchsetzen und ihn in seine Schranken verweisen kann, während der Besitzer eines ängstlichen Hundes lernt, Zuversicht auszustrahlen, oder der eines unter Trennungsangst leidenden, wie er seinen Hund zu größerer Selbständigkeit führen kann.

Ein letzter Punkt, an dem sich die Persönlichkeit des Hundehalters auf die Behandlung von Verhaltensproblemen auswirken kann, ist die Durchführung des Behandlungsprogramms. Ich habe die Rolle der Halterpersönlichkeit bisher nur im Falle der Behandlung dominanzbedingter Aggressivität untersucht; dort zeigte

15

sich, daß bei eher verstandesbetonten Menschen eine geringere Wahrscheinlichkeit besteht, zum Adressaten derartiger Aggressionen zu werden, und daß sie mit höherer Wahrscheinlichkeit in der Lage sind, ein vorgegebenes Behandlungsprogramm – nach entsprechender Anleitung – effektiv durchzuziehen. Die Persönlichkeit des Hundehalters mag auch ein Faktor bei der Durchführung von verhaltensmodifizierenden Programmen bei anderen Auffälligkeiten sein. Die Fähigkeit, ein problematisches Verhalten objektiv zu betrachten, und die Entschlossenheit, das Behandlungsschema bis zum Ende durchzuhalten, spielen eine wesentliche Rolle für das Erreichen guter Resultate. Wenn ein Programm nicht erfolgreich ist, liegt das bei einem Großteil der Fälle daran, daß der Hundehalter sich nicht konsequent danach richtet. Es hat schon so manches gute Programm nichts gefruchtet, weil dieses wesentliche Element fehlte.

Es gibt einen Aspekt der Verhaltenstherapie, der für die betreffenden Tierhalter schwer zu akzeptieren ist, selbst wenn sie es bereits tapfer durchgestanden haben, daß sie von Angehörigen und Bekannten wegen ihrer Entscheidung, zum Verhaltenstherapeuten zu gehen, für verrückt erklärt werden. Was ich meine, ist der Einsatz von Medikamenten zur Unterstützung der Behandlung von Problemverhalten. Obwohl dies bereits seit Jahren gang und gäbe ist, wenn auch noch nicht so gezielt wie heute, haben die Psychopharmaka erst seit kurzem einen Platz im Medikamentenschrank des Verhaltensspezialisten. Der Einsatz solcher Medikamente scheint zu implizieren, daß Tiere eine Psyche haben (was natürlich stimmt) und daß sie zu ähnlichen psychischen Störungen neigen wie Menschen (was ebenfalls richtig ist). Es lassen sich viele Parallelen zwischen dem Problemverhalten von Hunden und entsprechenden menschlichen Verhaltensweisen feststellen. Tatsächlich wird heute ernsthaft in Betracht gezogen, bestimmte Verhaltensprobleme von Tieren verstärkt zu untersuchen, weil sie als relevante Modelle für psychische Erkrankungen des Menschen dienen können.

Erst kürzlich trat ein Kollege von der Harvard University an mich heran, der die Absicht hatte, die Aggressivität von Hunden unter genetischen Aspekten zu untersuchen, in der Hoffnung, daß dies mehr Licht auf die Vererbung des Aggressionsverhaltens beim Menschen werfen könnte. Man hat auch schon den Vorschlag gemacht, daß wir durch eine gründlichere Untersuchung der Trennungsangst bei Hunden einiges über Panikattakken und Angsterkrankungen beim Menschen erfahren könnten. Es bestehen auch viele Ähnlichkeiten zwischen den zwanghaften Verhaltensweisen von Hunden wie Lecken, Ballspielen oder Schwanzjagen und Zwangsneurosen beim Menschen. Wer sich nicht näher damit beschäftigt hat, dem mag das abwegig erscheinen. Schließlich ist ein Hund ein Hund und ein Mensch ein Mensch! Oder etwa nicht? Zugegeben, sie unterscheiden sich in vielem ganz erheblich, dennoch sind die biologischen Übereinstimmungen auffallend. So herrscht zum Beispiel eine große Ähnlichkeit in der Struktur und Funktion des Gehirns von Hund und Mensch. Man verwendet für die verschiedenen Gehirnabschnitte bei beiden Spezies sogar dieselben anatomischen Bezeichnungen. Auch die chemischen Botenstoffe (Neurotransmitter) beider Arten sowie deren Funktionen – das Übermitteln von Stimmungen, sozialen und sexuellen Verhaltensweisen – sind identisch, auch wenn wir Menschen hinsichtlich unserer angeborenen Triebe ein bißchen anders programmiert sind. Es kann also kaum überraschen, daß Menschen wie Hunde auf sehr ähnliche Weise aus dem Ruder laufen können und daß fast die gleichen Medikamente zur Behandlung dieser Probleme eingesetzt werden können.

Die Anwendung von Prozac (Fluctin in Deutschland) zur Behandlung von zwanghaftem Verhalten und von Aggressivität bei Hunden hat kürzlich zu einem Aufschrei in den Medien geführt. Wie könne man nur für Menschen entwickelte Psychopharmaka zur Behandlung von Tieren – »seelenlosem Viehzeug« – benutzen! Hunde hätten schließlich keine Depressionen oder Angstzustände ... Allerdings können sie die haben! Hunde erleben ein weitgefächertes Spektrum von ganz ähnlichen psychischen Problemen wie Menschen. Hatten Ethologen den Tieren anfänglich kaum kognitive Fähigkeiten zugestanden, so geht der Trend heute dahin, bei höheren Tieren sehr wohl ein Bewußtsein, ähnliche Gedanken und Emotionen, wie wir sie haben, zu vermuten. Zur Enttäuschung der Vertreter der alten Schule können Prozac bzw. Fluctin und andere auf die Psyche einwirkende Arzneimittel in der Tiermedizin erfolgreich zur Behandlung problematischer Tierverhaltensweisen eingesetzt werden. Neuroleptika, trizyklische Antidepressiva und die verschiedensten neuentwickelten angstmindernden Wirkstoffe sind in der tierärztlichen Verhaltensmedizin von unschätzbarem Wert. In den meisten Fällen ist es jedoch das beste, sie in Kombination mit speziellen verhaltensmodifizierenden Therapien anzuwenden.

Die in diesem Buch behandelten Auffälligkeiten werden an Hand realer Fälle dargestellt, die wir an unserer Klinik beobachtet haben (wobei wir aber zum Schutz der Privatsphäre Namen und Umstände der Personen sowie die Hundenamen geändert haben), denn fallbezogene

Darstellungen sind interessanter, anschaulicher und einprägsamer. Natürlich hoffe ich, daß der Leser die Geschichten unterhaltsam finden möge, doch mein vorrangiges Ziel ist es, Kenntnisse über die Hintergründe und die Behandlung von Verhaltensproblemen bei Hunden weiterzugeben. Es steckt nämlich mehr hinter dem Verhalten von Hunden, als auf den ersten Blick ersichtlich ist. Es gibt gute Gründe, warum Hunde sich so und nicht anders verhalten, und in vielen Fällen besteht eine recht gute Chance, daß sich unerwünschtes Verhalten noch korrigieren läßt.

Auf eines möchte ich den arglosen Leser allerdings noch aufmerksam machen: Nicht alle von mir beschriebenen Fälle lösten sich in Wohlgefallen auf, und manche Hundehalter haben sich am Ende doch noch entschlossen, ihren Hund einschläfern zu lassen. Man bezeichnet diese letzte Möglichkeit, die der Verhaltensexperte zu vermeiden trachtet, als *Euthanasie*, ein Begriff aus dem Griechischen, der sich mit »schöner Tod« übersetzen läßt, ein Widerspruch in sich. Auch solche traurigen Fälle werden hier geschildert, denn sie gehören leider genauso zu den Erfahrungen eines Verhaltensexperten. Sie unterstreichen die Unabdingbarkeit ethischer Grundsätze bei der Hundezucht sowie die Notwendigkeit, bei Haustieren auf ein artgerechtes Umfeld zu achten und richtig mit ihnen umzugehen. Nach Schätzungen werden 30 bis 50 Prozent aller in den USA eingeschläferten Hunde in Tierheimen und staatlichen Tierasylen getötet. Traurigerweise wird bei 20 bis 30 Prozent dieser Hunde als Grund für die Einlieferung »unerwünschtes Verhalten« angegeben, was zur Euthanasie von etwa eineinhalb Millionen Hunden pro Jahr führt. Zur Veranschaulichung: Auf jeden Hund, der an Krebs stirbt, kommen drei Hunde, die auf

Grund von »Unarten« umgebracht werden. Aus tierärztlicher Sicht ist dies ein schwerwiegendes Problem, mit dem man sich unbedingt beschäftigen sollte.

Der erste Teil dieses Buches befaßt sich mit der Aggression von Hunden und ihren Erscheinungsformen sowie den jeweiligen Behandlungsmethoden. Aggression ist im ganzen Tierreich so weit verbreitet, daß die Ethologen sie als ein normales Phänomen betrachten. Daher (sowie aus politischen Gründen) wird Aggression an sich nicht als eine psychiatrische Auffälligkeit beim Menschen betrachtet, wenn sie auch als ein Symptom zahlreicher psychischer Erkrankungen gilt. In der tierärztlichen Verhaltensmedizin sind wir ein bißchen ehrlicher und erkennen Aggressivität als Primärdiagnose an. Zugegeben, viele Hunde, die als aggressiv diagnostiziert werden, weisen eigentlich nur eine extreme Ausprägung des Normalverhaltens auf, doch wenn das Verhalten sich zu einer Störung der normalerweise harmonisch gedachten Herr-Hund-Beziehung oder der Beziehung zwischen dem Hund und fremden Menschen oder anderen Tieren auswächst, dann besteht per definitionem ein Problem.

Aggressivität ist das am weitesten verbreitete Verhaltensproblem bei Hunden. Am häufigsten begegnet man der dominanzgebundenen Aggression, der angstgebundenen Aggression und dem aggressiven Revierverhalten; daneben treten gelegentlich auch weitere Arten wie die schmerzbedingte Aggression und die Aggressivität von Muttertieren auf. Ich werde mich hier nur mit den »großen drei«, den zuerst genannten Aggressionssyndromen beschäftigen; des weiteren behandele ich das Wutsyndrom (eine pathologische Form der Aggression), die innerartliche Aggression (Hund gegen Hund) und die verschiedenen Aggressionsursachen, die zu Problemen zwischen Hunden und kleinen Kindern führen können.

Der zweite Teil des Buches befaßt sich mit angstbedingten Verhaltensauffälligkeiten wie Angst vor einem bestimmten Anblick, einem Geräusch oder einer Situation. Je ein Kapitel behandelt die verbreiteten Syndrome Trennungsangst und Gewitterphobie. Trennungsangst ist ein Leiden, das sich, so schlimm es aussieht, relativ einfach behandeln läßt – und zwar ohne daß der Hund, der in Abwesenheit seines liebsten Menschen alles mögliche demoliert hat, dafür hinterher angeschrien oder bestraft wird! Für die Gewitterphobie gibt es keine grundsätzlich wirksame Behandlung, wenn ich auch neue Theorien dazu habe, was dabei eigentlich vor sich geht, und meine, daß ich vielen der betroffenen Hunde helfen kann, sich sehr viel weniger vor Donner und Blitz zu fürchten. Ein weiteres Kapitel in diesem Abschnitt behandelt ungewöhnliche Ängste wie die vor Jalousien, vor Donnerstagen und vor bestimmten Gerüchen. An einigen dieser wahren Geschichten läßt sich erkennen, auf welche Weise Hunde Ängste entwickeln und irrationale Assoziationen ausbilden.

Der dritte Abschnitt des Buchs befaßt sich mit der eigenartigen Gruppe von Störungen, die man als zwanghaftes Verhalten bezeichnet. Darin findet sich ein Kapitel über akrale Leckdermatitis (Leckgranulom), die als tierisches Gegenstück zur menschlichen Zwangsneurose gilt. Ein Kapitel ist meinen Freunden, den Bullterriern, gewidmet, bei denen ein recht eigenartiges Problem auftauchen kann: Manche sind vom Spielen mit bestimmten Gegenständen oder sogar mit ihrem eigenen Schwanz so besessen, daß sie damit nicht mehr aufhören können. Man mag diese Probleme für unbedeutend halten, doch das sind sie durchaus nicht, und in manchen Fällen können sie sogar lebensgefährlich sein.

Das letzte Kapitel dieses Teils behandelt das bedauerlicherweise weitverbreitete Problem der mangelnden Stubenreinheit, wobei auch deren mit Angstzuständen oder bestimmten Phobien zusammenhängende Ursachen einbezogen werden. Wie Sie noch sehen werden, sind Störungen für mich um so interessanter, je schwieriger sie zu behandeln sind. Ich habe mir vorgenommen, in solchen Fällen nicht eher zu ruhen, bis ich die Ursachen der Fehlentwicklung herausgefunden habe, damit sie in Zukunft besser therapiert werden können.

Ich glaube, kaum ein Hundebesitzer wird diese Seiten lesen, ohne auf irgendeine Eigenart zu stoßen, die er an seinem eigenen Hund beobachtet hat. Es ist von unschätzbarem Wert, bei den ersten Anzeichen einer Störung bereits zu wissen, worum es sich handelt und was zu tun ist (und an wen man sich wenden kann), denn nur so läßt sich verhindern, daß sich etwas Ernstliches daraus entwickelt. Auch Hundehalter, die schon allzulang störende »Unarten« ihres Hundes ertragen haben und mit den Nerven am Ende sind, werden wahrscheinlich diesen oder jenen nützlichen Hinweis in diesem Buch entdecken. Sicher werden einige allein deshalb das Verhalten ihres Hundes erheblich verändern können, weil sie ihn nach der Lektüre besser verstehen. 42 Prozent der Hundehalter geben an, daß ihr Hund irgendein problematisches Verhalten aufweist, und da die Tierheime stärker belegt sind, als dies wünschenswert wäre, hoffe ich, daß dieses Buch auf irgendeine Weise Hunden und ihren Besitzern helfen wird. Schließlich ist der Hund der beste Freund des Menschen. Das mindeste, was wir tun können, ist, ihn ein bißchen besser zu verstehen.

Teil I

Der aggressive Hund

Kapitel 1

Wer ist hier der Boss?

Der Tag war eigentlich zu schön, um zu arbeiten. Die Strahlen der Frühlingssonne, die von einem wolkenlosen Neuengland-Himmel schien, lockten mich hinaus ins Freie, zur Gartenarbeit oder zu einem Spaziergang mit meinen Kindern. Doch ich war nun einmal im Dienst, und das leise Summen meines Piepers, das mich aus meinen Tagträumen riß, rief mich zum nächsten Termin. Ich griff nach den Unterlagen, zog den weißen Arztkittel über und eilte ins Wartezimmer. Dort rief ich den Namen des Klienten auf und wartete, welcher der vielen Köpfe sich nach mir umdrehen würde. Ein junges Paar, das am anderen Ende des Wartezimmers gesessen und aus dem Fenster geblickt hatte, erhob sich und kam auf mich zu.

»Hi«, sagte ich munter. »Ich bin Dr. Dodman. Sie sind sicher die Scolettis.«

»Ich bin Maria Scoletti«, sagte die junge Frau ein bißchen verlegen, »und dies ist mein Freund Tony. Der Hund gehört uns gemeinsam.«

Ich konnte mir gut vorstellen, was in den beiden vorging. Auch ohne in aller Öffentlichkeit aufstehen und seine persönlichen Lebensumstände bekanntgeben zu müssen, ist es schon schwierig genug, einen Termin beim »Hundepsychologen« zu machen – gegen die Bedenken sämtlicher Bekannten. Die ganze Sache schien ihnen ziemlich unangenehm zu sein. Ich wandte den Blick von ihnen ab und sah mir ihren noch jungen, aber nicht gerade kleinen Rottweiler an. Er trug ein auffälliges, chromblitzendes Würgehalsband und zerrte an seiner Leine. Er machte aber durchaus keinen unfreundlichen Eindruck, sondern strahlte noch die ganze unbändige Energie eines Junghundes aus, auch wenn er in bezug auf Größe und Gewicht schon fast ausgewachsen war. Auf dem Weg zum Sprechzimmer berichtete Maria, Rocky sei achteinhalb Monate alt und vor kurzem kastriert worden. Im Sprechzimmer setzten wir uns auf unsere Plätze, ich auf der einen, sie auf der anderen Seite meines Schreibtischs. Währenddessen schnüffelte Rocky ohne irgendein Zeichen der Beunruhigung die unbekannte Umgebung ab.

Mein Sprechzimmer ist im Gegensatz zu den üblichen tierärztlichen Praxisräumen so eingerichtet, daß eine eher zwanglose Atmosphäre herrscht, damit die Klienten, wie ich hoffe, ihre Befangenheit schnell ablegen. Bei mir gibt es weder einen Untersuchungstisch aus blinkendem Edelstahl noch irgendwelches »Handwerkszeug« wie Blutdruckmesser, Augenspiegel oder Ohrtrichter, sondern Grünpflanzen, verschiedene Bücher über Verhaltensforschung und ziemlich harmloses Abrichtungszubehör wie Halfter und Leinen. Einige Poster mit Tiermotiven, die Kinderzeichnung eines Dalmatiners und ein Bord mit buntbedruckten Broschüren zu verschiedenen Verhaltensthemen schmücken die Wände.

Der bloße Anblick von Rocky und dem nervösen jungen Paar ließ mich ahnen, was sie hierher geführt hatte.

»Also, was stellt Rocky an?« fragte ich auf gut Glück.

»Er beißt mich«, sagte Maria.

»Er beißt aber nur sie«, beeilte sich Tony hinzuzufügen.

Das war schon alles, was ich zu wissen brauchte. Hier lag ein Fall dominanzbedingter Aggression vor, manchmal auch salopp als »Yuppie-puppy-Syndrom« (Juniorchef-Syndrom) bezeichnet. Um das in diesem speziellen Fall aufgetretene Problem einkreisen zu können, stellte ich nun eine Reihe von detaillierten Fragen: Unter welchen Umständen wird Rocky aggressiv? Wie sieht sein Tagesablauf aus? Womit beschäftigt er sich? Wieviel Auslauf hat er? Wie weit ist er schon abgerichtet? Womit wird er gefüttert, und auf welche Weise verspeist er sein Futter? Hat er Spielsachen? Welche Spiele werden mit ihm gespielt? Und wie groß ist sein Bedürfnis nach Streicheleinheiten?

Im Laufe des Gesprächs stellte sich heraus, daß Maria viel lockerer und offener darüber reden konnte als Tony. Nach meiner Erfahrung verbindet sich ein derartiges Frage-und-Antwort-Spiel für Frauen nicht automatisch mit dem Gedanken, es ginge um irgendwelche persönlichen Schwachpunkte oder ein Versagen ihrerseits; sie sehen es lediglich als einen Informationsaustausch an. Männer dagegen machen oft einen betretenen Eindruck, sie empfinden das Nachfragen als unangenehm, ja sogar bedrohlich. Schon die bloße Tatsache, daß sie in die Sprechstunde kommen, ist für mich ein Zeichen dafür, daß sie das vorliegende Problem für ausgesprochen ernst halten und außerdem eine sehr enge Bindung zu ihrem Hund haben. Auch auf Tony paßte dieses Klischee. Er hockte angespannt auf dem Stuhl, und an seinen geballten Fäusten und zusammengebissenen Zähnen war seine innere Verkrampfung deutlich abzulesen. Einen Moment lang überlegte ich, in welchen Kreisen er wohl verkehrte und ob sein Lebensstil für die dunklen Schatten unter seinen Augen verantwortlich war. Was würden seine Kumpel wohl

27

dazu sagen, daß er einen Hundepsychologen besuchte? Wetten, daß er es niemandem erzählt hatte!

Marias Auskünfte ergaben, daß Rocky sehr wenig Bewegung hatte; er wurde vielleicht einmal am Tag eine Strecke von etwa eineinhalb Kilometer ausgeführt. Sein Futter war eine Art Hochleistungskraftstoff für Hunde. Er gehorchte nur etwa in 70 Prozent der Fälle, und er knurrte, schnappte oder biß unter den verschiedensten Bedingungen. Zweimal hatte er Maria so stark gebissen, daß ihre Hand geblutet hatte. Das Knurren trat normalerweise auf, wenn Maria ihm beim Fressen zu nahe kam oder wenn er irgendeinen Gegenstand, den er nicht haben durfte, an sich gebracht hatte. Früher hatte er auch geknurrt, wenn Maria ihn hochheben wollte. Zum Glück war sie inzwischen physisch gar nicht mehr dazu imstande. Neuerdings knurrte er jedoch schon, wenn sie ihn nur streichelte, sogar wenn er sie ursprünglich selbst dazu aufgefordert hatte. Dieselbe aggressive Reaktion zeigte sich, wenn Maria ihm den Kopf oder das Maul abwischte. Außerdem knurrte er, sobald sie ihn am Halsband festhalten oder an die Leine nehmen wollte und wenn sie in seine Nähe kam oder ihn ansprach, wenn er sich hingelegt hatte, insbesondere wenn seine Lordschaft es sich auf seinem Lieblingsplatz, dem Sofa, bequem gemacht hatte und sich durch Maria gestört fühlte. Einmal hatte Tony Maria geraten, Rocky mit einer zusammengerollten Zeitung zu schlagen, um ihm zu zeigen, wer das Sagen hatte. Doch zu ihrer Bestürzung reagierte Rocky nur noch aggressiver – er sprang auf und schnappte nach ihrem Kopf. Warum hatte nur Maria Schwierigkeiten mit ihm und Tony überhaupt keine? Das Pärchen war ratlos. Das Problem mußte doch irgendwie in den Griff zu kriegen sein.

Als wir an diesem Punkt angelangt waren, entspannte sich Tony etwas und fing an, sich an dem Gespräch zu beteiligen. Das war gut, denn nach meiner Erfahrung hing der Erfolg des Behandlungsprogramms davon ab, daß auch er voll dahinterstand. Ich versicherte den beiden, daß keiner von ihnen an ihrer mißlichen Lage schuld sei. Die Sache habe sogar einen Namen – dominanzbedingte Aggressivität – und beruhe wahrscheinlich auf genetischen Ursachen. Am häufigsten trete sie bei Rüden, und zwar bei reinrassigen, auf, insbesondere bei Rottweilern. Beide, Maria und Tony, waren sichtlich erleichtert, daß die Diagnose so objektiv ausfiel.

Als nächstes mußte ich das Paar umfassend darüber aufklären, was unter *Dominanz* zu verstehen ist. Es handelt sich dabei keineswegs um etwas Pathologisches, sondern um eine natürliche Verhaltensweise. Sehr vereinfacht ausgedrückt versteht man unter Dominanz das innere Gesetz des Rudels, das Prinzip, nach dem die Rangordnung hergestellt wird, vom Leithund bis zum Rangniedrigsten, dem Underdog. Solange die Hierarchie stabil bleibt, herrscht Frieden, und Beißereien sind selten; biologisch gesehen wird dadurch Energie gespart. Traditionell werden den einzelnen Rudeltieren die griechischen Buchstaben in alphabetischer Reihenfolge, von Alpha bis Omega, zugeordnet, um ihre jeweilige Stellung innerhalb des Rudels anzuzeigen. Obwohl diese Analogie sinnvoll erscheint, indem sie Hundehaltern entscheidende Einsichten vermittelt, sind die Verhältnisse in Wirklichkeit noch komplizierter, denn gelegentlich findet auch ein Rollentausch zwischen übergeordneten und untergeordneten Hunden statt. Selbst das Omegatier darf, wenn es im Besitz von Nahrung ist, das Alphatier drohend anknurren, und dieses wird ein solches Verhalten in dieser Situation zumeist respektieren. Um Besitz drehen sich schließlich auch neun Zehntel jeder menschlichen Rechtsordnung.

Einige Verhaltensforscher vertreten die Ansicht, daß das Hunderudel nicht von der Spitze her, sondern von innen heraus gelenkt wird, nämlich von den Weibchen, die in der Rangordnung die Mittelplätze einnehmen. Dieses Gefüge wird als Subhierarchie bezeichnet. Mit Sicherheit ist diese Organisationsform bei anderen Tiergruppen, zum Beispiel den Primaten, anzutreffen. In den Anfangszeiten der Primatenethologie, der Erforschung des Verhaltens von Menschenaffen, richteten die Wissenschaftler ihr Augenmerk grundsätzlich auf das auffälligste Gruppenmitglied – das größte und lauteste Männchen –, das allem Anschein nach die Gruppe anführt. Inzwischen haben aber noch sorgfältigere Beobachtungen ergeben, daß das scheinbar dominierende Männchen zwar einen lautstarken Wirbel um seinen Führungsanspruch macht, sich aber zugleich mit einem verstohlenen Blick über die Schulter immer wieder vergewissert, ob ihm die wahren Entscheidungsträger der Gruppe, die Weibchen auf den mittleren Rängen, zustimmen. Sobald diese mit einer von ihm eingeleiteten Unternehmung nicht einverstanden sind, hält das Männchen inne und betrachtet angelegentlich seine Fingernägel oder konzentriert sich plötzlich auf einen imaginären Floh, während es wohl überlegt, welchen besseren, mehrheitlich eher akzeptablen Vorschlag es statt dessen präsentieren kann, um sein Gesicht nicht zu verlieren. Erst wenn seine Direktive den Neigungen der Weibchen entspricht, folgt ihm die gesamte Gruppe, dem Anschein nach auf Grund seiner Initiative. Das Männchen pflegt sich seinen Einfall zugute zu halten und wahrt dadurch seine Selbstachtung, und die Weibchen erreichen auf diese Weise immer, was sie wollen. Nach Meinung einiger Forscher sind auch Hunderudel in ähnlicher Weise organisiert; es schadet aber nicht, wenn man bei der Planung einer tierärztlichen Behandlungsstrategie weiter von einer linearen Hierarchie ausgeht.

Ich erklärte Tony und Maria also, aus Rockys Perspektive sei Tony mit einiger Sicherheit die Nummer eins, Rocky selbst die Nummer zwei und Maria bedauerlicherweise nur die Nummer drei. Unser Ziel müsse demnach sein, ihnen zu einer Änderung der Rangfolge zu verhelfen, so daß Rocky am Ende ihnen beiden untergeordnet sei. Um ihr Mitleid mit ihm in Grenzen zu halten, erklärte ich, daß Hunde – im Gegensatz zu manchen Menschen – nicht um jeden Preis die Nummer eins sein müssen. Sie sind auch als zweiter oder dritter oder noch weiter unten in der Hierarchie glücklich; in jedem Fall aber ist eines für sie wichtig: genau zu wissen, wo sie stehen. Manchmal wirken Hunde fast erleichtert, wenn sie herausfinden, daß ein anderer den Oberbefehl hat, denn dies entlastet sie selbst von unnötiger Verantwortung. Ein Hund kann dann einfach wieder Hund sein und alles übrige seiner Herrschaft überlassen.

Natürlich ist es manchmal ziemlich schwer, einen dominanten Hund davon zu überzeugen, daß nicht er der Boss ist, aber anders läßt sich das Problem nicht lösen. Nur wie soll das geschehen? Bei bestimmten, heute als veraltet geltenden Erziehungsmethoden wurde dies dem Hund mit physischen Mitteln klargemacht: Gewalt wurde mit Gewalt begegnet. Es hieß, daß dem Hund durch diese schon von klein auf anzuwendende Vorgehensweise unzweideutig signalisiert werde, wer das Sagen habe. Zu diesem Zweck wurden (und werden immer noch) verschiedene Techniken angewendet; der Hund wird zum Beispiel an den Kiefern hochgehoben, wobei man ihm starr in die Augen blickt, oder auf den Rücken geworfen (das sogenannte »Alpharolling«), oder man wendet nur das Drohstarren an. Ich halte solche Methoden für unangemessen und unnötig. Außerdem ist es nicht ungefährlich, sie auf einen größeren Hund anzuwenden. Durch meine Klienten habe ich sogar von noch extremeren Methoden gehört: zum Beispiel, daß der Hund an seiner Leine aufgehängt oder daran im Kreis herumgewirbelt wird (was als »Hubschrauber« bezeichnet wird). Angeblich sollen Leute sogar versucht haben, ihren eigenen Hund zu beißen! Solche Methoden sind jedoch absolut menschenunwürdig und im allgemeinen auch unwirksam.

Am besten ist es, wenn Sie mit Ihrem Hund wie mit einem Kind umgehen. Die Grundregel heißt: Erwünschtes Verhalten positiv verstärken! Doch dürfen Sie nicht erwarten, daß sich der Erfolg über Nacht einstellt. Unerwünschtes Verhalten sollten Sie nicht beachten oder zumindest nicht darauf reagieren. Falls eine Intervention nötig wird, sollte diese nicht in Form eines gewaltsamen Zusammenstoßes stattfinden und immer die Möglichkeit einer Neuorientierung offenlassen. Oder anders ausgedrückt: Geben Sie dem Hund etwas anderes zu tun als das, was er augenblicklich tut. Aus Leibeskräften »Aus!« zu brüllen bleibt normalerweise völlig wirkungslos, und eine körperliche Züchtigung sollte niemals nötig sein.

Sie brauchen sich nur einmal vorzustellen, wie es Ihnen gefiele, wenn Ihnen ein Arzt empfehlen würde, Ihrem Kind mit der Faust ins Gesicht zu schlagen, um ein unerwünschtes Verhalten zu verhindern. Ich glaube, das würde den meisten von uns gegen den Strich gehen. Aber es gibt Hundetrainer, bei denen die Besitzer lernen, ihrem

Hund auf die Zehen zu treten oder das Knie in die Brust zu stoßen, damit er sie nicht mehr anspringt, oder ihm Zitronensaft ins Maul zu spritzen, damit er nicht mehr bellt, und ihn für sonstige unerwünschte Angewohnheiten mit einem Ruck am Würgehalsband zu bestrafen. Es wäre ganz unmöglich, Zirkuspferde oder Delphine mit einem Würgehalsband oder mit Strafen zu dressieren. Was diese Tiere vorführen, lernen sie durch positive Verstärkung einzelner Schritte in Richtung auf das erwünschte Verhalten – eine Technik, die als Verhaltensformung bezeichnet wird.

Ich erklärte Tony und Maria, daß die Abrichtung mit Hilfe positiver Verstärkung eine wichtige Rolle spielt, um die psychologische Oberhand über einen dominant-aggressiven Hund zu gewinnen. Deshalb sollte das Verhaltenstraining unbedingt in den normalen Umgang mit dem Tier einbezogen werden. Maria müsse daran arbeiten, daß Rocky ihr aufs Wort gehorche, und zwar ohne Ausnahme, es sei denn, er werde durch irgend etwas in seiner Umgebung abgelenkt. Ich erklärte, daß dominante Hunde zwar in den üblichen Hundeschulen gute Erfolge aufwiesen, ihre neuerworbenen Manieren jedoch nicht zwangsläufig mit nach Hause brächten. Deshalb blieben die dominanzbedingten Probleme im allgemeinen unverändert bestehen. Dominante Hunde gehorchen nur in etwa drei Viertel der Fälle und auch nur, wenn es ihnen gerade in den Kram paßt. Immer wenn es für den Besitzer wirklich wichtig ist, daß der Hund ihm gehorcht, wird dieser ihn einfach ignorieren.

Selbst wenn dominante Hunde einem Befehl gehorchen, tun sie das auf eine sehr halbherzige Art und Weise. Am schwersten fällt es einem dominanten Hund, dem Kommando »Platz!« ohne irgendein Zeichen von Widerstand oder Rebellion nachzukommen. Typischerweise vergehen einige langgezogene Sekunden, in denen er den Befehlsgeber erst einmal anstiert. Dann knickt er vielleicht ganz langsam erst mit einem Vorderbein, dann mit dem anderen ein, während sein Hinterteil weiter nach oben zeigt. Eventuell läßt er sich dann noch ein bißchen tiefer sinken und berührt sekundenlang den Boden mit der Brust, nur um schon im nächsten Augenblick aufzuspringen und wie ein Verrückter herumzutanzen – in Erwartung von Lobeshymnen und Liebesbezeugungen des gerührten Herrchens oder Frauchens. Die andere Möglichkeit ist, daß der Hund seinen Besitzer nur ansieht, als sei er ein Monster mit drei Köpfen. Falls dieser daraufhin anfängt, ihn anzuschreien, wird der Hund entweder das Schauspiel genießen oder mit einer aggressiven Warnung kontern.

Im Fall Rocky sollten täglich zwei Übungszeiten von fünf bis zehn Minuten Dauer schon einiges in Gang setzen. Damit Tony und Maria die Oberherrschaft zurückgewannen, sollte das Üben freilich allen Beteiligten auch Spaß machen. Ich riet den beiden, einsilbige Kommandos wie »Hier!«, »Sitz!« und »Platz!« zu benutzen und Rocky, wenn er schnell und korrekt gehorchte, umgehend zu belohnen, indem sie ihn ausführlich lobten und vielleicht auch kurz am Brustfell tätschelten. Sie sollten niemals ein Kommando wiederholen und falsche Reaktionen einfach nicht beachten. Ich empfahl ihnen, erst einmal Tony das Training durchführen zu lassen, während Maria nur dabeisaß; später sollte es dann Maria durchführen, während Tony zu ihrer Unterstützung in der Nähe blieb. Außer den Erziehungsrichtlinien gab ich dem Paar noch eine weitere wichtige Auflage mit auf den Weg, wobei ich vor allem Maria im Auge hatte: Jegliche gewaltsame Konfrontation mit dem Hund sollte vermieden werden. Falls ein bedrohlich knurrender Rocky unnötigerweise meinte, seinen Futternapf oder seinen Schlafplatz wieder einmal gegen Maria verteidigen zu müssen, dann sollte sie, ohne sich irgendwelche Gefühle anmerken zu lassen, einen Bogen um das Gebiet machen und sich mit etwas anderem beschäftigen, wobei sie Rocky weder ansehen noch ansprechen, also im Grunde ignorieren sollte. Dieses Verfahren würde die Lage ausreichend entschärfen, während wir das Programm anlaufen ließen, mit dem Marias Autorität gegenüber Rocky gestärkt werden sollte.

Konfrontationen aus dem Weg zu gehen hat auch die Funktion, eine weitere Verstärkung der in solchen Situationen auftretenden aggressiven Reaktionen zu vermeiden, und es bereitet den Boden für ein »Löschen« der Reaktion. Als nächstes mußte ich dem Paar erklären, warum es unter bestimmten Umständen bei Rocky zu Aggressionen kam, damit potentiell gefährliche Situationen in Zukunft vermieden würden. Und ganz wichtig war mir auch, Tony und Maria zu zeigen, welche Motivation Rockys vermeintlich unberechenbaren, grundlosen und irrationalen Reaktionen zugrunde lag.

Dominanz ist eine Verhaltensweise, deren Ziel es ist, das Überleben des Individuums (und damit der Art) zu garantieren. Sie kommt hauptsächlich auf zweierlei Weise zum Ausdruck: im Konkurrieren um begehrte Objekte und in der Selbstverteidigung. Ein Konkurrenzverhalten um Ressourcen, das manchmal auch als Besitzanspruch bezeichnet wird, tritt auf, wo es um Nahrung, hochgeschätzte Gegenstände (Hundespielzeug), liebgewordene Ruheplätze und gelegentlich auch um bestimmte Menschen geht, die der Hund besonders gern hat. Die zweite

Komponente der Dominanz, die Selbstverteidigung, kann eine Reaktion auf bedrohliche Haltungen und Gesten sein: wenn man sich etwa zu dem Hund hinunterbeugt und ihm den Kopf tätschelt. Wenn Sie einen dominanten Hund dazu bringen wollen, etwas gegen seinen Willen zu tun, kann es passieren, daß er knurrend auf Sie losgeht und nach Ihnen schnappt (möglicherweise auch noch Schlimmeres); falls Sie den Hund dann ausschimpfen, kann die Situation erst richtig bedrohlich werden. Solche Hunde sind das tierische Gegenstück zu eigensinnigen, verwöhnten Kindern im Teenageralter. Die tun das Gewünschte ja auch nur, wenn es ihnen gerade paßt, und falls sie nicht in der richtigen Stimmung sind, können Sie gleich aufgeben.

Dominante Hunde brauchen vergleichsweise weniger Zuwendung als ihre folgsameren Artgenossen, doch beanspruchen sie viel Platz um sich herum. Interessanterweise beanspruchen auch menschliche Gewalttäter einen größeren Abstand von anderen. Für den Raum, den der Mensch um sich herum haben möchte, wurde die Bezeichnung »Individualdistanz« geprägt; bei aggressiven Personen ruft jedes Eindringen in diese Sphäre ein Gefühl des Unbehagens oder der Bedrohung hervor. Je gewalttätiger ein Verbrecher, desto größer seine Individualdistanz. Ich machte Tony und Maria klar, daß Rockys Aggressivität bei Annäherung an seine Futterschüssel, von ihm entwendete Gegenstände oder seinen Ruheplatz auf dem Sofa auf die mit dem Konkurrenzdenken bzw. dem Besitzanspruch zusammenhängenden Komponenten seiner Aggression hinwies. Die andere Komponente, die Selbstverteidigung, kam ins Spiel, wenn Maria versuchte, ihn zu bestrafen, oder überhaupt physisch mit ihm in Kontakt kam.

In der Wildnis beginnen und beenden dominante Hunde viele Unternehmungen, an denen andere Angehörige des Rudels beteiligt sind. Daher ist zu erwarten, daß sie die gleichen Verhaltensweisen auch in ihren Beziehungen mit menschlichen Angehörigen des Rudels an den Tag legen. So forderte Rocky Maria immer wieder auf, ihn zu streicheln, machte dann aber im nächsten Augenblick kehrt, so daß ihre ausgestreckte Hand ins Leere griff, oder er fing mittendrin zu knurren an, um ihr zu bedeuten, jetzt sei es aber genug. Ich fragte sie, ob Rocky manchmal auffordernd seine Spielsachen anschleppte. Ja, allerdings, und sobald er keine Lust mehr habe, drehe er ihr den Rücken zu und lasse sie einfach stehen. Das war ganz normal. Und wenn Rocky einen Ball oder eine Frisbeescheibe apportiert hatte, blieb er damit immer ein paar Meter vor Maria stehen und beharrte stur darauf, daß sie zu ihm kommen müsse, sofern das Spiel weitergehen solle. Dieses Verhalten ist das tierische Äquivalent der menschlichen Kunst, zu zeigen, wer der Boss ist, und dagegen muß unbedingt angegangen werden.

Ich wies Maria und Tony an, das gesamte Hundespielzeug fortzuräumen und nur dann etwas davon herauszurücken, wenn Rocky ein Kommando befolgt hatte. Spielsachen, die Aggressivität oder sehr heftige Gefühlsäußerungen auslösten, müßten allerdings auf Dauer verschwinden. Von nun an sollten alle Spiele von Maria oder Tony in Gang gesetzt werden und nicht mehr von Rocky ausgehen. Sie sollten Rocky zu sich rufen (»Rocky, hier!«; und bei Befolgen: »So ist's brav!«), ihn sich hinsetzen lassen und erst danach den Ball werfen. Am Ende sollten sie immer ein Kommando wie »Schluß!« oder »Aus!« geben, um klarzumachen, daß das Spiel auf Grund *ihrer* Anweisung beendet werde – selbst, wenn sie deshalb den Hund vorher neu motivieren müßten, den Ball noch einmal zurückzuholen. Spiele mit Körpereinsatz wie Raufereien, Ringkämpfe und »Tauziehen« mit der Leine oder einem Ast waren total verboten. Hier zuckte Tony zusammen, denn wie sich herausstellte, war es sein schönstes Vergnügen, sich mit Rocky herumzubalgen. Ich betonte, wie wichtig es sei, sich an das Gebot »Keine Kämpfchen« zu halten, und begründete es damit, daß Deutsche Schäferhunde und Rottweiler mit Hilfe von zerrspielähnlichen Techniken zu Schutzhunden ausgebildet werden. Sie würden dazu abgerichtet, einen sogenannten Hetzärmel (der später von einer Person getragen wird, die die Rolle eines flüchtenden Verbrechers spielt) anzugreifen, sich darin zu verbeißen und daran zu zerren. Vor einem Wettbewerb würden die Hunde »scharf« gemacht, indem man ihnen unter aufreizendem Geschrei den Ärmel zeige und ihnen erlaube, ihn dem Scheintäter wegzureißen. Das Zerrspiel ist auch eine wertvolle Hilfe bei der Schaffung von Selbstvertrauen, wenn Hunde an Prüfungen teilnehmen.

Eine der wichtigsten Lebensgrundlagen des Wildhundrudels ist die Nahrung. Selbst wenn es in der Nähe des Futternapfs keine Schwierigkeiten mit Rocky gegeben hätte, hätten Maria und Tony ihm klarmachen müssen, daß sie allein diese wertvolle Ressource verwalteten. Man erreicht dies, indem man den Hund für jede Mahlzeit arbeiten läßt. Bevor Rocky seinen Freßnapf hingestellt bekam, sollte er sich auf Befehl setzen oder hinlegen. Von nun an gab es keinen Bissen mehr umsonst! Sobald sich der Napf auf dem Boden befand, sollte Rocky in aller Ruhe fressen dürfen, doch wenn er die Mahlzeit beendet hatte, sollte das Futter wieder weggenommen werden – allerdings nicht, bevor er den Raum verlassen hatte, um eine Konfrontation zu vermeiden. Das Gebot, den Napf nach jeder Mahlzeit wieder wegzunehmen, verhindert, daß es dem Hund freisteht, jederzeit zurückzukommen und weiter zu fressen. Manche Hunde dürfen sich ja den ganzen Tag nach Lust und Laune ihr Futter häppchenweise einverleiben, als handle es sich um ein ständig geöffnetes kaltes Büffet. Doch bei dominanten Hunden erhöht diese Praxis nicht gerade den Respekt vor ihren menschlichen Versorgern. Falls Rocky aber meinte, er habe keine Lust, sich vor dem Fressen auf Befehl hinzusetzen bzw. hinzulegen, dann sollte er zu dieser Mahlzeit einfach nichts bekommen. Das würde eine unmißverständliche Aussage sein.

Die meisten Hundebesitzer sind entsetzt, wenn sie diesen Rat hören. Sie sind überzeugt, daß ihr Hund genau wie sie zwei oder drei anständige Mahlzeiten pro Tag braucht. Doch das ist völlig falsch. Wildlebende Hunde sind Gelegenheitsfresser. Sie fressen nur, wenn sie Beute machen, was durchaus nicht immer klappt. Im Erfolgsfall schlagen sie sich gierig die Bäuche voll und liegen danach stundenlang ermattet herum, bis sie sich schließlich wieder in der Gruppe zusammenfinden. Am nächsten Tag organisiert das dominante Rudeltier vielleicht erneut eine Jagd, doch ist damit keineswegs garantiert, daß diese ebenso erfolgreich wird. Für Wildhunde ist es deshalb nichts Ungewöhnliches, 48 Stunden ohne Nahrung auskommen zu müssen. Die gestrichene Mahlzeit würde Rocky lehren, daß Tony und Maria den Nahrungsnachschub verwalteten und sich keineswegs scheuten, ihm den Zugang zu verwehren, falls er so dumm sein sollte, ihnen nicht zu gehorchen – eine, zugegeben, etwas viktorianische Einstellung, doch absolut notwendig, um sich bei Hunden wie Rocky Respekt zu verschaffen.

Als erster sollte das dominanteste Familienmitglied die Fütterung übernehmen. In Rockys Fall war das Tony. Sobald feste Grundregeln eingeführt sind, können auch andere Angehörige des Rudels (hier also Maria) die Aufgabe übernehmen. In seltenen Fällen kann es nötig sein, das Futter zu Anfang nur in kleinen Portionen zu geben, wobei der Hund jedesmal ein Kommando befolgen muß, bevor er etwas erhält. Auch das Füttern mit der Hand kann, so gefährlich es sich anhört, gehörigen Respekt verschaffen.

Sobald die Fütterungsstrategien gut funktionieren, kann man die Qualität der Reaktion verbessern. Tony und Maria bekamen die Auflage, Rocky anfangs drei Sekunden Zeit zum Befolgen eines Befehls zu lassen, dies jedoch mit zunehmendem Gehorsam erst auf zwei, dann auf eine Sekunde zu reduzieren. Schließlich sollte man verlangen, daß der Hund augenblicklich auf den Befehl reagiert. Auch wenn es ein Gemeinplatz sein mag, sollte man doch zur Kenntnis nehmen, daß es im Wesen eines dominanten Hundes (und so manches flegelhaften Menschen) liegt, auf Anordnungen jeglicher Art absichtlich besonders langsam zu reagieren. In der britischen Armee bezeichnet man diese Verhaltensweise als schweigende Aufsässigkeit. Wenn Sie bei der Fütterung wie bei den Trainingszeiten auf umgehender Ausführung Ihrer Kommandos bestehen, können Sie sich damit Respekt und Achtung verschaffen – bei einem widerspenstigen Hund und, wie ich vermute, auch bei einem trägen Gefreiten.

Hier legte ich eine Pause ein, um sicherzugehen, daß Tony und Maria meine Ratschläge immer noch einleuchtend und auch praktikabel fanden. Das ist unbedingt nötig, weil unsere Empfehlungen ein Element der Buße enthalten und nicht jeder Hundebesitzer in der Lage ist, sie wirklich zu verstehen oder umzusetzen. Bei den beiden hatte ich aber das Gefühl, daß sie mir folgen konnten, und deshalb wandte ich mich jetzt guten Gewissens einem anderen Gebiet zu, dem Streicheln.

Korrekt ausgeführt, ist die »taktile Stimulation« eines Hundes – eben das Streicheln – eine äußerst wirkungsvolle Belohnung und daher auch etwas, das von den Hundehaltern rationiert werden kann, so daß man sie ihm nur zukommen läßt, wenn er sich wirklich eine Belohnung verdient hat. Entgegen der allgemeinen Überzeugung mögen es die meisten Hunde übrigens nicht, wenn man sie oben auf dem Kopf tätschelt, ebensowenig wie sie es mögen, wenn man ihr Fell zerzaust (dies können wir schon eher verstehen). Am besten streichelt man einen Hund an der Brust, unter dem Kinn und hinter den Ohren. Am meisten werden anscheinend streichende oder leicht kraulende Bewegungen geschätzt. Ob Sie es richtig machen, läßt sich daran feststellen, daß sich die Augen Ihres Hundes immer mehr schließen und sein Blick sich verschleiert. Für manche Hunde ist es das höchste der Gefühle, gestreichelt zu werden. Wer seinen Hund wahllos zu jeder Zeit streichelt, macht sich nicht klar, daß er ihn damit »für nichts« belohnt. Falls es sich dabei nicht um einen dominanten Hund handelt, ist das weiter kein Problem, doch bei Hundebesitzern, die das Gefühl haben, zunehmend weniger respektiert zu werden, kann dies Verhalten ihre Autorität noch weiter unterminieren. Für Hunde, die gestreichelt werden, ohne daß sie es sich verdient haben, ist die Aussicht auf eine Belohnung ein viel geringerer Anreiz, sich Mühe zu geben. Das gilt ja auch für Menschen. Würde unser Gehalt auch eintrudeln, ohne daß wir im Büro auftauchen, bestünde keine Notwendigkeit, jeden Tag zur Arbeit zu gehen, und so manche Abteilung wiese eine deutliche Unterbesetzung auf. Deshalb sollten die Verhaltensweisen, die der Besitzer zu fördern wünscht, mit Belohnungen in Verbindung gebracht werden, die dem Hund imponieren.

»Aber er bettelt doch darum, gestreichelt zu werden«, rief Maria aus. »Dadurch unterwirft er sich doch.«

Tony war hellwach.

»Das stimmt nicht, Maria«, sagte er, weil er allmählich verstand, worauf ich hinauswollte. »Rocky bettelt nicht, er *verlangt* von dir, daß du ihn streichelst, und zwar *sofort*.«

»Das ist richtig«, stimmte ich ihm zu.

»Sie meinen, daß er die ganze Zeit ...«, sagte Maria.

Ich nickte ihr verständnisvoll zu: »Ja, so ist es leider.«

Verstehen Sie mich nicht falsch, ich verbiete Hundebesitzern keineswegs, ihren Liebling zu streicheln – im Gegensatz zu manchen Verhaltensexperten, die die Technik des »Kalte-Schulter-Zeigens« propagieren. Ich hatte Tony und Maria nur geraten, dieses wichtige Mittel streng zu rationieren. Erstens sollten sie ihren Hund nur streicheln, wenn er einen Befehl befolgt hatte, und zweitens die Streichelzeit verkürzen und sich darauf beschränken, ihn an der Brust zu kraulen oder in langen Zügen über sein Fell zu streichen (bitte immer in Wuchsrichtung und das Haar nicht verwuscheln, wie Oma es früher bei uns machte; das geht Hunden wie Menschen »gegen den Strich«!).

Nun kam ich zum letzten wichtigen Punkt, den ich dem Paar einprägen wollte: Sie sollten darauf achten, daß Rocky keine erhöhte Position einnahm. Es ist allgemein bekannt, daß dominante Hunde aggressiver werden, sobald sich ihre Augen auf gleicher Höhe oder höher als die ihrer Familienmitglieder befinden. Beim Spielen kann das leicht passieren, vor allem wenn man sich mit dem Hund auf dem Boden herumwälzt. Ich wies Tony und insbesondere Maria auf die Gefährlichkeit dieser Situation hin. Mir lag dies vor allem am Herzen, weil erst kürzlich ein dominanter Lhasa Apso in meiner Sprechstunde gewesen war, der seinem Herrn bei einem Kämpfchen auf dem Teppich fast die Nase abgebissen hatte. Der Riß zog sich der Stelle zwischen den Augenbrauen im Zickzack die Nase abwärts bis zur Oberlippe, und der arme Mann hatte mit sechzig Stichen genäht werden müssen.

Eine weitere Gelegenheit, sich physisch über seinen Besitzer zu erheben, ergibt sich für den Hund, wenn er irgendwo hinaufspringt, also zum Beispiel auf Sessel, Betten oder Sofas. Maria hatte damit schon schlechte Erfahrungen gemacht, wobei Rocky sie bedrohlich angeknurrt und sogar gebissen hatte. Von nun an waren alle erhöhten Plätze absolut tabu.

»Aber wie kann man ihn davon abhalten, ohne daß es zu einer Konfrontation kommt?« fragte Maria und berührte damit einen nicht unwesentlichen Punkt.

»Als erstes müssen Sie ausprobieren, ob er auf Befehl vom Bett oder Sofa herunterspringt«, erklärte ich. »Geben Sie ein klares Kommando wie ›Ab!‹ – ohne ihn anzuschreien, aber mit gehörigem Nachdruck in der Stimme!« Falls Rocky zufällig gehorchen sollte, fuhr ich fort, sei die richtige Reaktion natürlich ein dickes Lob, und zwar ein ernstgemeintes, vielleicht noch verbunden mit einer der nun selten gewordenen Streicheleinheiten, zum Beispiel Brustkraulen, so daß er sich ob seiner Handlungsweise richtig gut fühlte. Falls der Hund aber nur kurz eine Augenbraue hob, einen tiefen Seufzer hören ließ und sich ansonsten nicht von der Stelle rührte, sollten sie ihn keinesfalls mit Gewalt herunterzerren, sondern ihn rufen und seine Aufmerksamkeit auf etwas ganz anderes lenken, zum Beispiel irgendeine Beschäftigung, die mit Fressen, einem beliebten Spielzeug oder mit Ausgehen zu tun hatte. Auf jeden Fall sollte er, falls er auf die Sequenz »Rocky, hier! Guter Hund!« reagierte, für seine Folgsamkeit gelobt werden. Auch so hätten sie wieder die erwünschte Reaktion erzielt, ohne es zu einer Konfrontation kommen zu lassen, allein durch bloße Anweisungen. Falls aber beide Methoden nicht funktionierten und seine Vorliebe einem ganz bestimmten höhergelegenen Platz gelten sollte, müßten sie ihm den Zugang dazu auf irgendeine Weise verbauen, also das betreffende Möbelstück wegräumen, umdrehen oder die Sitzfläche irgendwie blockieren, wenn sie es nicht gerade selbst benutzten, so daß er nicht mehr hinaufspringen konnte.

»Als letzte Möglichkeit«, erklärte ich, »bleibt Ihnen noch die Abschreckung. Legen Sie auf die verbotenen Möbelstücke eine umgedrehte Mausefalle! Das hat in den meisten Fällen die erwünschte Wirkung und funktioniert, auch wenn Sie gerade nicht in der Nähe sind. Auf diese Weise lernt der Hund, daß hohe Plätze doch nicht so angenehm sind, wie ursprünglich angenommen.« Ein guter Trick ist es übrigens, Packpapier über die Mausefallen zu breiten. Wenn der Hund jetzt auf das Sofa oder den Sessel springt und die Falle zuschnappt, macht das wegen des Papiers ziemlich viel Lärm und erschreckt ihn so, daß er dem ungastlichen Ort eilends den Rücken kehrt.

»Wahrscheinlich brauchen Sie den Trick nur kurze Zeit anzuwenden«, versicherte ich Maria. »Hunde haben ein ausgezeichnetes Gedächtnis für unangenehme Überraschungen dieser Art. Und außerdem besteht hierbei keine Möglichkeit, daß er Sie damit in Verbindung bringt und Ihnen die Schuld daran gibt.«

Die Sprechstunde näherte sich ihrem Ende. Ich stellte fest, daß Maria und Tony mir noch immer aufmerksam zuhörten, und nach ihrem Lächeln und zustimmendem Nicken zu urteilen, schienen sie bereits ein Gefühl dafür zu entwickeln, wie sie Rocky in Zukunft behandeln sollten. Rocky ging derweil weiter im Zimmer herum und warf mir ab und zu einen abschätzigen Blick zu. Einmal versuchte er sogar, seine Pfoten auf meinen Schreibtisch zu legen, was in meinen Augen das Äquivalent für eine persönliche Unterschrift unter die Diagnose »dominanter Hund« ist.

Ich hatte aber noch zwei weitere Ratschläge in petto, die ich dem jungen Paar mit auf den Weg geben wollte. Der erste bezog sich auf Rockys täglichen Auslauf oder »Output«, wie ich das nenne. Rocky war bisher nur eineinhalb Kilometer am Tag bewegt worden. Wir waren uns einig, daß dies für einen kraftstrotzenden jungen Rottweilerrüden nur ein Tropfen auf den heißen Stein war. Das Minimum, erklärte ich, seien zwanzig Minuten kräftezehrendes Training pro Tag. »Im Prinzip«, betonte ich, »ist nur ein müder Hund ein guter Hund!«

Auch den »Input« betreffend mußte ich noch ein paar Worte verlieren. Hundetrainer und Verhaltensspezialisten vertreten weitgehend die Auffassung, daß bestimmte Nahrungsmittel die Aggressivität oder Hyperaktivität von Hunden noch verstärken können. Auch wenn die Ursachen noch nicht eindeutig geklärt sind, wissen wir, daß die Ernährung das Verhalten bei einer Reihe von Arten beeinflussen kann. Wenn zum Beispiel ein Pferd, das eine Kost mit hohem Getreideanteil erhalten hat, in unser Hospital eingeliefert wird, lassen wir aus Sicherheitsgründen so lange keine Studenten in seine Nähe, bis es von seinem Ernährungs-Hoch herunter ist, was etwa ein bis zwei Tage dauert. Auch bei hyperaktiven Kindern soll es ja durch bestimmte Nahrungsmittel oder Lebensmittelzusätze zu einer Verschlechterung ihres Zustands kommen.

Wie dem auch sei, jedenfalls meinen viele Verhaltensspezialisten, daß die Ernährung einen erheblichen Einfluß auf das Verhalten hat. Manche schließen sich der Theorie an, daß hohe Eiweißmengen Aktivität und Impulsivität steigern. Andere stellen künstliche Zusatzstoffe an den Pranger, während eine weitere Fraktion davon ausgeht, daß Nahrungsmittelallergien eine Rolle spielen. Zu jeder dieser Theorien kenne ich mündliche Berichte, die dafür sprechen, außerdem aber auch einige unbestreitbare Fakten, die die Ansicht untermauern, daß Diäten mit geringem Eiweißanteil das aggressive Revierverhalten von Hunden reduzieren, insbesondere in Fällen, bei denen auch Ängstlichkeit eine Rolle spielt. Um Risiken zu vermeiden, empfehle ich im allgemeinen eine eiweißarme Ernährung auf Lammfleischbasis ohne Zusatz irgendwelcher künstlichen Konservierungsmittel. Ich brauche wohl nicht zu betonen, daß diese Nahrung nicht gerade üblich und deshalb auch nicht in jedem Supermarkt erhältlich ist. Ich verweise die Hundehalter deshalb an Futtermittelhandlungen oder spezielle Zoogeschäfte.

»Hat Ihnen das alles eingeleuchtet?« fragte ich Maria und Tony, als sie sich zum Abschied rüsteten. Sie nickten zustimmend und machten einen zufriedenen Eindruck. Ich überreichte ihnen noch ein von mir verfaßtes Merkblatt mit Anweisungen für dominante Hunde und empfahl ihnen, es vielleicht an die Kühlschranktür zu hängen. Nachdem wir den nächsten Termin vereinbart hatten, schlenderten wir zum Empfang, wo sie ihre Rechnung beglichen. Das Gespräch hatte eine Stunde und vierzig Minuten gedauert. Ich fühlte mich etwas ausgelaugt, doch hatte ich den Eindruck, etwas bewirkt zu haben. Das Paar würde seine Sache gut machen, denn sie schienen die Hauptsache verstanden zu haben. Von nun an würde Rocky für seinen Lebensunterhalt arbeiten müssen!

Mein Optimismus hinsichtlich Rockys Läuterung war zwar nicht unbegründet, doch gibt es bei dieser Behandlungsmethode keineswegs eine Erfolgsgarantie. In Fällen von Aggression ist das Ergebnis schon deshalb nicht vorhersehbar, weil so viele verschiedene Faktoren deren Verlauf mitbestimmen. Wissenschaftliche Untersuchungen zeigen, daß etwa zwei Drittel der dominanten Hunde, die nach dem Motto »Im Leben wird einem nichts geschenkt« behandelt werden, erhebliche Fortschritte im Verhalten machen. Beim restlichen Drittel läßt sich immerhin meistens eine Besserung gegenüber dem vorherigen Zustand feststellen. Doch gibt es auch immer wieder Hunde, die auf diese Art der Behandlung nicht ansprechen. Woher kommen die Unterschiede? Das ist eine gute Frage, und eine, bei der man derzeit mit Nachdruck nach einer Erklärung sucht. Mit einiger Sicherheit spielen Faktoren, die mit der Person des Hundebesitzers zusammenhängen, eine Rolle. Kürzlich habe ich mit einigen Kollegen eine Untersuchung durchgeführt, bei der wir an Hand des sogenannten »Keirsey Temperament Sorter« (Temperamentsbestimmungstest nach Keirsey) herausfinden wollten, welche Art von Menschen zur Zielscheibe von Aggressionen dominanter Hunde werden und welche von ihnen am besten damit umgehen können, nachdem sie bestimmte relevante Informationen erhalten haben. Unsere Ergebnisse legen nahe, daß bei dominanten Hunden mit hoher Wahrscheinlichkeit Aggressionen auftreten, wenn ihr Besitzer ein eher sensibler und vielleicht auch unterwürfiger Mensch ist. Auch deutet vieles darauf hin, daß pragmatische Menschentypen besser in der Lage sind, positive Verhaltensänderungen bei ihrem Hund zu erreichen, sofern sie sich nach ähnlichen verhaltensmodifizierenden Maßregeln richten, wie ich sie Maria und Tony empfohlen hatte.

Unabhängig davon, welche Persönlichkeitstypen meine beiden Klienten nun verkörperten, war eines unbedingt erforderlich: Sie mußten am gleichen Strang ziehen, um dem Eigensinn ihres Hundes mit geeinten Kräften zu begegnen. Leider war das erste Zwischenergebnis in Rockys Fall nicht so gut, wie ich erhofft hatte. Nach zwei Monaten war nur eine 50prozentige Verbesserung festzustellen, obwohl ich zu diesem Zeitpunkt durchaus mit etwa 60 bis 70 Prozent hätte rechnen können. Doch Tony war im Lauf der Zeit seinen Verpflichtungen immer weniger nachgekommen, so daß ich es mit einer Erscheinung zu tun hatte, die mit einer freundlichen Umschreibung als »ausbleibende Mitwirkung des Hundehalters« bezeichnet wird. Tony war nämlich der Meinung, wenn er schon so viele Stunden bei der Arbeit verbringen müsse, sei es sein gutes Recht, seinen Hund so wie bisher zu verwöhnen, wenn er endlich wieder zu Hause sei. Ohne Frage wurde dadurch Marias Autorität untergraben, weshalb die Fortschritte nicht so groß waren, wie sie hätten sein können.

Natürlich war dies nicht das erste Mal, daß der Erfolg des Behandlungsprogramms durch menschliche Störfaktoren beeinträchtigt wurde. Im Fall eines anderen dominanten Hundes, der anfangs äußerst behandlungsresistent war, trat die entscheidende Wendung erst ein, als die im Haushalt lebende Schwiegermutter, eine etwas streitbare und uneinsichtige Dame, wieder in eine eigene Wohnung zog. Anscheinend hatte sie »diesen ganzen Hundepsychologenquatsch« nicht ernst genommen und sich geweigert, die Regeln einzuhalten; statt dessen hatte sie den Hund nach Herzenslust gestreichelt und gefüttert, wie es ihr paßte. In diesem Fall verbesserte sich übrigens nach dem Auszug der Schwiegermutter nicht nur das Verhalten des Hundes, sondern das Familienklima insgesamt, so daß man in jeder Hinsicht von einem Happy-End sprechen konnte.

Ich erzählte Maria und Tony die Schwiegermutterparabel und einige andere warnende Beispiele und machte sie ein weiteres Mal startklar für das Behandlungsprogramm. Dies sowie wöchentliche telefonische Nachfragen brachten sie wieder in Schwung, und es stellten sich erneut Fortschritte ein. Am Ende besserte sich Rocky so weit, daß er nicht mehr nach Maria schnappte und keine Gefahr mehr für das Paar darstellte. Sie wußten jetzt, wie sie mit ihm umzugehen hatten, ohne es zu einer Konfrontation kommen zu lassen, und waren in der Lage, ihn jederzeit abzulenken. Natürlich war Rocky derselbe geblieben, ein dominanter Rüde, der entsprechend behandelt werden mußte, aber immerhin hatte sich seine Sicht der im Haus herrschenden Rangordnung, soweit es Maria und Tony anging, zu deren Gunsten verschoben – und wahrscheinlich auch zu seinem eigenen Vorteil. Denn, wie gesagt, dominante Hunde müssen nicht die Nummer eins sein, sondern nur wissen, wo ihr Platz auf der Rangleiter ist. In vielen Fällen, wo einem dominanten Hund die Herrschaft wieder entzogen wird, hat es sogar den Anschein, als ob der Vierbeiner dies mit Erleichterung aufnimmt, fast als wollte er sagen: »Dem Himmel sei Dank! Einen Augenblick habe ich doch fast geglaubt, *ich* sei hier der Boss.«

Für Menschen, die Schwierigkeiten bei der Durchführung eines Behandlungsprogramms für dominanzgebundene Aggression haben, gibt es inzwischen einen
Hoffnungsschimmer. Es handelt sich dabei um die Ver-
schreibung von Medikamenten. Dies ist nicht so heim-
tückisch, wie es auf den ersten Blick scheint, und steht
auf einer soliden physiologischen Basis. Vor kurzem ent-
deckte man, daß ein Neurotransmitter, das Serotonin,
eine wesentliche Rolle für die Herstellung und Beibehal-
tung von dominanten Zuständen spielt, bei Hunden wie
bei Menschen. Dominanzgebundene Aggression soll
demnach mit einem schwankenden Serotoninspiegel
einhergehen. Daher haben serotoninverstärkende Mittel
eine profunde antiaggressive Wirkung, insbesondere bei
Dominanz-Aggression. Möglicherweise beeinflussen verhaltensmodifizierende Programme zwar auch den Neu-
rotransmitterspiegel, doch in weit weniger dramatischer
Weise als bei der medikamentösen Behandlung.

Medikamente wie Fluoxetin (Prozac, Fluctin), das den
Serotoninspiegel erhöht, können sich in manchen Fällen
bei der Eindämmung dominanzgebundener Aggression
als äußerst wirkungsvoll erweisen. Das ermöglicht es
Hundebesitzern, rasch wieder die Oberhand zu gewinnen. Fühlten sie sich vorher bald frustriert, so fördert dies
nun eine konsequentere Anwendung der verhaltensmodifizierenden Programme, denn durch den Anfangserfolg
ermutigt, halten sie dann auch längere Zeit daran fest.
Diese pharmazeutische Hilfestellung ist manchmal alles,
was nottut, um Hundebesitzern die Einhaltung der Regeln zu erleichtern und ein Dominanzproblem zu einem
erfolgreichen Abschluß zu führen. Auch wenn es nicht in
allen Fällen notwendig ist, hat die pharmakologische
Stützung der verhaltensmodifizierenden Therapie eine

neue Dimension im Umgang mit Verhaltensproblemen eröffnet und die Chancen für den Behandlungserfolg deutlich erhöht.

Ich weiß nicht, ob Maria und Tony sich für diese Behandlungsmethode entschieden hätten, wenn es sie damals, als sie mit Rocky bei mir waren, schon gegeben hätte. Viele Menschen sind aus moralischen oder ethischen Gründen gegen eine pharmakologische Behandlung. Auf solche Leute wirkt die Erwähnung von Medikamenten wie ein rotes Tuch. Ich persönlich teile diese Einstellung nicht und kann mich, sofern gewünscht, mit den jeweiligen Einwänden in allen Einzelheiten auseinandersetzen. Nach meiner Erfahrung ist die pharmakologische Therapie äußerst nützlich bei der Behandlung dominanzgebundener Aggression und vieler anderer Verhaltensprobleme, und ich glaube, daß der rechtzeitige, angemessene Einsatz von Medikamenten lebensrettend sein kann. Man kann nur hoffen, daß diejenigen, die sich gegen die Anwendung von Medikamenten bei ihren Haustieren entscheiden, die gleichen sind, die eine Euthanasie aus Gewissensgründen ablehnen.

_____ **Ratschläge**—

Anzeichen von dominanzgebundener Aggression
Bei aggressivem Verhalten wie Knurren, Hochziehen der Lefzen, wütendem Zähnefletschen, Schnappen oder Beißen, das sich in erster Linie gegen Familienmitglieder oder andere dem Hund vertraute Personen richtet, handelt es sich häufig um eine dominanzbezogene Aggression.

Aggressionsauslösende Situationen

- Konkurrenz: um hochbegehrte Güter wie Futter, Leckerbissen, Knochen, Leine, entwendete Gegenstände, Schlafplatz, Bett, Hundekorb, den Besitzer.
- Als Herausforderung verstandene Körperhaltungen: Umarmen oder Streicheln, Tätscheln am Oberkopf, Zurückziehen am Halsband oder Nackenfell, unverwandtes Anstarren, Hochheben, Fellpflege, Krallenschneiden.
- Ermahnung oder Bestrafung: Drohen mit dem Finger oder einer zusammengerollten Zeitung, Schlagen, Anschreien.
- Machtkampf: Versuch des Besitzers, den Hund gegen seinen Willen zu etwas zu zwingen.

Behandlung der Dominanz

1. Umstellung der Haltung: mehr Bewegungstraining und vernünftige Ernährung (nur Hundefutter).
2. Gezieltes Abrichten zum Gehorsam: zweimal täglich fünf bis zehn Minuten in ruhiger Umgebung. Das Üben soll Spaß machen. Einsilbige Kommandoworte benutzen, prompte Reaktionen belohnen, nicht befolgte Befehle ignorieren.
3. Der Hund muß sich alles verdienen: Futter, Spielzeug, Spiele, Beachtung, Lob, Streicheln und seine Freiheit. Er muß sich zum Beispiel immer erst setzen oder hinlegen – das entspricht dem menschlichen Erst-Bitte-Sagen.
4. Konfrontationen vermeiden, keine Strafen verabreichen.
5. Keine Balgereien mit dem Hund.
6. Sofern verschrieben, Medikamente verabreichen (Prozac, Fluctin o. ä.).

Kapitel 2

Das Jekyll-und-Hyde-Syndrom

Nicht alle Formen von Aggressivität lassen sich, wie es bei der dominanzgebundenen Aggression der Fall ist, logisch erklären. Einige sind schlichtweg pathologischer Natur. Kurz nach Beginn meiner Arbeit im Bereich der klinischen Behandlung von Tierverhalten lernte ich den Begriff *Wutsyndrom* kennen, mit dem man plötzlich auftretende, heftige und unangemessene Aggressivität beschrieb, wie sie manche Hunde zeigen. Nun könnte man glauben, daß jede Art von Aggressivität unangemessen ist, doch dem ist tatsächlich nicht so. Bei dominanzbestimmten Auseinandersetzungen ist es natürlich, wenn der ranghöhere Hund die Sprache der Aggression einsetzt, um die möglichen Verhaltensweisen einzugrenzen, die er bei einem anderen Tier toleriert. Form und Heftigkeit der Aggressivität werden in diesem Fall davon bestimmt, wie bedroht er sich fühlt. Aggressiver Jagdtrieb, Aggressivität von Muttertieren und schmerzbedingte Aggressivität stehen im Zusammenhang mit angeborenen Verhaltensmechanismen und gelten als notwendig, um das Überleben des einzelnen Tieres und der Spezies zu sichern. Wutsyndrom, auch bekannt als idiopathische Aggressivität, ist ein Begriff, mit dem man heftiges, nicht provoziertes aggressives Verhalten beschreibt, für das es keine einleuchtende Erklärung gibt. Es ist eine Art von

Aggressivität, die nicht im entferntesten mit normalem Verhalten zu tun hat und wegen ihrer Heftigkeit und Unvorhersehbarkeit Bilder von Jekyll-und-Hyde-Hunden heraufbeschwört.

Hunde mit Wutsyndrom können aus tiefem Schlaf aufwachen und sofort über irgend etwas herfallen, das sich in ihrer Nähe befindet – egal ob Lebewesen oder irgendwelche Gegenstände. Vergleichbares ist von anderen Formen der Aggressivität nicht bekannt. Befragt man die Besitzer dominanter Hunde nach den Ursachen der Anfälle, so mag man zu hören bekommen, ihr Hund sei »ohne jeden Grund« aggressiv – so scheint es ihnen jedenfalls. Fragt man aber weiter nach, so stellt sich normalerweise heraus, daß der Konkurrenz- oder Selbstverteidigungsinstinkt des Tieres unbeabsichtigt aktiviert wurde. Auch wenn uns die Anlässe, die aggressives Verhalten auslösen, unwichtig erscheinen, so sind sie es noch lange nicht für den Hund, der vielleicht gerade wenig Neigung verspürt, sich mit einem rangniedrigeren Tier aus dem Rudel auf irgendeine Spielerei einzulassen. Es gibt sogar eine überzeugende Erklärung dafür, warum ängstliche Hunde andere Hunde oder Fremde beißen oder anspringen. Dies gilt jedoch nicht für das Wutsyndrom, bei dem überhaupt nicht erkennbar ist, was die aggressive Handlung ausgelöst hat, selbst wenn man den Vorgang mit den Augen des Verhaltensforschers betrachtet.

Dieses Aggressivitätssyndrom gilt als das bei bestimmten Rassen am häufigsten vertretene Syndrom. Insbesondere werden hier die Englischen Springer Spaniels genannt, und alle extremen Formen von Aggressivität bei dieser Rasse werden, ob zu Recht oder zu Unrecht, als »Springer-Wut« bezeichnet. Cocker Spaniel und Bullterrier sind zwei weitere Rassen, bei denen man das Wutsyndrom glaubt beobachten zu können, doch ist in diesem Zusammenhang keine andere Hunderasse so verschrien wie die Springer. Interessanterweise sind alle drei erwähnten Rassen für starkes Dominanzverhalten bekannt, und bei jeder dieser Rassen gibt es bestimmte Zuchtlinien, die bekanntermaßen dominant aggressiven Nachwuchs produzieren. So stellt sich die Frage, wo die dominanzgebundene Aggressivität aufhört und wo das Wutsyndrom anfängt.

Hierzu scheint es zwei Lehrmeinungen zu geben. Die eine erkennt an, daß es ein Wutsyndrom gibt, meint jedoch, es komme so selten vor, daß selbst ein vielbeschäftigter Verhaltensforscher ihm in seinem Leben nur in ein oder zwei konkreten Fällen begegne. Die andere Lehrmeinung legt den Begriff des Wutsyndroms sehr viel weiter aus und versteht im Prinzip alle Formen gewalttätiger, unkontrollierter Aggressivität darunter, seien sie provoziert oder nicht. Doch bleibt, ob verbreitet oder nicht, provoziert oder nicht, die Frage, wo die Wurzel dieser extremen Form explosiver Aggressivität von Hunden liegt.

Genaugenommen war es in der Anfangsphase der Erforschung von Hundeverhalten so, daß niemand seine Ansicht mit Fakten zu belegen vermochte. Einige gestanden dies ein, indem sie einen Begriff wie »idiopathisch« verwendeten, der wörtlich besagt »ohne erkennbare Ursache«. Mit dieser Diagnose lagen sie einigermaßen richtig. Andere gingen einen Schritt weiter und führten die fragliche Verhaltensabnormität auf psychomotorische Epilepsie zurück, wobei sie ihre Meinung auf wenig überzeugendes elektroenzephalographisches Beweismaterial und gelegentliche Behandlungserfolge mit krampflösenden Mitteln wie Phenobarbital stützten. Ich wußte nicht, wie ich darüber denken sollte, und beschloß, die Frage auf sich beruhen zu lassen, bis ich einen entsprechenden Fall selber würde studieren und beurteilen können.

Nicht lange nach Gründung der Tufts-Klinik stellte man uns einen Amerikanischen Pitbullterrier vor, der unerklärliche, gegen seinen Besitzer gerichtete Anfälle von Aggressivität hatte. Zu einem besonders heftigen Vorfall kam es, als der Mann am Küchentisch saß und Zeitung las, wobei er den Hund nicht im Blick hatte und sich kein bißchen bewegte. Die Attacke erfolgte ohne jede Vorwarnung und mit großer Brutalität. Hier liegt der Verdacht auf einen Fall von Wutsyndrom nahe. Interessanterweise zeigte dieser Hund auch ein zwanghaftes Leckverhalten, das sich auf seine linke Flanke beschränkte. Die Diagnose meines Kollegen, es handle sich um psychomotorische Epilepsie, hielt ich zwar eher für eine Vermutung, doch schloß ich mich ihr zunächst einmal an.

Obwohl ich also an eine erfolgreiche Behandlung nicht recht zu glauben vermochte, verfolgte ich die Krankengeschichte des Hundes mit Interesse. Zunächst hieß es, dem Hund gehe es nach der Einnahme von Valium, einem krampflösenden Mittel, das vor allem für seine angstreduzierenden Wirkstoffe bekannt ist, viel besser. Die Fortschritte waren in der Tat ermutigend, und mein Kollege entschloß sich nun zur Behandlung mit Phenobarbital, einem für eine Langzeitbehandlung besser geeigneten krampflösenden Medikament. Wunder über Wunder! Die positive Entwicklung im Verhalten des Tieres hielt an, ja sogar das Leckverhalten hörte vollständig auf. Wir nahmen an, daß das zwanghafte Lecken irgendwie mit den partiell auftretenden Anfallerscheinungen verknüpft war und beide Verhaltensweisen durch die Medikation unterdrückt wurden.

Dieser Fall lenkte mein Interesse auf Verhaltensabweichungen, die sich in Anfällen äußern. Doch für sich allein betrachtet, bewies er nichts. Es gab alle möglichen anderen Erklärungen für die positive Verhaltensänderung, darunter auch nichtspezifische Auswirkungen der Medikation, wie zum Beispiel Sedierung. Vielleicht war der Hundehalter auch eines der vielen Opfer des Placebo-Effekts, oder er hatte uns einfach nur erzählt, was wir seiner Meinung nach hören wollten. Die Behandlung weiterer Fälle war erforderlich, ehe wir zu sicheren Erkenntnissen gelangen konnten.

In dieser Anfangszeit der Klinik hatte ich in der Gegend um Boston vielversprechende Kontakte zu Experten auf den verschiedensten Gebieten der Verhaltensforschung geknüpft. So auch zu Dr. Klaus Miczek von der Psychologischen Fakultät der Tufts-Universität in Medfort, der ob seiner klugen und originellen Arbeiten über Aggression internationales Ansehen genoß. Miczeks methodischer Ansatz zeichnet sich unter anderem dadurch aus, daß er – auf der Grundlage der Beobachtung einer Vielzahl von Tieren in einer Art bioethologischer Analyse – Aggressivität als integrativen Bestandteil der Reaktion eines Tieres auf seine Umgebung versteht. Ich konnte mich glücklich schätzen, einen solchen Experten für Fragen der Aggressivität in unmittelbarer Nachbarschaft zu haben, der darüber hinaus auch noch an einer Zusammenarbeit interessiert und bereit war, zur Lösung des Rätsels der klinisch manifesten Aggressivität sein Wissen einzubringen. Kurz nach meiner ersten Begegnung mit Miczek wurde ich erstmals mit einem Fall konfrontiert, der es wirklich sinnvoll erscheinen ließ, ihn hinzuzuziehen.

Der Hund hieß Randy und war ein überdurchschnittlich großer kastrierter Rüde, ein Chesapeake Bay Retriever mit einem Gewicht von etwa 63 Kilo. Randys Halterin, Kathy Kirby, war eine kleine, zarte Frau, die entschieden weniger wog als Randy. Als Paar boten sie einen merkwürdigen Anblick. Kathy hatte Randy von einem Züchter gekauft, als er acht Wochen alt war, und lebte nunmehr über fünf Jahre mit seiner extremen Aggressivität, die angefangen hatte, als Randy ein halbes Jahr alt war. Während Kathy mir von diversen haarsträubenden Vorfällen erzählte, riskierte ich einen vorsichtigen Blick in Randys Richtung. Er verhielt sich mir gegenüber mißtrauisch, wobei er den Kopf leicht gesenkt hielt und mich hinter seiner Haarmähne aus halbgeschlossenen Augen genau beobachtete. Es war nicht schwer zu erraten, was er dachte: »Komm mir nicht zu nahe, oder ich mache Hackfleisch aus dir!« Unter dem Eindruck seiner Größe und Schnelligkeit, ganz zu schweigen von dem gewaltigen Mahlwerk seiner Kiefer, schien mir Vorsicht eher geboten als Mut; und Körperkontakt mit Randy sollte dem äußersten Notfall vorbehalten bleiben – und vorzugsweise jemand anderem als mir.

Einige der Vorfälle, von denen Kathy berichtete, klangen nach Dominanzverhalten. Wenn er zum Beispiel einen Ball oder ein Handtuch zu fassen bekam, ließ er davon nicht wieder ab. Jeder, der ihm seinen Besitz abnehmen wollte, wurde drohend angeknurrt oder angegriffen und gebissen. Ähnlich verhielt er sich, wenn es um Plätze ging, die er als seine eigenen betrachtete, und er ließ sich auch von niemandem streicheln oder das Fell trimmen. Krallenschneiden oder Erziehung kamen überhaupt nicht in Frage.

Andere Vorfälle ließen sich aber nicht unbedingt eindeutig in Zusammenhang mit Dominanzverhalten bringen. Kathy wußte zu erzählen, daß er manchmal in einem ganz eigenartigen Zustand zu sein schien, als sei er irgendwie »nicht ganz da«. In solchen Situationen war Randy am gefährlichsten, und was immer sie tat, hatte dann in der Regel einen bösartigen Angriff auf sie zur Folge. Sie konnte sich nicht frei bewegen, sie konnte ihm kein Futter geben, sie konnte das Zimmer nicht verlassen, im Prinzip blieb ihr nichts anderes übrig, als zu warten, bis sich seine Stimmung geändert hatte – erst dann konnte sie ihr normales Leben fortsetzen. Solche Stimmungsumschwünge ereigneten sich bis zu dreimal am Tag und dauerten fast eine Stunde.

Randys Aggressivität richtete sich nicht nur gegen Kathy. Er fiel auch über Gegenstände her und hatte in einem dieser Anfälle sogar Weingläser zerbissen und hinuntergeschluckt und Treppengeländer zerstört. Im Alter von vier Jahren hatte er Kathy angegriffen, als sie einen Pfirsichkern in den Müllschlucker warf. Sie stand dabei mit dem Rücken zu ihm und sah ihn nicht kommen. Er warf sie nieder und fügte ihr so schwere Bißwunden zu, daß sie ins Krankenhaus eingeliefert werden mußte. Irgendwie hing Kathy aber so sehr an ihrem Hund, daß ihn wegzugeben für sie nicht in Frage kam; also mußte ich versuchen, das Problem zu lösen. Es war an der Zeit, sich nach Verstärkung umzuschauen. Ich bat Dr. Miczek um seine Meinung und arrangierte einen Termin für ihn am Tufts Institute, damit er Randy und Kathy kennenlernen konnte.

Als es soweit war, brachte ich Kathy und Randy in eines der Sprechzimmer in der Neurologie, wo Kathy einige Formulare auszufüllen hatte. Ich ging zur Rezeption zurück und wartete auf Dr. Miczek. Er kam mit einigen Minuten Verspätung und begrüßte mich mit einem zuversichtlichen Lächeln und einem kräftigen Händedruck.

Dr. Miczek hatte über Aggressionen bei Hunden noch nicht gearbeitet, so daß er hier Neuland betrat, doch hatte ich den Eindruck, daß es uns gemeinsam gelingen würde, Randys merkwürdige Aggressivität irgendwie zu verstehen. Miczek stellte Kathy alle möglichen Fragen über Randy und schien sich für den Fall wirklich zu interessieren. Mir fiel auf, daß es ihm besonders wichtig war herauszufinden, was unmittelbar vor und nach einem Anfall von Aggressivität passierte. Er merkte auf, als Kathy über die Stimmungswechsel berichtete, insbesondere aber, als sie den postaggressiven Dämmerzustand beschrieb, in dem Randy auf Kommandos nicht reagierte und seine unmittelbare Umgebung nicht mehr wahrnahm. Dies, zusammen mit einigen kaum merklichen Veränderungen der Gesichtszüge (halbgeschlossene Augenlider und eine leicht vorstehende Zunge) und dem Hinweis auf Randys Speicheln bei seinen Anfällen, ließ Dr. Miczek eine Diagnose wagen.

»Ich glaube, hier könnte es sich um eine Form des episodischen Kontrollverlustsyndroms handeln«, sagte er, wobei er wohl davon ausging, daß Kathy und ich wußten, wovon er redete. Er legte unsere fragenden Blicke aber richtig aus und erklärte uns freundlich, worum es ging.

»Episodischer Kontrollverlust«, führte er aus, »ist eine Form anfallsartiger Aggressivität, bei der der Patient fokale Krampfanfälle hat, die von den Schläfenlappen ausgehen. Hier liegen die Gehirnzentren, die Gefühle kontrollieren, so daß Störungen in diesem Bereich heftige Stimmungsschwankungen, aber auch autonome Vorgänge wie Speichelfluß hervorrufen. Auf dieses Syndrom haben sich schon Verteidiger in Mordprozessen berufen«, fuhr er fort. »Es ist aber eine höchst umstrittene Angelegenheit. Nach einem Mord behaupten Täter gelegentlich, daß diese Störung bei ihnen anfallsartig aufgetreten sei und sie dabei das Bewußtsein und die Kontrolle über ihre Handlungen verloren hätten. Mit anderen Worten, sie behaupten, an einer Geisteskrankheit zu leiden – und in einigen Fällen mag das auch zutreffen. Das Problem liegt darin, daß dieses Syndrom klinisch so gut wie nicht nachzuweisen ist. Manche Mediziner glauben, daß die Aggressivität nur während eines Anfalls auftritt; andere gehen davon aus, daß sie ein interiktales Phänomen ist – das heißt, zwischen Anfällen auftritt. Gleichwie, hier liegt ein diagnostisches Problem vor.«

Sehr interessant, dachte ich, aber bei einem Hund hätten wir doch dasselbe Problem, die Diagnose abzusichern – oder? Ich fragte Dr. Miczek nach seiner Meinung, und er sagte, für das weitere Vorgehen sei es das beste, einen Veterinärneurologen eine klinische Gesamtuntersuchung des Tieres vornehmen zu lassen und dann ein Elektroenzephalogramm zu erstellen, wobei physiologische Reize angewendet würden, um einen Anfall auszulösen. All das ließ sich organisieren.

Unser Fakultätsneurologe Dr. Hans Thalhammer erklärte sich bereit, die Untersuchung vorzunehmen, und ich muß zugeben, daß mich der Mut sehr beeindruckte, den er im Umgang mit dem bedrohlich knurrenden Randy unter Beweis stellte. Wenn Randy sich in irgendeiner Weise vernehmen ließ, schimpfte er ihn einfach aus, und während er ihn untersuchte, redete er in beruhigendem Singsang auf ihn ein. Im Verlauf der Untersuchung beugte und streckte Thalhammer Randys Pfoten, schlug mit einem Gummihammer leicht auf sein Knie und überprüfte seine Wirbelsäule; schließlich erklärte er, daß keinerlei Auffälligkeiten vorlägen, abgesehen von den Besonderheiten im Gesichtsausdruck des Tieres, die bereits vorher beobachtet worden waren. Sichtlich nervös wirkend, stimmte Kathy einer Narkose des Hundes zu, damit wir ein Elektroenzephalogramm machen konnten. Sie unterschrieb eine Einverständniserklärung und nahm dann, während wir mit der Untersuchung begannen, im Wartezimmer Platz.

Ich gab Randy ein Beruhigungsmittel, ehe ich ihn mittels einer Gesichtsmaske betäubte. Dr. Thalhammer brachte auf Randys Kopf Nadelelektroden an, und die neun oder zehn Schreiber des Elektroenzephalographen fingen an, auf dem schnell durchlaufenden Druckerpapier auf und ab zu tanzen und seine Gehirnströme aufzuzeichnen. Zunächst wußten wir mit dem, was wir sahen, wenig anzufangen, auch wenn wir die Muster, die sich zeigten, heftig diskutierten. Nicht eines war eindeutig auslegbar. Gelegentlich verfielen Dr. Miczek und Dr. Thalhammer, beide deutscher Abstammung, in ihre Muttersprache, und ich verstand gar nichts mehr. Doch sobald ihnen wieder bewußt wurde, daß ich auch noch da war, faßte einer von ihnen zusammen, worüber sie gerade gesprochen hatten.

Zu guter Letzt nahmen wir die physiologischen Tests in Angriff, die, so hatte Dr. Miczek von vornherein prophezeit, notwendig sein würden, um abnorme Hirnaktivitäten zu erkennen. Wir entschieden uns zunächst für einen Hörtest, bei dem wir ein Klickgeräusch erzeugten oder einen Schlüsselbund dicht am Ohr des Tieres rasseln ließen. Danach folgte ein Sehtest, den wir mit Hilfe eines Röhrenblitzgenerators durchführten, und schließlich gab es einen körperlichen Reaktionstest vermittels einer Zehenklammer. Während dieser Tests hatten wir beständig die EEG-Anzeige auf dem Bildschirm, so daß wir Anfang und Ende jedes Stimulus verfolgen konnten.

Am spannendsten wurde es, als wir die Zehenklammer ansetzten und sich ein aus einer Reihe von Spitzen bestehendes Muster beobachten ließ. Ich verstand damals wenig davon, wie man so etwas zu interpretieren hatte, doch für Dr. Thalhammer lag hier unzweifelhaft ein abnormer Befund vor, und wir gratulierten uns.

Während Randy sich noch von der Narkose erholte, ging ich nach draußen und informierte Kathy über das Ergebnis der Untersuchung. Die anomalen Hirnwellen, so teilte ich ihr mit, befänden sich in dem Teil des Gehirns, das für Randys Emotionen zuständig sei, und seien eine Erklärung seines merkwürdigen Verhaltens. Wir schlugen vor, Randy mit krampflösenden Mitteln zu behandeln, fügten aber hinzu, der Erfolg einer solchen Medikation sei nicht sicher und sie solle sehr auf der Hut sein, damit in den kommenden Wochen weder sie selbst noch andere zu Schaden kämen. Die Medikamente, so erklärte ich ihr, seien kein Allheilmittel, und auf jeden Fall werde es zwei oder drei Wochen dauern, ehe sie wirklich anschlagen würden.

Etwa zehn Tage nach unserem ersten Termin sah ich Kathy wieder, und sie wußte zu berichten, daß Randy schon Fortschritte gemacht hatte. Seine Anfälle von Aggressivität waren schwächer und seltener geworden. Auch danach machte Randy weiter Fortschritte, und Kathy war begeistert. Dann jedoch hatte Kathy irgendwelche privaten Probleme, und in der Hektik der Ereignisse vergaß sie, ihm seine Medikamente zu geben. Innerhalb weniger Tage nahm seine Aggressivität wieder zu. Nachdem mir zu Ohren gekommen war, was sich ereignet hatte, legte ich Kathy dringend nahe, die Medikation wieder aufzunehmen. Das tat sie dann auch, und Randy ging es sogleich wieder besser. Sein weiteres Leben – das allerdings nicht mehr lange währte – verlief frei von ernsthaften Anfällen aggressiven Verhaltens. Ich denke noch oft an Kathy und frage mich, wie sie die jahrelange ständige Bedrohung ausgehalten hat und es dabei fertigbrachte, diesen mächtigen Kerl von einem Hund so sehr zu lieben.

Kurz nach unserer Beobachtung des Wutsyndroms bei Randy wurde mein nächster Fall mit Verdacht auf diese Krankheit in die Klinik eingeliefert. Diesmal handelte es sich um einen Cocker Spaniel, also um ein Exemplar der von diesem Syndrom häufig betroffenen Rasse. Jody, wie er hieß, ein gefleckter Cocker, war ein Streuner gewesen, und es gab Anlaß zu der Vermutung, daß seine Aggressivität angstbedingt war. Bei genauerer Prüfung stellte sich jedoch heraus, daß seine aggressiven Anfälle von einem Stimmungswechsel angekündigt wurden, oft extrem heftig waren und ihnen Phasen von Inaktivität und Dissoziation folgten. Darüber hinaus gab es Anzeichen für eine Aktivierung seines autonomen Nervensystems während der bösartigen Attacken.

Ich beschloß, auch bei Jody ein Elektroenzephalogramm machen zu lassen und die gleichen Tests durchzuführen wie bei Randy. Die Abweichungen, die sich in seinem EEG zeigten, waren noch deutlicher, mit einer Vielzahl von Spitzen und einigen oszillierenden, durch Gehirnaktivität ausgelösten Spindeln. Wir diagnostizierten auch bei Jody episodisches Kontrollverlustsyndrom, behandelten ihn mit Phenobarbital und entließen ihn nach Hause. Binnen weniger Wochen besserte sich sein Zustand entscheidend, und auch heute noch, nach einer Reihe von Jahren, hält ihn eine tägliche Dosis Phenobarbital aggressionsfrei. Seine Besitzer können dies bestätigen, denn sobald sie einmal die Medikation vergessen, zeigt sich sofort wieder der alte Mr. Hyde.

Unmittelbar nach Jody hatte ich erstmals einen Springer Spaniel in Behandlung, einen dreieinhalb Jahre alten kastrierten Rüden namens Barclay. Barclay unterlag heftigen Stimmungsschwankungen. Die kleinste Provokation – es brauchte nur jemand an ihm vorbeizugehen – reizte ihn zu heftigen Attacken, nach denen er stundenlang zu schlafen pflegte. (Im Gegensatz dazu erwecken dominante Hunde nach einem aggressiven Vorfall einen ganz normalen Eindruck; manchmal sind sie zerknirscht, als ob sie Gewissensbisse hätten, oder sie wirken, als wüßten sie gar nicht, was sich gerade ereignet hat.)

Auch Barclay wurde elektroenzephalographisch untersucht, und wieder zeigte sich ein krankhafter Befund. Wie seine Leidensgenossen erhielt Barclay Phenobarbital und reagierte darauf positiv, obwohl es ihn immer wieder einmal packte. Alle ein bis zwei Wochen trat einer dieser Stimmungsumschwünge auf, besonders abends, wenn er sein Futter bekommen hatte. Sein Besitzer weigerte sich, die Medikamentendosis zu erhöhen, hatte es aber gelernt, sich von seinem Hund fernzuhalten, wenn Mr. Hyde in ihm die Oberhand gewann, und so hatten sie einen akzeptablen, wenn auch stets gefährdeten Status quo gefunden.

Nach Randy, Jody und Barclay wurden auch noch andere Hunde mit Wutsyndrom in unsere Klinik gebracht. Dank unserer neuen diagnostischen Methode waren wir in der Lage, bei jedem von ihnen das Problem richtig zu erkennen und eine angemessene Behandlung vorzuschlagen. Im allgemeinen haben sich dabei krampflösende Mittel gut bewährt, und es ist kaum zu Rückschlägen gekommen. Ich habe die Behandlung mit Antikonvulsiva verfeinert und gebe heute oft mehr als ein Medikament gleichzeitig. Das Wutsyndrom ist kein tierspezifisches

Verhaltensproblem. Es ist die Folge einer physischen Störung, eine Form lokal beschränkter Epilepsie. Für Verhaltensforscher ist es sehr wichtig, den so diagnostizierten Krankheitsverlauf zu erkennen, da weder viel Bewegung noch Ernährungsumstellung oder Erziehung einem Hund bei diesem Problem helfen kann. Die einzige Lösung besteht darin, in der Hundezucht mit Überlegung vorzugehen und betroffene Einzeltiere mit Medikamenten zu behandeln.

Ratschläge

Anzeichen anfallsartiger Aggressivität

Heftige, unkontrollierbare, anfallsartige Aggressivität wird durch einen belanglosen Anlaß hervorgerufen. Unmittelbar vorher findet ein Stimmungswechsel statt, der für Minuten oder Stunden vor dem eigentlichen Anfall anhält, und eine postaggressive Depression, einhergehend mit verminderter Ansprechbarkeit. Diese Form von Aggressivität tritt manchmal zusammen mit Zwangsverhalten auf, wie Lecken des eigenen Körpers oder Schnappen nach imaginären Fliegen.

Diagnose

- Geschichte der Symptome (auch die Rasse kann dabei eine Rolle spielen)
- Neurologische Untersuchung
- EEG (spezielle Tests zur genauen Absicherung)

Behandlung

1. Seien Sie im Umgang mit einem von der Krankheit betroffenen Hund sehr vorsichtig, besonders wenn Sie Verhaltensauffälligkeiten bemerken.

2. Geben Sie ein krampflösendes Mittel wie Phenobarbital.
3. Beobachten Sie das Verhalten des Tieres genau, und seien Sie bei der Medikation und im Umgang mit dem Tier entsprechend flexibel.

Anfallsartige Aggressivität oder episodischer Kontrollverlust ist eine der wenigen Verhaltensstörungen in der Veterinärmedizin, bei der Einschläfern eine sinnvolle Option darstellt, da eine vollständige Heilung selten ist. Besonders mit Kindern in einem Haushalt ist es bedenklich, einen solchen Hund zu halten.

Kapitel 3

Vorsicht, bissiger Hund!

Irgendwann Mitte der achtziger Jahre, als unsere Klinik gegründet wurde, mußte ich mich, nicht ohne Anlaß, ernsthaft mit einer Verhaltensauffälligkeit beschäftigen, die als aggressives Revierverhalten bekannt ist. Auf den ersten Blick erschien dieses Phänomen recht klar und leicht einzuordnen. Schließlich handelt es sich bei dem Revier eines Hundes um seine Heimat, die er gegen alle Eindringlinge energisch verteidigt, und Aggressivität ist das Mittel, dessen er sich dabei bedient. Alles klar! Oder doch nicht? Das erste, was mich stutzig machte, war die Tatsache, daß bei allen Fällen von »aggressivem Revierverhalten«, die mir zu Ohren kamen, Gewalt gegen Menschen – Fremde – im Spiel war, die sich nur als Besucher in der vertrauten Umgebung des Hundes aufhielten. Tierverhaltensforscher stellen aggressives Revierverhalten normalerweise als etwas dar, das zwischen Mitgliedern ein und derselben Spezies und nicht über die Grenzen einer Spezies hinweg zum Tragen kommt. So gesehen ist Aggressivität von Hunden, die sich gegen menschliche Besucher ihres Zuhauses richtet, eine ungewöhnliche Variante dieses Verhaltens.

Ein klassisches Beispiel aggressiven Revierverhaltens kann man in der Vogelwelt finden, wo das Rotkehlchen sein Revier unter Einsatz seines Lebens gegen andere

Rotkehlchen verteidigt. Paradoxerweise trägt dieses Verhalten zu höheren Überlebenschancen bei. Doch wer hätte je von einem Rotkehlchen gehört, das sein Revier gegen eine Eidechse verteidigte? Was sollte sich ein Rotkehlchen um Eidechsen sorgen, machen die ihm doch seine Nistplätze nicht streitig, sind nicht hinter dem gleichen Futter her und auch nicht hinter den gleichen Partnern? Die Antwort ist simpel: Rotkehlchen machen sich da auch keine Sorgen.

Warum also sollte ein Hund sein Revier offensiv gegen Menschen verteidigen? Könnte es sein, daß Hunde die Menschen, bei denen sie leben, als ihresgleichen ansehen und deswegen jeden Besucher als Konkurrenten betrachten? Sicherlich scheinen dominante Hunde ihre Menschenfamilie als Mitglieder ihres eigenen Rudels zu verstehen. Vielleicht stellt das Syndrom eine Art hundlicher Dyslexie dar, eine Wahrnehmungsstörung, bei der die Rollen von Menschen und Hunden austauschbar sind. Einen Hinweis auf die Bedeutung des Reviers bei dieser Form der Aggression erhielt ich, als ich ein Standardwerk veterinärärztlicher Verhaltensforschung durchblätterte und dort, schwarz auf weiß, genau dieses Syndrom beschrieben fand: »Aggressives Revierverhalten gegen Menschen«. Mir fiel allerdings auf, daß am Ende des Artikels der Verfasser darauf hinwies, dies sei eine sehr spezielle Form von Revierverhalten, und so mutmaßte ich, daß er, genau wie ich, hier einige definitorische Probleme gehabt hatte.

Im Laufe von routinemäßigen Konsultationen zu Verhaltensfragen habe ich viele Hunde erlebt, die das zeigten, was ich aggressives Revierverhalten gegen Menschen nenne, und das Verhaltensrepertoire, das diesen Zustand charakterisiert, ist mir mittlerweile vertraut. Sheena, eine außergewöhnlich schöne, 36 Kilo schwere Deutsche Schäferhündin, die mir an einem Dezembertag vorgestellt wurde, wies alle bekannten Merkmale des Problems auf. Sheenas Besitzerin, Sandra Rogers, eine verbindliche und liebenswerte junge Frau in den Zwanzigern, ließ ihrem Tier beim Betreten des Sprechzimmers den Vortritt und nahm Platz. Mit leuchtenden Augen erzählte sie mir, daß sie von unserer Klinik für Verhaltensfragen in einer Fernsehsendung gehört habe.

Die Begeisterung, mit der sie über unsere relativ junge Beratungseinrichtung redete, war Balsam für meine Seele, und ich hörte ihr voller Stolz zu, während Sheena und ich uns, erst einmal aus sicherer Entfernung, vorsichtig in Augenschein nahmen. Ich sah mir Sheenas Daten im einzelnen an:

Alter des Tieres: zwei Jahre und zehn Monate.

Geschlecht: weiblich.

Fortpflanzungsstatus: kastriert.

Alter, in dem sie erworben wurde: sechs Wochen.

Danach richtete ich mein Augenmerk auf die Kommunikation zwischen Hund und Halterin. Es war offensichtlich, daß Sandra das Tier in ihr Herz geschlossen hatte und daß es eine wichtige Rolle in ihrem Leben spielte. Im Verlauf des Interviews warf sie immer wieder bewundernde Blicke zu Sheena hinüber und lobte und streichelte sie ohne Ende, sobald sie in ihre Reichweite kam. Es bestanden für mich kaum Zweifel, daß Sheena maßlos verzogen war, doch glaubte ich nicht, daß Dominanzverhalten hier das Problem war, und dies aus zwei Gründen. Zum ersten habe ich nur selten Deutsche Schäferhunde wegen dominanzbedingter Aggressivität behandeln müssen, und zum zweiten war Sheenas Verhalten im Sprechzimmer typisch für ängstliche Hunde. Sie bewegte sich nur sehr furchtsam im Raum umher und erkundete einigermaßen nervös die Ecken des Zimmers, die am weitesten von mir entfernt lagen. Ihre Ohren hingen schlapp nach unten, und sie hielt den Schwanz eingeklemmt, während sie sich beinahe kriechend durch den Raum bewegte, dabei gelegentlich hinter Sandra anhielt und mich scheel von der Seite ansah. Nach kurzem Halt nahm sie dann ihren Kontrollgang wieder auf, blieb hier und da abermals stehen, um einen merkwürdigen Geruch genauer aufzunehmen, wobei sie Gleichgültigkeit vortäuschte, tatsächlich aber gespannt wie ein Flitzebogen war. Ich vertraute meiner üblichen Strategie, die darin besteht, sitzen zu bleiben und den Hund schlichtweg zu ignorieren. Schließlich rückte Sandra mit dem Grund ihres Besuches heraus: Sheenas Aggressivität gegenüber Fremden.

Auf Nachfragen wurde klar, daß sich Sheenas Aggressivität beinahe ausschließlich in Sandras Haus oder Auto bzw. deren unmittelbarer Umgebung zeigte. Revierrecht? Sobald Fremde sich Sandras Haus näherten, sah sich Sheena veranlaßt, nachdrücklich ihre Lautstärke und Gefährlichkeit zu demonstrieren. War sie im Haus eingesperrt, rannte sie zwischen Tür und Fenster hin und her, sprang auf die Möbel und blickte nach draußen, als müßte sie sich mit eigenen Augen davon überzeugen, daß es Fremde waren, die sie da kommen hörte. Wie bei aggressivem Revierverhalten üblich waren Besucher in Uniform die beliebtesten Opfer und riefen eine extreme Zurschaustellung von Aggressivität hervor wie wildes Entgegenstürmen, Knurren und Zähnefletschen. Solche Besucher können einem leid tun, die – ohne zu wissen, warum – sich urplötzlich in einer Situation befinden, in der sie scheinbar um ihr Leben fürchten müssen. Wer genügend Mut aufbrachte, Sheenas Haus zu betreten, blieb unbehelligt, solange er sich schleunigst hinsetzte und sitzen blieb, leise sprach und sich vorsichtig bewegte. Plötzlich nach dem Zuckertopf zu greifen oder unvermittelt aufzustehen, um hinauszugehen, führte zu einem erneuten Ausbruch von Aggressivität, besonders wenn die betreffende Person Angst vor dem Hund hatte. Solche Vorfälle waren besonders schlimm, wenn Sandra dabei war und der Besucher dem Tier den Rücken zuwandte. Das Haus wieder zu verlassen wurde dadurch zu einem regelrechten Abenteuer.

Auch wenn die meisten Hundebesitzer Aggressivität gegenüber Fremden als beschützendes, geradezu nobles Verhalten sehen, wird es sehr wahrscheinlich doch durch Furcht ausgelöst und stellt das Ablenkungsmanöver eines verunsicherten Hundes dar. Solche Tiere fühlen sich im Beisein ihres Herrchens oder Frauchens besonders stark und noch stärker, wenn ihr Opfer Anzeichen von Furcht zeigt oder ihnen den Rücken zukehrt. Bei Sheena wurde aggressives Verhalten gegenüber Besuchern erstmals beobachtet, als sie ein paar Monate alt war, und es wurde problematisch, als sie sechs oder sieben Monate alt war. Aggressive Verhaltensäußerungen der genannten Art werden von Menschen, besonders Männern, oft noch gefördert, da sie diese bei Junghunden amüsant finden und sie als begrüßenswertes Charaktermerkmal eines künftigen Wachhundes gutheißen. Man vergißt dabei, daß Aggressivität mit zunehmender Erfahrung wächst und mit dem Hund sozusagen größer wird. Stürzt ein 30 oder 40 Kilo schwerer Hund an die Tür, wenn Gäste kommen, so ist das etwas völlig anderes, als wenn ein Welpe ein vergleichbares Verhalten zeigt.

Ich weiß nicht, ob Sandra ihre Hündin in ihrem Verhalten bestärkt hatte, doch in jedem Fall stand sie vor dem beschriebenen Problem. Bis zu einem gewissen Grade liefert sich dieses Verhalten seine Verstärkung selbst, da die Folgen Belohnung genug sind. Die Entwicklung der Aggressivität gegenüber dem Postboten ist nur ein Beispiel dafür, wie das funktioniert. Er taucht jeden Tag auf, um die Post zu bringen, und löst bei dem jungen Tier damit zunächst Angstgefühle und Protestgebell aus. Und was tut der gute Mann als nächstes? Er geht natürlich wieder weg. Der Hund verbindet sein Bellen im Sinne einer Ursache-Wirkungs-Beziehung mit dem Verschwinden des Briefträgers. Voller Stolz darauf, den Bösewicht vertrieben zu haben, wird der Hund an dem folgenden Tag um so zuversichtlicher sein Gebell hören lassen und bald schon ein Meister in der Kunst der Einschüchterung sein. Knurren, Anspringen und Zähnefletschen werden nach und nach ins Repertoire aufgenommen. Selbstverständlich zeigt er das Verhalten nun auch bei allen anderen Besuchern, die eine Uniform tragen.

Aggressivität außerhalb des Hauses entwickelt sich nach demselben Grundmuster und erstreckt sich, zum Befremden des Besitzers, oft auch auf die Straße, in der er wohnt, und die nähere Umgebung, einschließlich Nachbars Garten. So war es jedenfalls bei Sheena. Wie ihren ungezogenen Artgenossen waren auch ihr die rechtmäßigen Grenzen des Grundstücks ihrer Herrin nicht klar, und über den Daumen (oder die Kralle) gepeilt, betrachtete sie jedes von ihr regelmäßig patrouillierte und mit Duftmarken versehene Gebiet als ihr heimatliches Revier. Es heißt, man könne aggressives Revierverhalten außerhalb des eigenen Grundstücks einschränken, wenn man den Hund zwingt, seine Duftmarken auf ebendiesem Gelände zu setzen, und ihm nicht erlaubt, an anderen Stellen in der weiteren Nachbarschaft anzuhalten und sein Geschäft zu verrichten. Das soll die Größe des markierten Gebietes eingrenzen und die Wahrscheinlichkeit aggressiven Verhaltens außerhalb des Grundstücks des Besitzers verringern. Ich bin mir nicht sicher, ob dies ein gangbarer Weg ist. Mit Sheena selbst war das nicht ausprobiert worden, und sie zeigte auch noch in einiger Entfernung von Sandras Haus aggressives Verhalten. Wenn sie sich im Garten aufhielt und Leute vorbeikamen, vor allem Jogger, Skateboarder oder Radfahrer, sah sie sich veranlaßt, bellend am Zaun entlang zu rennen und sich aggressiv zu gebärden. Daraufhin verschwanden die Leute stets sehr schnell, ließen Sheena im Gefühl eines neuerlichen Triumphes zurück und bestärkten sie in ihrem Verhalten.

Außer dem Haus und dessen näherer Umgebung war das Auto *der* Ort, an dem Sheena sich bevorzugt aggressiv gebärdete. Es war ihre Art, das Auto vor allen zu »schützen«, die sich ihm näherten, und ihr Verhalten wirkte in der Tat sehr wild und furchteinflößend. Ich ließ Sandra die Hündin in ihren kleinen roten Sportwagen setzen und bewegte mich dann langsam auf diesen zu, um besser einschätzen zu können, womit ich es zu tun hatte. Sheena spielte verrückt, bellte furchterregend und sprang aufgeregt gegen die Autoscheiben. Wenn das Fenster aber ein wenig heruntergedreht war, so daß ich mit dem Arm in den Wagen langen konnte, hörte sie merkwürdigerweise sofort auf zu bellen und rückte ganz dicht an die gegenüberliegende Tür. Vielleicht war sie doch nicht so mutig, wie sie aussah.

Als nächstes sprach ich die Mautstellen an den Autobahnen an. Gab es Probleme mit Sheena, wenn Sandra das Ticket ausgehändigt bekam oder wenn sie Gebühren bezahlte? »Und ob!« lautete die unmißverständliche

Antwort. Sheena machte einen solchen Aufstand, daß Sandra oft gebührenpflichtige Straßen mied und lieber einen Umweg in Kauf nahm. Ich dachte, daß die Reaktion der Hündin auf Mautbeamte sich genauso entwikkelte wie ihre Aggressivität gegenüber dem Postboten und anderen Uniformträgern. Das heißt, Sheena sieht den Beamten, fängt an zu bellen und unruhig zu werden, und dann verschwindet die uniformierte Person wieder. Das ist Cäsars *veni, vidi, vici* auf die Welt der Hunde übertragen …

Dieser Ablauf war für Sheena so sehr zur Selbstverständlichkeit geworden, daß sie inzwischen sogar aus dem fahrenden Auto heraus irgendwelche Passanten in dieser Weise anging. Näherte sich ein Fußgänger dem Wagen, dann fing Sheena sogleich an, unter lautem Bellen im Wagen hin und her zu springen, wobei sie gelegentlich innehielt, um ein heftiges Knurren in die Richtung zu senden, aus der die Bedrohung kam. Die Lage entspannte sich, sobald Sandra weiterfuhr und der Fremde aus dem Blickfeld verschwand.

Nachdem ich Sheena kennengelernt und ihre Geschichte gehört hatte, machte ich mir erneut klar, daß Angst ein wichtiges Element dieser Verhaltensstörung ist. Sheena war in Wirklichkeit feige und hatte Angst vor Fremden. Wahrscheinlich war sie in dieser Hinsicht, zumindest teilweise, erblich vorbelastet, doch war ihr Verhalten wohl auch auf falsche Einübung im Umgang mit Menschen in den ersten drei Monaten ihres Lebens, einer kritischen Phase der Entwicklung, zurückzuführen. Ich glaube, daß genetische Faktoren eine Rolle spielen, weil die Hunde, bei denen ich diese Störung festgestellt habe, zumeist Deutsche Schäferhunde oder andere Wach- oder Hirtenhunde waren.

Zu der Einschätzung, daß auch falsche Erziehung von Bedeutung sein kann, kam ich, weil das Umfeld für die Entstehung angstgebundener Reaktionen von so großer Bedeutung ist. Hunde wie Sheena ließ man in dem Glauben heranwachsen, Angriff sei die beste Verteidigung. Der Grund für die offensichtlich revierbedingte Problematik liegt darin, daß Hunde sich auf heimischem Boden, zu dem im Normalfall als Erweiterung auch das Auto gehört, selbstbewußter auftreten. Fern der Heimat mit den gleichen Herausforderungen konfrontiert, zeigen die Hunde ihr wahres Gesicht. In meinem Sprechzimmer zum Beispiel fühlte Sheena sich anfangs unsicher und ängstlich, obwohl Sandra doch in ihrer Nähe war und ihr Beistand leistete. Ohne Zweifel wäre unsere Bekanntschaft anders verlaufen, hätte ich Sheena in ihrem Zuhause kennengelernt. Als ich Sandra dies alles erklärt hatte, war Sheena eingeschlafen und lag friedlich dösend auf dem Fußboden, dicht bei Sandras Füßen, versteht sich. In diesem Augenblick klopfte es an der Tür, und im Nu war Sheena aufgesprungen, bellte wütend los und bleckte die Zähne. Wer immer mich hatte besuchen wollen, überlegte es sich anders.

Ehe ich mit Sandra über die Behandlung sprach, die ich für Sheena ins Auge faßte, stellte ich noch ein paar Fragen, die für mich von besonderem Interesse waren. Sie bezogen sich auf den aggressiven Beutetrieb, der, wie mir aufgefallen war, mit dem Syndrom einherzugehen schien. Natürlich waren Eichhörnchen, Kaninchen und andere kleine Tiere für Sheena äußerst aufregend, und sie jagte sie, bis sich das Beutetier auf einen Baum oder in ein Loch retten konnte. Aggressiver Beutetrieb, ob bei Hunden oder anderen Raubtieren, geht nicht mit gewaltiger Zurschaustellung von Erregtheit einher (Knurren,

Zähnefletschen usw.), weil es für einen Jäger auf der Pirsch nichts Außergewöhnliches ist, sich einen Happen im Lauf zu besorgen. In diesem Fall ist die Beute oft klein, hat einen Pelz und bewegt sich sehr schnell. Einige Verhaltensforscher glauben, daß Jagdinstinkte auf Elemente unserer modernen Welt übertragen werden, etwa auf Jogger, Skateboard- und Radfahrer oder Autos – kurzum auf alles, was sich bewegt. Obwohl derartige Beobachtungen auf Hunde wie Sheena vielleicht zutreffen, ist nicht ohne weiteres einsehbar, warum Beutetrieb und Furcht aneinander gekoppelt sein sollten. Eine mögliche Erklärung könnte lauten, daß wir Hirtenhunde in der Nachfolge von Hunden gezüchtet haben, die einen ausgeprägten Beutetrieb hatten, denen aber die letzte Entschlossenheit abging – die also keine Neigung hatten, richtig zuzubeißen und zu töten. Hirtenhunde, die Schafe beißen, werden schnell aussortiert und mit Sicherheit nicht in der Zucht eingesetzt.

Im Zusammenhang von Zucht und Genetik ist es interessant zu beobachten, daß nicht ausgebildete Deutsche Schäferhunde von sich aus nicht richtig zubeißen, sondern oft nur an der Kleidung zerren oder die Haut oberflächlich verletzen. Wenn man bedenkt, wozu sie in der Lage sind, läßt sich hier auf ein bemerkenswertes Maß an Selbstbeherrschung schließen – oder einen Mangel an Selbstvertrauen. Ich glaube eher an die zweite Möglichkeit. Vielleicht sind wir heute besser als jemals zuvor imstande vorauszusagen, welcher Hund bellt und nicht beißt.

Wesentlicher Bestandteil von Sheenas Behandlung war, ihr mehr Auslauf zu verschaffen und ihr, aus Sicherheitsgründen, das Kraftfutter zu streichen und durch anderes Futter zu ersetzen. Außerdem riet ich Sandra, sehr vorsichtig zu sein, wenn sie Besuch bekam, und Sheena dann entweder einzuschließen oder einen Maulkorb zu benutzen. Der Verhaltensänderung sollte eine spezielle Therapie dienen – eine systematische Desensibilisierung bei gleichzeitiger Gegenkonditionierung –, um Sheenas Angst und Unsicherheit gegenüber Fremden abzubauen. Sandra sollte die Hündin vorsichtig an Fremde heranführen und es zunächst mit denjenigen versuchen, bei denen eine angstbestimmte Reaktion Sheenas am wenigsten zu erwarten war. Erst dann sollte sie mit schwierigeren Aufgaben konfrontiert werden, wobei Abstand als variable Größe einzusetzen war. Zuerst wurde die unproblematischste Person, in diesem Fall eine Frau, gebeten, sich auf der Straße vor Sandras Zuhause aufzubauen. Dann wurde Sheena an der Leine in den Garten geführt und bekam die Kommandos »Sitz!« und »Platz!«. Sandra mußte sie loben und streicheln und ihr etwas Leckeres zum Fressen geben, wenn sie ruhig und artig blieb. Verweigerte Sheena den Gehorsam und interessierte sich mehr für die fremde Person, als sie sollte, dann wurde die Übung ein paar Minuten später wiederholt, wobei die fremde Person diesmal weiter weg stand. War eine Prüfung bestanden, so ging es weiter zur nächstschwereren: Die fremde Person rückte wieder näher heran.

Das Programm war insofern sehr fein abgestimmt, als man alle Punkte, von denen aus der Zugang zum Grundstück möglich war, zu guter Letzt auch das Haus selbst, für das Training heranzog; dabei wurde Sheena nie so unter Druck gesetzt, daß es zu einem Aggressionsausbruch kam. Die Übungseinheiten endeten stets mit positiver Verstärkung und fanden regelmäßig statt (wenigstens zwei- oder dreimal in der Woche). Erfolg mit weiblichen Versuchspersonen zog die nächsthöhere Anforderungsstufe nach sich: Männer in Straßenkleidung, ansonsten alles wie gehabt. Im Endstadium sollte Sheena auch gegen uniformierte Personen desensibilisiert werden, doch bis dahin war noch ein weiter Weg. Sheena darauf abzurichten, diese künstlich herbeigeführten Begegnungen positiv zu verarbeiten, sollte auf dem Einsatz positiver Verstärkung beruhen, auf Lob und auf Belohnung mit Leckereien wie gefriergetrockneter Leber. Man nennt diese Technik, bei der ein Hund lernt, andere als die gewohnten Konsequenzen von Ereignissen wahrzunehmen, Gegenkonditionierung, und diese funktioniert besonders gut, wenn der Hund hungrig ist. Desensibilisierungsprogramme, wie das, das ich Sandra erläuterte, verlaufen nicht problemlos und brauchen ihre Zeit. Ich vergleiche das oft mit einer Runde im Rutsche- und Leiternspiel. Mal erwischt man eine Rutsche, fällt zurück und muß warten, bis man wieder dran ist mit Würfeln, mal klettert man schnell und ohne Probleme immer höher.

Ein weiterer Tip, den ich Sandra für das Desensibilisierungstraining gab, bezog sich auf eine Art Halfter, mit dessen Hilfe sie Sheena würde angemessen kontrollieren können. Dieses Halfter besitzt einen Nasenriemen und einen Nackengurt und signalisiert dem Tier, daß die Person, die es führt, sozusagen alles im Griff hat. Die Leine wird daran unter dem Kinn befestigt, so daß, wenn diese angezogen wird, das Maul des Hundes verschlossen und gleichzeitig sanfter Druck auf seinen Nacken ausgeübt wird. Manche Experten schätzen diese Signale als ähnlich ein, wie sie eine Hündin zur Kontrolle ihrer Welpen einsetzt, wenn sie diese an der Schnauze hält oder sie beim Genick packt. Wie immer auch die Erklärung lauten mag, das System scheint bei vielen Hunden gut anzuschlagen. Ohne Halfter hätten wir sicher Schwierigkeiten, große Tiere wie Pferde und Kühe zu kontrollieren.

Ein ungebärdiges Pferd könnte man niemals mit einem Strick oder einer Kette um den Hals richtig in den Griff bekommen. Da der Hals einen relativ unempfindlichen Teil seines Körpers darstellt, würde es seinen Möchtegern-Führer einfach hinter sich herziehen. Ein am Kopf angebrachtes Halfter jedoch verschafft die gewünschte Kontrolle, da Druck auf die geeigneten, weil empfindlichen Stellen ausgeübt wird. Dasselbe Prinzip findet Anwendung, wenn man bei einem Bullen einen Nasenring oder bei einem Schwein eine Rüsselschlinge benutzt. Halfter stellen also ein für Hunde angemessenes und tierfreundliches Kontrollsystem dar, und im übrigen ist der Umgang damit problemlos zu erlernen. Auch wenn manche Hunde ein paar Minuten brauchen, bis sie sich daran gewöhnt haben, und vielleicht versuchen, es abzuschütteln, so wirkt es doch, einmal akzeptiert, wahre Wunder, indem es beruhigt und dem Tierhalter die volle Kontrolle gibt. Von da an beruht die Behandlung allein auf Belohnung durch Leckerbissen.

Nach unserem allgemeinen Gespräch über die Desensibilisierung brachte ich die Unterhaltung mit Sandra noch einmal auf die Mautbeamten zurück. Ich fragte sie, ob es ihr möglich sei, Sheena ein paarmal in der Woche zu einer der gefürchteten Mautstellen mitzunehmen, um sie den Beamten gegenüber zu desensibilisieren. Darüber hinaus forderte ich Sandra auf, an dem Kassenhäuschen selbst eine kleine Gegenkonditionierung durchzuführen, indem sie für den Hund an einem bestimmten Fenster des Autos ein paar Hundebonbons hinlegte. Soweit unsere erste Sitzung, nach der Sandra sich mitsamt neuem Halfter auf den Heimweg machte, Sheena dicht an ihrer Seite.

Mit der Zeit machte Sheena Fortschritte. Wenn Fremde zu Besuch kamen, war es möglich, daß sie neben Sandra saß und auch wußte, daß sie dort zu bleiben hatte – stets am Halfter, was ihr signalisierte, daß Sandra das Sagen hatte. Zeigte Sheena das gewünschte Verhalten, so gab es, wann immer Gäste kamen und das Haus betraten, positive Verstärkung in Form von Hundekuchen für Sheena. Sandra durfte nur nie vergessen, Sheena unter Kontrolle zu behalten und die Besucher ruhig sich selbst zu überlassen. Wenn diese das Haus betraten, wurden sie darauf hingewiesen, Sheena nicht anzusehen, sich ihr nicht zu nähern oder sie anzusprechen und sich so schnell wie möglich hinzusetzen. Außerdem sollten sie sich eine Handvoll Leckereien nehmen, die griffbereit in einer Schale an der Eingangstür standen, und sie Sheena im Laufe der Unterhaltung zuwerfen. Wenn sie das dankbar quittierte, so galt das als positives Zeichen. Wir machten Sandra klar, daß Besucher sich Sheena unter keinen Umständen aufdrängen, sondern abwarten sollten, bis diese auf sie zukam. Sheena war an einer langen Leine und durfte sich in einem von ihr gewählten Tempo den Fremden nähern – solange alles friedlich verlief. Auf das leiseste Anzeichen von Ungehorsam reagierte Sandra umgehend, aber nur indem sie Sheena einfach aufforderte, sich zu setzen oder hinzulegen, und sich danach ganz normal verhielt.

Drei oder vier Monate nach meiner ersten Begegnung mit Sheena konnte mir Sandra berichten, daß die Erziehungsmaßnahmen Wirkung zeigten, und dies in allen Bereichen außer beim Autofahren. Offensichtlich bellte Sheena während der Fahrt immer noch wie verrückt Passanten auf den Bürgersteigen an – das letzte, aber sehr hartnäckige Relikt ihres früheren Verhaltens. Wir rieten Sandra, ihrer Hündin im Auto grundsätzlich das Halfter anzulegen und die Leine zwischen den Vordersitzen durchzuführen, so daß sie Sheena stets in liegender Position auf dem Rücksitz halten konnte. Zunächst sollte sie dies bei stehendem Fahrzeug üben und erst dann während der Fahrt, und mit dieser Methode kam Sandra auch schnell zurecht.

Außerdem führten wir Sandra in die edle Kunst des Umgangs mit der Schütteldose ein. Dabei handelt es sich schlicht um eine leere Mineralwasser- oder Bierdose, die man mit ein paar Münzen füllt und dann mit Klebeband verschließt. Wird sie geschüttelt, veranlaßt das dabei entstehende Geräusch den Hund, mit dem, was er gerade tut, aufzuhören. Ich glaube, die Münzen klappern in einem so hohen Frequenzbereich, daß es den Hunden unangenehm ist, sie ablenkt und gleichzeitig als Strafe wirkt. Dieser Trick funktioniert bei ängstlichen Hunden wesentlich besser als bei dominanten. Nach anfänglich schwacher Reaktion begreifen dominante Hunde schnell, was da vor sich geht, und sie wissen sich so zu verhalten, daß ihre Besitzer nicht nach der Dose greifen oder sie schütteln. Ängstliche Hunde jedoch kann man auf diese Weise erfolgreich im Zaum halten, vorausgesetzt, man setzt die Dose nur gezielt zu speziellen Anlässen ein.

Mit diesen Tips zum Gebrauch von Halfter und Schütteldose bekam Sandra ihre Probleme mit Sheena im Auto weitgehend in den Griff. Es ist nun schon ein paar Jahre her, daß mir Sheena zum erstenmal vorgestellt wurde, und die Besserung in ihrem Verhalten hat Bestand gehabt. Sheena ist nicht problemlos, und sie wird es auch nie sein, doch der Umgang mit ihr ist einfacher als früher. Sandra hat durch die neugewonnene Kontrolle mehr Selbstvertrauen, und ihre Gäste fühlen sich viel sicherer. Fahrten im Auto verlaufen nach wie vor friedlich, und neuerdings können sogar die Mautbeamten wieder freundlich lächeln. Ein bißchen bellt Sheena immer noch, wenn sich irgend jemand in Uniform dem Haus nähert, und das Klingeln des Telefons mag sie auch nicht, doch insgesamt ist das Leben mit ihr viel leichter als früher.

Ein paar Monate nach der Bekanntschaft mit Sheena meldete sich ein anderer Hundebesitzer, Brent Thomas, bei mir, der ebenfalls einen Deutschen Schäferhund hatte. Brent war völlig verzweifelt, weil die zuständige Behörde in seiner Heimatstadt seinen Hund Max kassiert hatte und nun seit einigen Wochen dessen Einschläferung drohte. Das ihm zur Last gelegte Vergehen bestand darin, daß Max bei zwei Gelegenheiten Kinder aus der Nachbarschaft angegriffen und gebissen hatte. Beim ersten Vorfall war er aus der Garage entwischt und hatte Kinder auf der Straße erschreckt, indem er sie anbellte und hinter ihnen herjagte. Eines der Kinder wurde gebissen, nicht allzu schlimm, und rannte schreiend nach Hause zu seiner Mutter. Diese rief die Behörden auf den Plan, die den Hund in den Zwinger einlieferten und nur unter schwersten Bedenken wieder freigaben, wobei Brent ernsthaft verwarnt wurde.

Beim zweiten Vorfall war es Max wieder in Houdini-Manier gelungen, aus der Garage nach draußen zu gelangen, als unglücklicherweise ein vorbeiradelnder kleiner Junge eine Abkürzung über eine Ecke von Brents Grundstück nahm. Dieser Übergriff durch ein mobiles Objekt kam Max gerade recht. Er setzte sogleich zur Verfolgung an. Im nun entstehenden Durcheinander ließ der Junge sein Fahrrad hintan und rannte schreiend vom Schauplatz des Geschehens weg; doch Max erwischte ihn an der Kleidung und hinterließ ein paar Abdrücke seiner Zähne auf den Beinen des Jungen. Damit war das Maß voll: Max wurde eingefangen und weggesperrt. Beim anschließenden Gerichtstermin wurde angeordnet, ihn einzuschläfern, woraufhin Brent sich nach Rechtsbeistand umsah und schließlich bei mir landete.

Zu diesem Zeitpunkt hatte Brent bereits Einspruch gegen den behördlichen Beschluß eingelegt, worauf ein Termin für eine erneute Anhörung festgesetzt worden war. Brent wollte nun wissen, ob ich ihm in irgendeiner Weise dabei behilflich sein könnte, seinen Hund zurückzubekommen. Es stand für mich außer Frage, daß Brent sehr an dem Tier hing und alles versuchen würde, Max zu retten und ähnliche Vorfälle in Zukunft zu vermeiden. Ich konnte ihm nichts versprechen, doch sagte ich ihm zu, mir Max einmal anzusehen, um sein Temperament einschätzen und eine meiner Meinung nach sinnvolle Behandlung vorschlagen zu können. Mr. Thomas ging nur zu gern auf mein Angebot ein und hatte innerhalb kürzester Zeit einen Tag »Haftverschonung« für Max erhalten, damit ich meine Untersuchung durchführen konnte.

An einem heißen Sommernachmittag lernte ich Max dann auf dem Gelände vor unserer Veterinärklinik kennen. Brent konnte es kaum erwarten, mir seinen Hund vorzuführen und ihn zeigen zu lassen, was er alles so drauf hatte. Offensichtlich war das Tier sein ganzer Stolz. Vom Temperament her schien mir Max ausgeglichener als Sheena und zeigte weniger ausgeprägtes Angstverhalten. Statt dessen gab es leise Anzeichen von Unterwürfigkeit, und ich hatte den Eindruck, daß Max nicht zur Gruppe der dominanten Hunde gehörte.

»Darf ich?« sagte ich und griff nach der Leine.

»Aber sicher!« Brent vertraute mir.

Ich bewegte Max in flottem Tempo, zuerst in die eine Richtung, dann in die andere, wobei wir scharfe Wendungen durchführten und ich ihm gelegentlich das Kommando gab, stehenzubleiben oder sich zu setzen. Er reagierte fabelhaft. Jeder Befehl wurde sofort befolgt. Max verhielt sich wie ein gut ausgebildeter Soldat. Ohne Probleme konnte ich, auf dem Boden kauernd, einen Arm über seinen Rücken legen und sein Maul untersuchen, in seine Augen sehen, seine Pfoten halten und verschiedene andere Dinge tun, die ich mit Sheena nicht besonders gern hätte ausprobieren wollen. Die Art, wie Max sich verhielt, wie ich mit ihm arbeiten konnte, und das Ausmaß seiner Geduld ließen keinen anderen Schluß zu als den, daß er ein bestens abgerichteter Hund war. Darin bestätigte mich auch ein Video, das Max mit Familienmitgliedern zeigte, die völlig ungezwungen mit ihm herumtollen konnten.

Positiv war, daß Max sich freundlich und recht selbstsicher zeigte, negativ dagegen, daß er Fremde, die sich dem Haus näherten, anbellte und einzuschüchtern versuchte, und wenn er im Garten vor dem Haus angekettet war, riß und zerrte er an der Kette, sobald Besucher in Uniform auftauchten. Auch wurde er sehr aufgeregt und aggressiv, wenn Jogger oder Radfahrer am Garten vorbeikamen; ebenso ging er Leute an, die sich dem Auto näherten, und auch Mautbeamte blieben – natürlich – nicht verschont. Eichhörnchen jagte er gar bis zur totalen Erschöpfung. Im Prinzip war er ein Wachhund, der seine Aufgabe ein bißchen zu ernst nahm. Brent war es peinlich, eingestehen zu müssen, daß er Max früher in seinen aggressiven Reaktionen bestärkt hatte, um die Wachhundseite seiner Persönlichkeit stärker zur Geltung zu bringen.

Meine Diagnose lautete auf aggressives Revier- und Jagdverhalten, und ich erläuterte Brent das Mautbeamten-Syndrom. Er wollte wissen, ob ich meine Aussagen auch vor Gericht zu machen bereit sei und ob ich Vorschläge zur Behandlung hätte. Ich versicherte ihm, daß ich keine Bedenken hätte, dem Gericht zu erklären, warum Max so sei, wie er sei, und daß ich dann auch noch einiges über Futter, Bewegungstraining und Desensibilisierung ausführen könnte, hauptsächlich aber darauf hinweisen würde, daß man sich wegen Max' ausgeprägtem Hang zu dieser Art von Verhalten vor allem um vorbeugende Maßnahmen Gedanken machen müsse. Brent, dankbar für jede Hilfe, nahm mein Angebot an, und wir wollten uns dann ein paar Wochen später zum Gerichtstermin wiedersehen.

Endlich war es soweit. Brent war ungeheuer nervös, schließlich ging es für seinen Hund um Leben oder Tod. Zunächst erfolgte eine Befragung des zuständigen Behördenvertreters, der umständlich ausführte, daß ihm Hunde wie Max bestens bekannt seien. Der Richter, den Kopf auf eine Hand gestützt, sah reichlich gelangweilt aus und kritzelte ungeniert auf seinem Notizblock herum, wobei er ab und zu eine Pause einlegte, den Blick nach oben richtete und einen tief empfundenen Seufzer ausstieß. Trotz seines offensichtlichen Desinteresses entging dem Richter aber auch nicht das kleinste Detail seines vielleicht zehntausendsten Verfahrens, wie sich an seinen seltenen, sachlich aber stets passenden Einwürfen erkennen ließ.

Danach war ich an der Reihe, und es gelang mir, ein einigermaßen zutreffendes Bild der Persönlichkeit des Hundes zu zeichnen und die zu erwartende Reaktion auf die geplante Behandlung darzustellen. Was den Richter am meisten zu beschäftigen schien, war die Frage, ob Max nun ein »bösartiger« Hund sei oder nicht. Ich fand, daß er das nicht sei, und die Zuhörer im Gerichtssaal teilten diese Einschätzung wohl. Folgt man dem Lexikon, so bedeutet *bösartig* (*vicious* im Englischen, Anm. d. Übers.) »der Sünde verfallen, unmoralisch, übelwollend und verdorben«. Diese Charaktermerkmale trafen keinesfalls auf Max zu, da er sich einfach so verhielt, wie er es für richtig ansah. Zugestandenermaßen konnte das nicht hingenommen werden, doch eine Erklärung der ursächlichen Zusammenhänge und ein paar erläuternde Worte über Vorbeugungs- und Behandlungsstrategien schienen den Richter milde zu stimmen, der in diesem Zweifelsfall dann zugunsten des Angeklagten entschied. Max' Freispruch wurde aber an bestimmte Auflagen geknüpft. Brent mußte verbindlich erklären, daß er die Erziehung des Hundes neu angehen und ihn in Zukunft nicht mehr frei herumlaufen lassen würde. Damit war Brent mehr als einverstanden und machte sich sofort auf den Weg, um Max abzuholen. Wenn jedes Hundeleben seinen Höhepunkt hat, dann war es für Max unzweifelhaft dieser.

Max' Behandlung beinhaltete auch die Umstellung auf weniger proteinhaltige Nahrung, dazu vermehrtes körperliches Austoben in Form eines halbstündigen Trainingsprogramms (natürlich in einem abgezäunten Gelände) sowie Gegenkonditionierung und systematische Desensibilisierung (genau wie bei Sheena). Brent hatte dafür Sorge zu tragen, daß Max keinerlei Ausflüge mehr in die Umgebung machte. Ich bin mit ihm in Kontakt geblieben und gehe davon aus, daß alles in Ordnung ist. Weitere Vorfälle hat es jedenfalls nicht gegeben, und im allgemeinen scheint Max dank des neuen Ausbildungssystems wesentlich ruhiger geworden zu sein. Brent ist sich im klaren darüber, daß er gerade noch einmal davongekommen ist, und von daher hinreichend motiviert, alles zu tun, was nötig ist, um Max im Griff zu behalten.

Ich bin sicher, daß es keine Probleme mehr geben wird, und ich bin glücklich, daß es mir mit der Hilfe des Richters gelungen ist, das Leben des Tieres zu retten.

Zum Schluß will ich noch berichten, daß ich ein paar Wochen nach meiner Bekanntschaft mit Max von einer Reporterin des *Patriot Ledger* angerufen wurde. Sie stellte sich recht freundlich vor und sagte, sie hätte von meiner Rolle im Fall Thomas gehört, der sich mittlerweile herumgesprochen hatte. Wir unterhielten uns eine Weile, ich beantwortete ihre Fragen und machte gelegentliche Pausen, damit sie auch alles Wichtige notieren konnte. Zum Ende des Interviews hin fiel mir allerdings ein ironischer Unterton bei ihr auf, der mich das Schlimmste befürchten ließ – offenbar redete ich mit der Gegenpartei. Und so war es denn auch, wie ich herausfand, als ich wenig später ihren Artikel zu Gesicht bekam. »Haustier-Verhaltensexperte Dr. Nicholas Dodman sagte, Max sollte durch systematische Trainingsarbeit umerzogen werden, um seine Angst vor Kindern abzubauen. Er schlug vor, Max dabei mit Kindern zusammenzubringen, um bessere Interaktionsformen zu entwickeln. Mit wessen Kindern will er das machen? Mit Ihren? Eines jedenfalls ist sicher: Nicht mit meinen!«

Ich war einigermaßen entsetzt. Die Reporterin hatte offensichtlich keine Vorstellung davon, wie unsere Desensibilisierungsprogramme aussehen, und war in die Offensive gegangen. Ihr war zum Beispiel nicht klar, daß wir darauf bestehen, den Hund unter strengster Kontrolle und an der Leine zu halten oder ihm unter Umständen auch ein Halfter oder einen Maulkorb anzulegen, um jegliches Risiko auszuschließen. Es war ihr weiterhin nicht deutlich, wie systematisch wir bei der Desensibilisierung vorgehen. Das Kind wird dem Hund zunächst nur aus

sicherer Entfernung gezeigt und erst näher an ihn herangeführt, wenn die ersten Lernschritte erfolgreich absol-
viert sind. Na ja, dachte ich, im Krieg und in der Liebe ist
alles erlaubt – und hier fand in der Tat eine Art Krieg statt,
wenn ich so hörte, was unter Hundefreunden geredet
wurde.

Ich arbeite immer noch mit Hunden, die aggressives
Verhalten bei der Revierverteidigung zeigen, wenn auch
das Uniformsyndrom mittlerweile nur mehr ein Teil-
aspekt des Problems ist. Im weitesten Sinne bezieht sich
dieses Syndrom auf alle möglichen Leute und Hunderassen, Angst und Unsicherheit sind nicht die einzigen Ursachen dieses Verhaltens. Auch dominante Hunde zeigen aggressives Revierverhalten, bellen Besucher an und
schüchtern sie ein, doch da hören die Gemeinsamkeiten
dann auch schon auf. Wenn ein dominanter Hund Sie
einmal angebellt, angesprungen und beleckt hat, dann
sind Sie normalerweise sicher vor ihm. Bei manchen
Hunden entsteht aggressives Revierverhalten aus einer
Mischung von Dominanzwillen und Angst, und dies sind
nach meiner Erfahrung die schwierigsten Fälle, denen
mit einer Behandlung nur schwer beizukommen ist.

Wie immer hängt der Behandlungserfolg nicht allein
vom Alter des Tieres und der Schwere des Problems ab,
sondern auch von der Bereitschaft des Besitzers, das
Programm konsequent durchzuziehen. Die Erfolgschancen sind günstig für junge Hunde, bei denen das Problem
in abgemilderter bis mäßig schwerer Form vorliegt, sofern der Besitzer bis zum Ende der Behandlung mitarbei-
tet. Ich habe auf diesem Gebiet einige bemerkenswerte
Erfolge erzielen können und bin davon überzeugt, daß
die Mehrzahl der Hundebesitzer mit echten Fortschritten im Verhalten ihres Tieres rechnen können. Ich bin

mir allerdings nie sicher, welche meiner Behandlungsvorschläge bei dem jeweils betroffenen Hund am besten greifen. In manchen Fällen sehen Hundebesitzer rückblickend vor allem vermehrte Bewegung für das Tier als besonders wirkungsvoll an, bei anderen scheint eine Ernährungsumstellung zu wirken, und schließlich hört man, daß Kontrolle und Training für den Erfolg der Behandlung entscheidend gewesen seien. In der Mehrzahl der Fälle ist es aber die Kombination der verschiedenen Elemente, die den Erfolg bringt.

Nur bei extrem schwierigen Tieren kann sich der Einsatz von Medikamenten als notwendig erweisen. Wenn es darum geht, Angst und Aggressivität abzubauen, ohne daß Nebeneffekte wie Benommenheit und Trägheit eintreten, verschreibe ich häufig Propranolol. Dieses Medikament wird herzkranken Menschen ärztlich verordnet, um Angstzustände unter Kontrolle zu bringen und ein plötzliches Ansteigen der Herzfrequenz und des Blutdrucks zu verhindern. Es hat sich auch bei Lampenfieber, Redehemmungen und Versagensängsten bewährt. Seit neuestem findet es überdies bei der Behandlung menschlicher Aggressionsprobleme Verwendung. Der Erfolg des Medikaments soll auf seiner muskelentspannenden Wirkung beruhen. Propranolol beeinträchtigt weder das Erinnerungsvermögen noch die Aufnahmefähigkeit, es macht Patienten nicht müde, hat wenig Nebenwirkungen und führt nicht zu Abhängigkeit. Dazu kommt noch, daß es sehr billig ist. Dieses und andere leicht verträgliche Medikamente können eingesetzt werden, um die Umerziehung von Hunden zu erleichtern, die das klassische angstbedingte aggressive Revierverhalten zeigen.

Wie immer man die Behandlung angeht, für Hundebesitzer ist es wichtig zu verstehen, daß Fortschritte ihre

Zeit brauchen. Bei der Umerziehung geht es nur anfangs schnell voran, später eher in kleinen Schritten. Von Bedeutung ist es auch, einmal erreichte Fortschritte durch kontinuierliche Weiterarbeit mit dem Hund zu sichern. Selbst ein prima erzogener Border Collie wird rückfällig, wenn man mit der Erziehungsarbeit aufhört, und Hunde, bei denen aggressives Revierverhalten nach einer Behandlung wieder auftritt, sind keine Seltenheit. Es bleibt aber festzuhalten, daß es möglich ist, Hunde mit aggressivem Revierverhalten umzuerziehen, und daß in den meisten Fällen Behandlungsprogramme von Erfolg gekrönt sind. Vielleicht ist unser größtes Problem, daß die Leute von solchen Programmen noch nichts gehört haben.

Hallo, Postboten, aufgepaßt! Erlösung ist nahe. Sie brauchen nur den Besitzern aggressiver Hunde in Ihrem Bezirk einen Brief zu schreiben und sie aufzufordern, einen Verhaltensexperten aufzusuchen. Oder, wenn ich recht darüber nachdenke, vielleicht sollten Sie doch lieber zum Telefonhörer greifen.

Ratschläge

Aggressives (angst- oder furchtbedingtes) Revierverhalten
Aggressives Revierverhalten äußert sich als Aggression gegen Fremde, die das Zuhause eines Hundes betreten (Haus, Straßen in der näheren Umgebung und Auto). Uniformträger sind besonders gefährdet.

Behandlung
1. Bewegung ist grundsätzlich richtig. Ein Hund sollte täglich mindestens 20 bis 30 Minuten Auslauf haben.

2. Es gibt Grund zur Annahme, daß bei ängstlichen Hunden proteinarme Ernährung von Nutzen sein kann (16 bis 20 Prozent Protein bei Trockenfutter). Proteinarme Ernährung ist aber nicht angeraten bei Junghunden, trächtigen Hündinnen und Tieren, die gesundheitliche Probleme haben.

3. Verschärfen Sie die Gehorsamserziehung.

4. Desensibilisierung mit Gegenkonditionierung (wenn bestimmte Ängste vorliegen). Desensibilisierung heißt unter anderem, einen Hund nach und nach mit einer Person, vor der er Angst hat, vertraut zu machen, wobei man dem Hund Gelegenheit geben muß, mit den gestellten Aufgaben zu wachsen. Das geht oft mit einer Gegenkonditionierung einher.

5. Sorgen Sie dafür, daß der Hund nur an einer Stelle im Garten sein Wasser abschlägt.

6. Auf Anordnung des Arztes geben Sie Medikamente wie Propranolol (Inderal).

7. Greifen Sie zur Schütteldose, wenn der Hund im Wagen Ihre Kommandos nicht befolgt.

Kapitel 4

Rangkämpfe

Wenn zwei Hunde mit gleich gut entwickeltem artspezifischem Verhaltensrepertoire erstmals aufeinandertreffen oder sich nach längerer Zeit wieder über den Weg laufen, dann versuchen sie durch Körpersprache eine soziale Rangordnung herzustellen. Angenommen, beide verfügen über ein gewisses Maß an Dominanzwillen, dann werden sie sich, zumindest für eine kurze Zeitspanne, direkt anstarren. Je nachdem, was sie bei ihrem Gegenüber wahrnehmen, werden sie es standhaft weiter fixieren und dadurch Überlegenheit anzeigen oder den Blick abwenden und so Unterwürfigkeit (oder Unterordnung) signalisieren. Diese Blickkontakte, begleitet von kaum merklicher Veränderung der Körperhaltung, laufen meist so schnell ab, daß der Hundehalter sie kaum wahrnimmt. Extrem dominante Hunde scheinen jeden Artgenossen, auf den sie treffen, herausfordern zu wollen, in der Mehrzahl der Fälle wird aber ihre Herausforderung von den anderen Hunden, aus guten Gründen, nicht angenommen. Ängstliche Hunde neigen dazu, das Ergebnis des ritualisierten Rangstreits vorwegzunehmen, indem sie dem Herausforderer von vornherein mit gesenktem Blick und eingekniffenem Schwanz begegnen.

Wenn man es recht bedenkt, ist es bei uns Menschen auch nicht viel anders. Erfolgsmenschen gehen offenbar zielstrebig auf andere Menschen zu, in aufrechter Haltung und mit festem Blick. Sie treten ihnen nicht selten im wahrsten Sinn des Wortes zu nahe und rücken bedrohlich dicht an sie heran, so daß diese ihren Atem im Nacken verspüren. Ein fester Händedruck, dem Gegenüber die Hand auf den Arm oder um die Schulter legen – derlei Gesten rangieren auf der Skala der Ausdrucksformen menschlichen Ranganspruchs weit oben. Wenn mir jemand betont kräftig die Hand zu schütteln versucht, lasse ich einfach seine Hand ein paar Sekunden lang nicht los und dann bin ich es, der sozusagen die Oberhand gewinnt. (Meine Frau, gleichfalls Tierärztin, meint, ich sei eben wie ein dominanter Hund.)

Wenn der feste Blick allein einem dominanten Hund nicht weiterhilft, muß er seinem Ranganspruch mehr Nachdruck verleihen. In einer solchen Situation stellen Hundebesitzer, die ihr Tier nicht völlig im Griff haben, gelegentlich fest, daß ihr Hund sich steifbeinig auf sein Gegenüber zubewegt, mit gespannten Muskeln, hochgereckter Rute, die Ohren aufgestellt. Wenn sich auch jetzt der gewünschte Effekt noch nicht einstellt, geht er zum offenen Angriff über, zunächst mit furchterregendem dumpfem Knurren und zurückgezogenen Lefzen und wenig später, indem er die typische Beiß- und Kampfhaltung einnimmt. Kompromisse sind hier nicht angesagt, und besonders dominante Hunde geraten immer wieder in Beißereien.

Hundehalter können oft nicht verstehen, daß solche Hunde sich in einem von zehn Fällen gegenüber anderen Hunden aggressiv verhalten, während sie in den anderen neun nach kurzem Abtasten mit ihrem Gegenüber vielleicht sogar zu spielen anfangen. All diese Beobachtungen lassen sich im Zusammenhang von Dominanz und

Unterordnung erklären. Dominante Hunde legen es nur dann auf einen Kampf an, wenn ihre Führungsrolle in Frage gestellt wird oder wenn sie wichtige Ressourcen bedroht sehen. In manchen Fällen scheinen die Halter unter diese Ressourcen gezählt und von ihren Hunden argwöhnisch gegen Übergriffe anderer Hunde oder Menschen geschützt zu werden.

Rangordnungskämpfe zwischen Hunden finden nicht nur dann statt, wenn Hunde zum erstenmal aufeinander treffen, und sie verlaufen auch nicht immer harmlos. Endet eine solche erste Auseinandersetzung zwischen zwei Hunden unentschieden, wird die Fehde so lange weitergeführt, bis Sieger und Besiegter eindeutig feststehen. Man spricht bei dieser Art von Auseinandersetzungen zwischen Hunden innerhalb eines Haushalts, häufig noch verstärkt durch das Eingreifen des Besitzers, von Geschwisterrivalität (obwohl die Hunde nicht miteinander verwandt sein müssen).

Ein bemerkenswerter Fall solcher Rivalität, mit dem ich es zu tun bekam, trug sich im Haus einer meiner Klientinnen, einer Rechtsanwältin, zu. Bertha Weiss hielt neben zwei großen Chesapeake Bay Retrievern auch eine Meute von Amerikanischen Ratten-Terriern. In gepflegter Umgebung bot sie den Tieren ein wahres Hundeparadies, und sie scheute für ihre Ersatzfamilie keine Kosten und Mühen. Das Haus selbst gehörte den Hunden; im Garten hatten sie zusätzlich ausgesprochen schicke Hundezwinger; sie bekamen das teuerste Futter und waren in bester tierärztlicher Obhut; einige der Terrier schliefen auf seidenen Kissen; ja, die Hunde hatten sogar einen eigenen Porträtfotografen. Bertha hatte mich ursprünglich aufgesucht, weil ihr das aggressive Verhalten eines ihrer Chessies über den Kopf zu wachsen drohte. (Chesapeake Bay Retriever wurden ursprünglich gezüchtet, um Fischerboote in der Chesapeake Bay zu bewachen, so daß es nicht verwunderlich ist, wenn einzelne Hunde dieser Rasse ihre Aufgabe allzu ernst nehmen.) Es stellte sich heraus, daß Bertha größeren Wert darauf legte, den Hund unter Kontrolle zu bringen, als darauf, seine Ausbrüche von Aggressivität zu verhindern – sie lebte allein, und die Hunde waren ihr Sicherheitsdienst. Wir machten ein paar Trainingsstunden zusammen, die auch gewisse Fortschritte brachten, doch sollte das noch nicht das Ende meiner Bekanntschaft mit Berthas Hundefamilie sein.

Die Geschwisterrivalität trat erst später und eher zufällig zutage: Unter den Terriern gab es Kämpfe. Diese kleinen Hunde kamen gut miteinander aus, solange Bertha außer Haus war, doch sobald sie wieder in der Tür stand, herrschte Krieg. Zwar vertrugen sich die Hunde, die eine mittlere Stellung in der Rangordnung einnahmen – sie hießen Matt, Pete und Jake – mit den ranghöheren Sarah und Blossom einigermaßen, doch griffen diese Lisa und Kim, die rangniedrigsten Hunde, immer wieder brutal an und fügten ihnen gelegentlich Bißwunden zu, die tierärztlich behandelt werden mußten.

Zu dieser Zeit war meine Frau Berthas Tierärztin, und so wurden wir auf ihre Schwierigkeiten aufmerksam. Wir erklärten Bertha unmißverständlich, daß sie die Sache nur schlimmer machte, indem sie fortwährend die rangniedrigsten Hunde unterstützte. Viele Menschen haben das Bedürfnis, den »Underdogs« zu helfen, und so war auch ihre Reaktion verständlich; nichtsdestotrotz konnte sie damit in keiner Weise das artspezifische Rudelverhalten aufbrechen. Durch ihr ständiges Eingreifen bewirkte sie lediglich, daß die Kämpfe immer wieder neu aufflammten. Sie drängte beispielsweise Sarah und Blossom oft zur Seite, damit Lisa und Kim an ihr Futter kamen. Bei allen Auseinandersetzungen ergriff sie für diese beiden Partei, nahm sie auf den Schoß, streichelte und tröstete sie, wenn sie in Not waren. Dies war, in Gegenwart der ranghöheren Hunde, das Falscheste, was sie tun konnte, und so wurde die Situation immer schwieriger. Bertha konnte es nicht lassen. So klug und sensibel sie auch war, sie brachte es einfach nicht übers Herz, »unfreundlich« zu ihren Hunden zu sein.

»Ja, ja, ich weiß, ich sollte ein bißchen strenger sein«, pflegte sie mit mildem Lächeln zu sagen, »aber die Kleinen sind doch so hilflos, wie könnte ich sie da im Stich lassen?«

Trotz eindringlicher Vorhaltungen blieb Bertha bei ihrem Verhalten, bis Kim eines Tages wirklich übel zugerichtet wurde. Ich habe die Verletzungen, die Blossom ihr zugefügt hatte, selbst nicht gesehen, doch muß Bertha sie als so schlimm empfunden haben, daß sie Kim einschläfern ließ. Sicher hätte sie auch ohne weiteres die Kosten für eine tierärztliche Behandlung aufbringen können, doch ich glaube, sie sah diese Lösung als das kleinste Übel an. Doch wie nicht anders zu erwarten, hatte sie sich hier getäuscht. Jetzt war es nur noch Lisa, die von den anderen Hunden mit Verachtung gestraft wurde, und natürlich nahm Bertha sie unter ihre Fittiche. Das Problem hatte sich nun so verschärft, daß Bertha auch mit einer totalen Umkehr ihrer Strategie nicht hätte verhindern können, was nun geschah. Die Auseinandersetzungen zwischen den Hunden wurden so heftig, daß jederzeit damit zu rechnen war, daß Lisa von einem der anderen Hunde angegriffen wurde. Zu diesem Zeitpunkt wäre die einzig sinnvolle Lösung gewesen, Lisa anderswo unterzubringen und Bertha irgendwie zu veranlassen, ihren Umgang mit den anderen Hunden zu überdenken. Doch ehe meine Frau und ich hier etwas erreichen konnten, erhielten wir einen Notruf von Bertha.

»Sie müssen sofort kommen – etwas Schreckliches ist passiert. Lisa ist angegriffen worden, und sie blutet wie verrückt. Ich muß aber zur Arbeit – ich habe einen Termin, den ich nicht versäumen darf. Können Sie bitte zu mir kommen und Lisa abholen und mir dann später Bescheid sagen, wie es ihr geht?«

Bertha hatte Glück, wir konnten ihrer Bitte nachkommen. Wir sprangen in meinen Jeep und brausten, ein wenig schneller, als die Polizei erlaubt, zu ihrem Haus. Mit dem Schlüssel, der unter der Fußmatte lag, gelangten wir ins Haus. Es war, als ob man als erster den Ort erreicht, an dem ein Mord geschehen ist. Man hörte nichts außer dem Ticken von Berthas zahlreichen Uhren. Wir bewegten uns über ein Meer von Perserteppichen zum Treppenaufgang hin, der zum Tatort, dem im ersten Stock gelegenen Schlafzimmer, führte. Schon an der Tür konnten wir die lange Blutspur sehen, die sich über den weißen Teppich und die Seidenlaken des riesigen Betts zog, das Bertha mit ihren Hunden teilte. Zu guter Letzt fanden wir auch Lisa – sie hockte zitternd vor Angst in einer Ecke und sah zum Gotterbarmen aus. Ihr weißes Fell war über und über blutig, und eines ihrer Hinterbeine wies zahlreiche Bißwunden auf. Das Bein war insgesamt geschwollen, und ein fürchterlicher Biß hatte seine Spuren hinterlassen; an der Bißstelle hing die Haut in Fetzen.

Nachdem wir ihre Verletzungen sorgfältig untersucht und ihre Funktionen überprüft hatten, verbanden wir die Hündin und packten sie für den Transport in unsere Praxis in eine ausgepolsterte Kiste. Die anderen Terrier, die Bertha im Hintergarten eingesperrt hatte, sahen uns, als

98

wir wegfuhren, ein wenig dümmlich hinterher. Die Chessies bellten, wohl in dem freudigen Gefühl, uns vertrieben zu haben.

Zu Hause angekommen, versorgten wir Lisa, so gut es ging, und riefen dann Bertha an, die sogleich wieder die Rede aufs Einschläfern brachte. Wir versuchten, ihr diese radikale Lösung des Problems auszureden, und gaben zu bedenken, daß es besser wäre, Lisa ein neues Zuhause zu verschaffen. Schließlich sei mit ihr nichts weiter, als daß sie in einem für sie untragbaren Umfeld lebte. Bertha wollte über den Vorschlag nachdenken, war allerdings besorgt, daß die Gewöhnung an ein neues Zuhause Lisa überfordern könnte. Vierundzwanzig Stunden nach der Attacke auf sie wurde Lisa nach Hause zurückgebracht, und wir erwarteten mit Spannung, was Bertha beschließen würde. Wir hatten getan, was wir konnten, und nun lag die Entscheidung bei ihr – schließlich war sie als Lisas Besitzerin letztlich verantwortlich. Leider überlegte sie ein wenig zu lange, und es kam zu einer zweiten Attacke auf Lisa, bei der sie im Bauchbereich so schwer verletzt wurde, daß ihr Gedärm heraushing. Diesmal konnte Bertha uns nicht erreichen, weshalb sie den Notdienst der Tierärztlichen Hochschule anrief. Dort wurden Lisas Verletzungen fachmännisch behandelt, doch jetzt war Bertha klar, daß sie etwas unternehmen mußte, um weitere Vorfälle ähnlicher Art zu verhindern. Sie rang sich zu dem sicher sehr schmerzlichen Entschluß durch, Sarah und Blossom einschläfern zu lassen.

Berthas Tragödie macht sehr deutlich, wie wichtig es ist, den Hund als Mitglied seines Rudels zu verstehen, und welche fatalen Folgen es hat, die Gesetze des Rudelverhaltens nicht zu beachten. In den meisten Fällen läßt sich Geschwisterrivalität erfolgreich behandeln, wenn man rechtzeitig eingreift, und zwar indem man die Position des dominanteren Hundes stärkt und den rangniedrigeren nicht beachtet. Das geht uns Menschen gegen den Strich, doch ist es die einzige Möglichkeit, dieses spezielle Problem zu vermeiden. Der dominante Hund sollte als erster sein Futter bekommen, als erster gestreichelt werden, man sollte sich immer zuerst mit ihm beschäftigen usw. Er genießt prinzipiell bei allen Angelegenheiten Priorität. Kommt es zu Auseinandersetzungen zwischen Hunden, sollten sie durch ein Kommando oder ein lautes Geräusch getrennt werden. Es ist wenig ratsam, einzugreifen, indem Sie Hunde am Genick packen, um sie auseinander zu bringen, da dies zur Folge haben kann, daß sich die Aggression gegen Sie selbst richtet. Vor nicht allzu langer Zeit passierte genau dies Königin Elisabeth II., als sie sich in eine Auseinandersetzung zwischen ihren Corgis einmischen wollte. Ein Verhaltensexperte meinte dazu später, es wäre besser gewesen, sie hätte, um dem Kampf ein Ende zu machen, eines ihrer schweren Silbertabletts auf den Steinfußboden fallen lassen. (Vielleicht wird sie das beim nächsten Mal auch tun.)

Wenn man den Kampf zweier Hunde erfolgreich beendet hat, sollte man den Ranganspruch des dominanten Hundes bestärken, indem man ihn lobt und streichelt. Um den rangniederen Hund sollte man sich nicht kümmern (es sei denn, er hat eine Wunde abbekommen). Wenn man den Eindruck hat, daß eine Auseinandersetzung zwischen Hunden nicht ohne Verletzungen abgeht, sollte man beiden einen Maulkorb anlegen. Dann kann man sie in Ruhe ihren Konflikt austragen lassen, denn ein Rangordnungskampf kann auch ohne richtiges Zubeißen entschieden werden. Irgendwann sollte dann das Problem aus der Welt sein, vorausgesetzt der Besitzer bleibt

dabei, den dominanten Hund in seiner Position zu bestärken. Ein weiterer wichtiger Aspekt bei der Behandlung von Geschwisterrivalität ist der, daß Hundebesitzer
mit Hilfe eines Erziehungsprogramms gegenüber beiden
(oder all ihren) Hunden deutlich machen, daß sie der
eigentliche Herr im Haus sind. Es gibt nur einen wirk-
lichen Boss – und das sind Sie. Wenn Sie als Leithund
»Schluß!« sagen, dann muß auch Schluß sein.

Dominanzfragen sind wahrscheinlich der häufigste
Grund für aggressives Verhalten zwischen Artgenossen,
und meist sind hier Rüden betroffen. Diese Art von
Aggression ist die einzige, bei der sich Kastrieren als
wirksames Gegenmittel erwiesen hat, und auf diese
Maßnahme sollte man bei gesunden Rüden zuallererst
zurückgreifen. Nun könnte jemand meinen, daß Kastrieren den Dominanzwillen des Hundes bricht, doch das
stimmt nicht. Tatsächlich verhält es sich so, daß ein kastrierter Rüde für andere Hunde nicht mehr wie ein
Rüde riecht. Sie halten ihn vielleicht sogar für eine Hündin. Der kastrierte Hund registriert nur, daß plötzlich
alle viel freundlicher zu ihm sind. Die Zahl der Beißereien, in die er verwickelt wird, nimmt ab. Es wäre
schön, wenn es eine so einfache und effektive Behand-
lungsmöglichkeit für andere Formen von Aggression
zwischen Hunden oder für dominante Hündinnen gäbe.
Doch merkwürdigerweise scheinen dominante Hündinnen aggressiver zu werden, wenn ihnen die Eierstöcke
entfernt wurden. Dies mag damit zu tun haben, daß ihr
Körper dann kein Progesteron mehr produziert. Es ist
wirklich schade, daß man Hündinnen durch diesen Eingriff nicht zur Räson bringen kann, denn wenn sie aufeinander losgehen, geht es richtig zur Sache – man denke nur an Berthas Hunde.

Eine medikamentöse Behandlung kann unterstützend eingesetzt werden, wenn man bei schweren und immer wiederkehrenden Fällen von Geschwisterrivalität verhaltenstherapeutisch vorgeht. Da wir es hier mit Dominanzverhalten zu tun haben, überrascht es nicht weiter, daß Prozac (Fluctin) und ähnliche Mittel Erfolg versprechen (vgl. Kap. 1). Der Hund, den es zu behandeln gilt, ist logischerweise der dominante Hund, und das Verabreichen eines entsprechenden Medikaments wird seine Anspruchshaltung verstärken, was paradoxerweise die Zahl aggressiver Auseinandersetzungen verringert. Der erhöhte Serotoninspiegel im Gehirn, den die medikamentöse Behandlung nach sich zieht, scheint den Hund zu stabilisieren und sein Selbstvertrauen insgesamt zu vergrößern. Er unterliegt offenbar nicht mehr dem Zwang, sich ständig behaupten zu müssen. Man hat auch synthetische Progesterone eingesetzt, um dominanzbedingte Auseinandersetzungen zu behandeln, doch wegen ihrer schweren Nebenwirkungen (zum Beispiel Diabetes) geschieht dies nur im äußersten Notfall.

Nicht alle Auseinandersetzungen zwischen Hunden sind Rangstreitigkeiten. Auch Angst kann ein auslösender Faktor sein, und in manchen Fällen sogar der Beutetrieb. Ein solcher angstspezifischer Fall wurde vor kurzem über unseren Fax-Haustierberatungsdienst an mich herangetragen. (Diesen Dienst betreiben wir von Tufts aus über ein landesweites Fax- oder E-Mail-Netz bzw. über den normalen Postweg.) Es ging um eine zwei Jahre alte Labrador-Hündin namens Susie, die auf jeden Hund losging, der ihr über den Weg lief. Dies ist kein normales Dominanzverhalten, und mir war sofort klar, daß hier ein anderes Problem vorlag. Ich brachte in Erfahrung, daß Susie, als sie noch sehr jung war, Opfer einer rüden Attakke eines anderen Hundes geworden war. Sie war damals ganze drei Monate alt und hielt sich im Garten vor dem Haus auf, als ein Nachbarhund über den Zaun sprang und sie ohne erkennbaren Grund anfiel (mag sein, daß sein Beutetrieb dabei eine Rolle spielte). Dieser Angriff erfolgte in einer kritischen Phase von Susies Entwicklung, in der sich Erfahrungen besonders nachdrücklich einprägen. Einzelne, isolierte Ereignisse setzen sich unauslöschlich im Gedächtnis fest. Das schien bei Susie der Fall zu sein, denn nach dem geschilderten Vorfall betrachtete sie jeden anderen Hund als möglichen Feind. Als sie noch jung war, zog sie sich eher zurück, wenn andere Hunde auftauchten, doch mit der Zeit lernte sie, in die Offensive zu gehen und ihre Probleme selbst zu regeln. Als sie älter und reifer wurde, eignete sie sich genau das Maß an Dominanzwillen an, das sie für ihre aktive Verhaltensstrategie benötigte.

Die Mischung aus großer Furcht und Dominanz machte Susie für ihre Artgenossen zu einer ständigen Bedrohung. Im wesentlichen bestand das von mir vorgeschlagene Behandlungskonzept darin, eine gezielte Desensibilisierung vorzunehmen, um ihr Vertrauen in andere Hunde wiederherzustellen. Ein solches Programm braucht Zeit und Geduld, doch Susies Besitzer zogen mit und machten nach unseren letzten Informationen beständige Fortschritte mit ihrer Hündin. Wie bereits erwähnt, gehen solche Ängste nie ganz weg, doch lassen sie sich durch Desensibilisierung merklich abbauen, womit das Leben für Hund und Hundehalter entschieden angenehmer wird.

Ein weiterer Fall von aggressivem Verhalten zwischen Hunden, mit dem ich in unserer Tierklinik konfrontiert wurde, stellte eine Mischung aus angstbedingter Aggressivität und aggressivem Beutetrieb dar. Das Tier, eine kastrierte Bobtail-Hündin namens Bear, war im Alter von drei Monaten in einer Zoohandlung gekauft worden. Diana Harris, ihre Besitzerin, beklagte sich vor allem über Bears Aggressivität gegenüber anderen Hunden, insbesondere Welpen und Hündinnen. Diana, eine Doktorandin der Universität Boston, machte mit Bear gerne Spaziergänge im Bostoner Stadtpark und ließ sie dabei vorzugsweise ohne Leine laufen. Diana bemühte sich zwar, ihre Besuche in diesem Park so zu legen, daß sie nicht auf andere Hunde traf, doch gelang das natürlich selten, denn stets tauchte irgendein anderer Spaziergänger mit Hund auf oder einer der zahlreichen Streuner, die es in Boston gibt. Bears Reaktion auf andere Hunde war völlig unberechenbar. Manchmal rannte sie los und griff den anderen Hund an, ohne wirklich ernsthaft provoziert worden zu sein, und manchmal baute sie sich einfach nur mit leerem Blick auf, wenn der andere Hund auf sie zukam, und attackierte ihn dann urplötzlich, obwohl sie eben noch ganz freundlich gewirkt hatte.

Bears Einschätzung anderer Hunde war ein wenig merkwürdig, und es hatte den Anschein, daß ihr die Signale von Ranganspruch und Unterwürfigkeit völlig fremd waren. Eine solche offensichtliche Unkenntnis der Hundeetikette war mir auch früher schon untergekommen, und zwar bei Hunden, die als »Waisenkinder« von Geburt an von Menschen aufgezogen wurden, und bei Hunden, die, aus den verschiedensten Gründen, zu früh von ihrem Wurf getrennt wurden. Es scheint, daß die harte Schule, die ein Welpe im Alter zwischen drei und zwölf Wochen, also zu Beginn seiner Sozialisation, durchläuft, notwendig ist, damit er lernt, wie man seinen Ranganspruch vermittelt und wie man bei Sieg oder Niederlage angemessen reagiert. Hundewaisen zeigen bei Auseinandersetzungen mit anderen Hunden oft nicht artgerechte Reaktionen, weil sie offensichtlich die notwendigen Verhaltenssignale nicht beherrschen. Bear machte einen verwirrten Eindruck, und die Vermutung lag nahe, daß sie bereits unter Verhaltensstörungen litt, ehe Diana ihre Besitzerin wurde. Ich weiß, daß »Fabrikhunde« früh entwöhnt werden, da jüngere Welpen einen höheren Verkaufswert besitzen; vielleicht spielte so etwas hier eine Rolle.

Bears Verhalten war nicht nur unangemessen, sie war offenbar auch noch sehr verunsichert, was in ihrer offensichtlichen Furcht vor anderen Hündinnen zum Ausdruck kam. Vor einem Scharmützel zeigte sie häufig Anzeichen von Nervosität – sie bewegte sich zunächst auf den anderen Hund zu, zog sich dann aber wieder zurück. Ging sie tatsächlich zum Angriff über, tat sie das, indem sie schnell zubiß und anschließend weglief, wobei sie gelegentlich zwei- oder dreimal schnell hintereinander schnappte oder zubiß. Zu einem solchen Vorfall kam es, als Diana mit Bear am Charles River einen Spaziergang machte und ein weißer Terrier auftauchte. Bear war wie üblich nicht an der Leine, und der Terrier, eine Hündin, näherte sich ihr mit gesenktem Kopf und wedelte mit eingezogenem Schwanz. Bear wurde sogleich zum sprichwörtlichen Ungeheuer und schnappte mehrfach nach dem Terrier, der winselnd und kläffend schleunigst das Weite suchte. Diana berichtete, daß bei einer anderen Gelegenheit ein paar Wochen vorher Bear von einer ziemlich großen und dominant aussehenden Retriever-Hündin angegangen worden war. Diese war auf Bear zugekommen, bedrohlich knurrend und mit Schaum vor dem Mund. Bear blieb wie angewurzelt stehen und wurde angegriffen. Diana versuchte die beiden auseinanderzubringen und wurde dabei selbst gebissen – von Bear, wie sie meinte. Sie trug bei unserem Gespräch immer noch einen Verband um die Hand.

Nach allem, was ich nun wußte, schätzte ich Bear als eine verwirrte und ängstliche Hündin ein. Und als ob das nicht schon schlimm genug gewesen wäre, neigte sie auch noch dazu, sehr kleine Hunde und Welpen anzugreifen, wobei sie genau zu wissen schien, was sie tat. Bei ihren Attacken auf kleinere Artgenossen und Welpen gehörte es dazu, daß Bear hinter ihren flüchtenden Opfern herjagte und sie biß, ohne dabei irgendwelche Anzeichen von Ge- fühlsaufwallungen, außer vielleicht ein klein wenig Aufge- regtheit, zu zeigen. Sie rannte, immer schneller werdend, auf die Tiere zu, die die Flucht ergriffen, und wenn sie diese schließlich eingeholt hatte, dann biß sie so lange, bis das Opfer sich in Sicherheit bringen konnte oder der Besitzer eingriff. Das sah mir doch sehr stark nach Beutetrieb aus.

Besonders Hirtenhunde scheinen zu solchem Verhal- ten zu neigen, da Jagen ein wesentliches Element ihres Repertoires darstellt. Die genetische Ausrichtung einer speziellen Rasse spielt oft eine wichtige Rolle bei Verhal- tensproblemen und darf nicht außer acht gelassen wer- den. Ich hatte einmal den Fall eines Retrievers, der unter Trennungsangst litt und, wenn seine Besitzerin nicht zu Hause war, alle 15 Minuten einen ihrer Schuhe seiner Her- de einverleibte. Wenn sie zurückkam, konnte sie an der Zahl der »zusammengetriebenen« Schuhe sehen, wie lan- ge sie weggewesen war. Ebensowenig kann es überra- schen, wenn ein Rottweiler ausgeprägtes Schutzverhalten zeigt oder ein Chesapeake Bay Retriever oder Dalmatiner es mit der Wachsamkeit allzugenau nimmt.

Ob nun genetische Faktoren eine Rolle spielten oder nicht, Bear hatte ein Problem (oder zwei), und ich mußte mich darum kümmern. Unglücklicherweise konnte sich Diana mit der Mehrzahl der Vorschläge, die ich ihr machte, nicht anfreunden. Sie waren für sie nicht praktikabel. Sie konnte oder wollte die Gegend, wo sie Bear ausführte, nicht wechseln. Damit blieb die Möglichkeit außer Betracht, den Auseinandersetzungen einfach aus dem Weg zu gehen. Diana lehnte es entschieden ab, Bear an der Leine zu führen, da sie dies für eine Einschränkung der angestammten Hundefreiheit hielt und selbst auch nicht auf dieses Vergnügen verzichten wollte. Auch wollte sie von irgendeiner Art Maulkorb für Bear nichts wissen. Mir war klar, daß ich mir irgend etwas anderes einfallen lassen mußte. Positiv schlug zu Buche, daß Diana ausgesprochen angenehm im Umgang war und sich bereit zeigte, fast alles auszuprobieren, was ich sonst noch vorschlagen würde. Wir überlegten gemeinsam, ob es sinnvoll wäre, in Übungsstunden, in denen Bears Gehorsam und ihre Duldsamkeit gegenüber anderen Hunden systematisch geschult werden sollten, ein Hundehalfter zu benutzen. Mit dieser Lösung schien Diana leben zu können, doch für den Anfang wollte sie lieber mit einem Würgehalsband als mit einem Halfter arbeiten. Sobald sie Bear unter Kontrolle hatte, sollte die Hündin im Rahmen eines Desensibilisierungsprogramms Schritt für Schritt an andere Hunde gewöhnt werden.

Als Ergänzungsmaßnahme schlug ich Diana vor, Bears Haarschopf über den Augen stutzen zu lassen. Dies hat sich bei Bobtails bewährt, die, besonders wenn sie nervös sind, leicht aus der Fassung geraten können, sobald Menschen oder andere Hunde auf sie zukommen. Diana war einverstanden. Da beim Jagdtrieb in sehr hohem Maße Selbstverstärkungsmechanismen eine

Rolle spielen, schien uns zur Lösung von Bears Problemen auch eine Art Abschreckungstherapie unverzichtbar. Deshalb sollte Diana bei ihren Spaziergängen eine Hupe mitnehmen, um Bear bei ihren Jagdabenteuern lautstark »dazwischenfunken« zu können.

Diana hielt sich ein paar Wochen lang an diese Absprachen, und es zeichneten sich auch erste Erfolge ab. Doch ging mir das alles ein wenig zu langsam, und so bestellte ich sie zu einer Übungsstunde mit einem befreundeten Hundetrainer, in der die Probleme gezielt angegangen werden sollten. Ich ließ ein paar Hunde vor Bear aufmarschieren (die an der Leine war), um zu sehen, wie Diana mit der Situation fertig wurde. Dabei zeigte sich von Anfang an, daß noch ein gutes Stück Arbeit vor ihr lag. Sie war viel zu aufgeregt und übertrug ihre Ängste und Bedenken auf Bear, anstatt ihr mehr Selbstsicherheit zu vermitteln. Der Trainer zeigte Diana, auf welche Weise sie Bear an der Leine halten sollte, um mit dem Desensibilisierungsprogramm besser voranzukommen.

Am Ende der Übungsstunde hatte Diana Fortschritte gemacht und begab sich mit frischem Mut auf den Heimweg. Ich versuchte später noch einmal, sie von den Vorteilen des Halfters zu überzeugen, das ihr meiner Meinung nach geholfen hätte, Bear klarzumachen, daß sie die Herrin war. Doch nach wie vor setzte sie lieber das Halsband ein. Sie sah in einem Halfter immer noch eine Art Maulkorb, der Bear daran hindern könnte, sich angemessen zu verteidigen. Das war absolut falsch, doch ließ sie in diesem Punkt nicht mit sich reden. Ihre Entscheidung für das Würgehalsband machte es erforderlich, weitere Übungsstunden anzusetzen, denn der richtige Umgang damit kann nur in jahrelanger Praxis erlernt werden. Setzt man es zu zaghaft ein, bleibt es wirkungslos; korrigiert man den Hund zu stark damit, ist das ausgesprochen inhuman. Es kommt im übrigen auch auf absolut richtiges Timing an. Man sollte sich also sehr genau überlegen, ob man sich zutraut, mit einem solchen Halsband zu arbeiten.

Nach einigen Wochen intensiven Trainings zeigte sich Diana mit den erzielten Resultaten sehr zufrieden. Sie hatte nun verstanden, in welcher Weise ihr Verhalten Bears Interpretation von Vorgängen beeinflußte, und wußte sie entsprechend besser unter Kontrolle zu halten. Ich glaube, vor allem hatte sie mehr Sicherheit im Umgang mit Bear gewonnen, und das übertrug sich auf die Hündin. Die Desensibilisierung lief gut, und der Bostoner Stadtpark war für andere Hunde nun ein weit weniger gefährlicher Ort. Diana war sich aber auch klar darüber, daß sie konsequent weitermachen mußte, wollte sie Rückschläge vermeiden.

Für aggressives Verhalten von Hunden gegenüber Artgenossen gibt es eine Vielzahl von Gründen, zu denen Dominanzansprüche, Furcht und Beutetrieb gehören; mit all diesen Aspekten des Problems haben wir uns in diesem Kapitel beschäftigt. Ich habe ein Punktesystem entwickelt, das mir hilft, die einzelnen Bereiche zu quantifizieren. So könnte ich beispielsweise einem Hund im Dominanzverhalten neun von zehn Punkten geben, einen von zehn für angstbedingtes Verhalten und zwei von zehn im Bereich Jagdverhalten. Ein solcher Hund wird gelegentlich Auseinandersetzungen mit anderen Hunden suchen.

Hunde mit hohen Werten im Angstbereich sind vielleicht durch schlechte Erfahrungen mit Artgenossen geprägt und reagieren unter Umständen so wie Susie, während andere Hunde mit stark entwickeltem Jagdinstinkt eher dazu neigen, kleinere Hunde, die vor ihnen weglau-

fen, anzugreifen. Ich finde dies dem Meyer-Briggs-Per-
sönlichkeitsprofil analoge Modell recht nützlich, um bestimmte Verhaltensweisen voraussagen zu können, darunter auch aggressives Verhalten zwischen Hunden, und
um erkennen zu können, was sich hinter anderen aggressiven Verhaltensweisen verbirgt. Bei der Behandlung dominanzgebundener Probleme ist es entscheidend, die
richtige Sozialstruktur wiederherzustellen (es kann in
diesem Zusammenhang sinnvoll sein, Rüden zu kastrieren). Bei ängstlichen Hunden steht Desensibilisierung als
Behandlungsmethode an erster Stelle, und man hat damit
gute Erfolgschancen. Aggressives Jagdverhalten ist am
schwersten unter Kontrolle zu bringen, doch manchmal
genügt es schon, dem Hundebesitzer die Ursache dafür
zu erklären, um ihn in die Lage zu versetzen, unerwünschten Attacken seines Hundes vorzubeugen.

Ratschläge

Dominanzbedingte Aggressivität unter Hunden
Der Hund verhält sich gegenüber bestimmten Artgenossen aggressiv und zeigt Imponiergehabe (Körper aufge-
richtet, Muskelanspannung, Rute hochgestellt, die Augen
starr auf den anderen Hund gerichtet), wenn er auf andere
Hunde trifft, und andere Anzeichen von Dominanz,
wenn er zu Hause ist (übertriebene Selbstsicherheit oder
Bedrängen).

Behandlung
1. Bringen Sie den Hund durch konsequente Erziehung
   zum Gehorsam sowie durch das in Kapitel 1 beschrie-
   bene Dominanz-Programm unter Kontrolle.

2. Schränken Sie seine Bewegungsfreiheit ein, wenn nötig, zum Beispiel durch ein Halfter.
3. Lassen Sie Rüden kastrieren.
4. Setzen Sie in extremen Fällen Medikamente ein.
5. Bei Rangordnungsstreitigkeiten in der Gruppe (»Geschwisterrivalität«) unterstützen Sie den dominanteren Hund.

Angstbedingte Aggressivität unter Hunden
Hierbei geht es um allgemeine Aggressivität gegenüber anderen Hunden oder Vertretern einer bestimmten Größe bzw. Rasse. Die Erfahrungen des Hundes (zum Beispiel frühere negative Erlebnisse) können von Bedeutung sein. Die Körperhaltung kann Hinweise geben, wenn ein Hund zum Beispiel mit eingekniffenem Schwanz den Rückzug antritt.

Behandlung
1. Desensibilisierung in Verbindung mit Gegenkonditionierung verspricht im Normalfall Erfolg.
2. Bei schwierigen Fällen kann Pharmakotherapie angezeigt sein (zum Beispiel mit Propranolol, Bespar oder Medikation mit Fluctin und ähnlichen Mitteln).

Aggressivität zwischen Hunden im Zusammenhang mit dem Jagdtrieb
Diese Art von Aggressivität richtet sich oft gegen kleine Hunde, die sich schnell bewegen. Hunde mit diesem Verhalten zeigen auch gegenüber anderen kleinen Tieren (wie Eichhörnchen und Katzen) einen stark entwickelten Jagdtrieb.

Behandlung
1. Gehen Sie Tieren aus dem Weg, die als Beute in Frage kommen.
2. Aversionstherapie kann helfen.

Kapitel 5

Zwei Hunde und ein Baby

Eines Nachmittags erhielt ich den Anruf einer jungen Frau, die mit zitternder Stimme sagte: »Mein Name ist Robin White, und mein Tierarzt hat mich an Sie verwiesen. Er meinte, Sie könnten mir vielleicht helfen. Das Problem ist, mein Hund hat es auf unser Neugeborenes abgesehen, und ehrlich gesagt habe ich ziemliche Angst.«

»Schildern Sie mir genau, was vorgeht«, antwortete ich.

»Wir haben zwei Englische Springer Spaniels, Jagdhunde. Es sind wunderbare Tiere, und bisher haben sie sich nie aggressiv verhalten. Sicher machen sie schon mal Jagd auf Tiere wie Kaninchen oder Eichhörnchen oder auch auf Vögel und Katzen. Mehr ist da aber nicht. Als ich vor ein paar Tagen mit der Kleinen aus der Klinik kam, setzte ich mich auf die Couch und hielt sie auf dem Schoß, und mein Mann brachte die beiden Hunde herein. Samson, der Rüde, konnte sich vor Wiedersehensfreude kaum halten und stürzte auf mich zu, doch dicht vor mir blieb er abrupt stehen und beschnüffelte die Decken, in denen das Baby lag. Man hatte den Eindruck, er wollte das seltsame Ding erkunden, das ich da in den Armen hielt. Dann fing er an zu jaulen und zu winseln und wurde sehr aufgeregt. Er nahm die Decke ins Maul und zerrte daran herum. Er geriet völlig außer Rand und

Band, so daß mein Mann ihn nach draußen bringen mußte. So hatte ich Samson erst einmal erlebt, im Haus von
Freunden. Sie hatten Katzen, und auf die hat er genauso
reagiert.«

»Wie hat sich Samson nach diesem Vorfall dem Baby
gegenüber verhalten? Geht es jetzt besser oder ist es
schlimmer geworden?« wollte ich wissen.

»Besser ist es auf keinen Fall geworden. Wir sind völlig
ratlos. Ich habe versucht, ihn im Keller einzusperren,
doch er hat so laut gebellt, daß die Nachbarn sich be-
schwert haben. Und bei dem Versuch auszubrechen, hat
er die Kellertür beschädigt. Ich habe ihn sogar aus dem
Haus ausgesperrt, aber er hat alles unternommen, um
wieder reinzugelangen. Dabei hat er die Vinylplatten am
Haus zerkratzt und zerrissen. Schließlich hat er eine Git-
tertür zerfetzt und war wieder im Haus. Es ist nichts zu
machen. Ich weiß mir keinen Rat.«

Was Robin da erzählte, erschien mir sehr bedenklich.
Mir war klar, daß sie dringend Hilfe brauchte.

»Ich möchte, daß Sie Baby und Hund heute abend
strikt getrennt halten, und morgen früh sollten Sie gleich
in meine Praxis kommen. Wir müssen uns unbedingt un-
terhalten. Es wäre gut, wenn Ihr Ehemann mitkäme.«

Das ließe sich einrichten, meinte sie, und so verblieben
wir dann.

Am nächsten Morgen erschienen Robin und ihr Ehemann Barry pünktlich zur verabredeten Zeit. Ihre Hunde
waren die prächtigsten Vertreter ihrer Rasse, die ich bis
dahin gesehen hatte. Robin schien sich zu freuen, meine
Bekanntschaft zu machen, während Barry eher skeptisch
dreinblickte. Ich war mir nicht sicher, ob das an den üblichen Bedenken gegen Verhaltenskundler lag oder ob er
nervös war, weil er Angst um sein Baby hatte. Zunächst

113

versuchte ich mir einen Eindruck von den Hunden zu machen, indem ich ihr Verhalten gegenüber den Leuten im Wartezimmer beobachtete. Ich konnte nichts Negatives feststellen, und die Hunde gehorchten recht gut. Sie waren offensichtlich zu irgendeinem Zeitpunkt ihrer Entwicklung richtig ausgebildet worden, doch ihre eher träge Reaktion auf Befehlskommandos ließ erkennen, daß dies schon etwas zurücklag.

Nachdem ich mich ein paar Minuten mit den Hunden beschäftigt hatte, begab ich mich mit Robin und Barry ins Sprechzimmer, um die üblichen Fragen zu stellen, unter anderem, wo sie die Hunde gekauft hatten, wie ihr Stammbaum aussah, welches Futter sie erhielten und was sie den Tag über so machten. Dabei kam nichts sonderlich Auffälliges zutage, außer daß sie, wie ich ja schon wußte, über einen ausgesprochen gut entwickelten Jagdtrieb verfügten. Über Samson erfuhr ich in diesem Zusammenhang noch einiges mehr, als die Whites mir den Vorfall erzählten, zu dem es gekommen war, als sie einen Bekannten besuchten, der einen Wellensittich hatte. Sie hatten ihren Bekannten vorgewarnt, daß Samson gerne Jagd auf Vögel machte, doch der hatte abgewunken und gemeint, sein Wellensittich sei viel zu clever, um sich fangen zu lassen. Er öffnete den Vogelkäfig, woraufhin Samson auf den aufgeregt flatternden Sittich zustürzte und ihn auch im Nu erwischt hatte. Barry schoß hoch und drückte dem Hund die Kiefer auseinander, um den halb benommenen Vogel zu befreien, was ihm glücklicherweise auch gelang. Hätte es noch irgendwelcher Beweise für Samsons extrem entwickelten Jagdinstinkt bedurft, diese Geschichte lieferte sie.

Die Diagnose nahm konkrete Formen an. Keiner der beiden Hunde zeigte den Whites gegenüber dominanzbedingtes aggressives Verhalten, und beide schienen auch nicht sonderlich ängstlich. Offensichtlich ließ sich Delilah, die Hündin, von Samsons Reaktion auf das Baby ein wenig anstecken, doch war sie nicht die treibende Kraft. Meine Diagnose für Samsons merkwürdiges Verhalten gegenüber dem Baby lautete auf aggressives Jagdverhalten, wobei Delilah eher nur Mitläuferin war.

»Möchten Sie das selbst einmal sehen?« fragte Robin. »Meine Mutter sitzt draußen mit der Kleinen. Wenn Sie möchten, hole ich die beiden herein.«

»Einverstanden«, sagte ich, allerdings ein wenig zögernd. »Aber beide Hunde müssen angeleint sein, und wenn es Schwierigkeiten gibt, Barry, dann möchte ich, daß Sie die Hunde übernehmen und nach draußen bringen.« Mit diesem Vorschlag waren alle einverstanden.

Das Baby wurde nun in mein Sprechzimmer gebracht. Die Hunde zeigten keinerlei Reaktion. Robin nahm die Kleine auf den Schoß und rief den Rüden zu sich. Er bewegte sich langsam und eher desinteressiert zu ihr hinüber, beschnupperte das Bündel auf ihrem Schoß und entfernte sich dann wieder.

»Jetzt tut er es nicht!« Robin mochte es kaum glauben. »Das kann doch nicht wahr sein.«

Wir unternahmen noch einige Versuche, die von Robin geschilderte Reaktion auszulösen, doch nichts passierte. Ich schob meinen Stuhl zurück.

»In der Klinik haben die Hunde andere Sorgen«, gab ich zu bedenken, »ich glaube, es wäre besser, ich käme zu Ihnen nach Hause und sähe mir die Tiere in ihrer vertrauten Umgebung an. Sie wohnen doch ganz in der Nähe. Wenn es Ihnen recht ist, schaue ich heute abend auf dem Heimweg einmal kurz bei Ihnen vorbei. Vielleicht muß ich meine Diagnose ja ändern, wenn ich die

Hunde dann in Aktion sehe, aber das glaube ich eigentlich nicht. Es ist sehr bezeichnend, daß Samson auf die Katzen Ihrer Freunde genauso reagiert wie auf das Baby. Wenn der Jagdtrieb hier wirklich eine Rolle spielt, dann müssen Sie sehr auf der Hut sein. Ich will Ihnen keine Angst machen, doch man vermutet, daß Hunde mit ausgeprägtem Beutetrieb ein unruhiges, schreiendes Baby fälschlicherweise für ein verwundetes Beutetier halten ... und Sie wissen, was Jäger mit ihrer Beute machen. Unter diesen Umständen dürfen wir hier keinerlei Risiko eingehen.«

»Ich will Samson auf keinen Fall weggeben.« Barry reagierte leicht nervös. »Das kommt für uns überhaupt nicht in Frage.«

Ich wollte mich zu diesem Zeitpunkt auf keine Diskussion einlassen, doch im stillen dachte ich, er wird sich das schon anders überlegen, wenn ich die Angelegenheit nicht in den Griff kriege.

»Das werden wir gemeinsam zu verhindern versuchen, Barry, doch im Augenblick, und wohl auch noch auf absehbare Zeit, dürfen Sie Hund und Baby nicht miteinander allein lassen. Versprechen Sie mir, daß immer, wenn Baby und Hund zusammen sind, zwei von Ihnen sich im gleichen Raum aufhalten – einer, der sich um das Baby kümmert, und einer, der für die Hunde verantwortlich ist. Genauer gesagt, Samson und Delilah sollen an der Leine gehalten werden und unter ständiger Kontrolle sein.«

Barry nickte zustimmend. Seine Erleichterung darüber, daß ich nicht gleich gesagt hatte, die Hunde müßten aus dem Haus, war ihm deutlich anzusehen. Es gab noch eine Chance für sie. Und er war bereit, alles zu tun, um sie zu nutzen. Mir dagegen wollte eine schreckliche Geschichte nicht aus dem Kopf gehen, die ich von einem

116

Ehepaar gehört hatte, dessen Hund durch eine vermeintlich geschlossene Tür gelangt war, während sie schliefen, das Baby in seinem Bettchen gepackt und gefressen hatte. Erst am nächsten Tag, als man den Hund röntgte, war ihnen das Ausmaß der Katastrophe klar geworden. Es lief mir ein eiskalter Schauer den Rücken herunter, während ich ein gequältes Lächeln in Robins Richtung zustande brachte.

»Ich erkläre Ihnen jetzt, was Sie tun können, um Samson zu helfen«, wandte ich mich an die beiden. »Ich möchte, daß Sie ihm jeden Tag 30 Minuten ordentlich Auslauf verschaffen, ich möchte, daß sein Kraftfutter durch leichtere Kost ersetzt wird. Außerdem braucht er ein strenges Gehorsamstraining, damit er auch in kritischen Situationen aufs Wort hört. Wenn er sich beruhigt hat und Sie gut mit ihm zurechtkommen, werden wir mit ihm ein Programm durchführen, bei dem er Schritt für Schritt das Baby besser kennenlernt. Er wird belohnt, wenn er sich ruhig verhält, und bekommt Kommandos, sobald er unruhig wird und anfängt zu jaulen. Aber das wichtigste ist, die Hunde und das Baby auf Abstand zu halten.«

»Das mit dem Auslauf ist kein Problem«, sagte Barry. »Ich bin Jogger und laufe fast jeden Tag. Ich nehme ihn dann einfach mit.«

»Das klingt gut«, munterte ich Barry auf. »Es gibt noch eine andere Möglichkeit, die ich vielleicht ansprechen sollte. Es kann sinnvoll sein, eine medikamentöse Behandlung anzusetzen, doch dies nur als Ergänzung zu den vorgeschlagenen Maßnahmen. Wenn sich meine Diagnose auf aggressiven Beutetrieb heute abend bestätigt, können wir ihn entweder auf das Antidepressivum Amitriptylin setzen oder mit einem Medikament behandeln, das Bespar heißt und Angstzustände abbaut. Beide Medikamente haben sich bei Laborversuchen als ausgesprochen wirksam gegen den Jagdtrieb erwiesen.«

Damit war zunächst alles geklärt, und wir verabschiedeten uns. Ich sah den Whites hinterher, als sie aus der Klinik traten, das Baby im Arm und die Hunde an der Leine im Schlepptau, und mir wurde noch einmal der Ernst der Situation bewußt.

Am späten Nachmittag machte ich mich dann auf den Weg zu ihrem Haus, wo ich gegen fünf Uhr eintraf. Robin kam mir entgegen, von Samson und Delilah begleitet, die sich offensichtlich über Besuch freuten. Wir sahen den herumtollenden Hunden eine Weile zu und machten ein bißchen Small talk, ehe wir das sehr gepflegt wirkende Landhaus betraten und zum eigentlichen Grund meines Besuches kamen. Robins Mutter und eine Freundin standen rechts und links wie Wachposten an der Tür, als wir uns zur Küche begaben. Das erste Manöver, das wir unternahmen, verlief ohne irgendein Ergebnis. Robin setzte sich neben mich auf die Couch und wiegte das Baby in den Armen, derweil ihre Mutter die beiden Hunde ins Zimmer brachte. Samson kam zu uns herüber und schnüffelte ein wenig herum, doch weiter passierte nichts. Robin schlug nun vor, dem Baby die Windeln zu wechseln, weil sie dachte, das würde den gewünschten Effekt haben. Wie nicht anders zu erwarten, schrie die Kleine bei der Prozedur ein bißchen, und Samson zeigte Anzeichen von Unruhe. Interessanter allerdings war, daß Delilah in das Schlafzimmer rannte, in dem das Kinderbett stand, ihre Pfoten auf die Bettkante legte und sich seitwärts hin und her bewegte, so als ob sie etwas suchen würde – was sie natürlich auch tat. Als Robin das Baby in sein Bettchen zurückpackte, gerieten beide Hunde richtig in Aufregung und fingen an zu jaulen und zu drängeln und sprangen mit den Vorderpfoten an den Gitterstäben des Babybettes hoch – mit welcher Absicht, war nicht schwer zu erraten. Das Jagdfieber hatte sie gepackt. Samsons Jaulen wurde immer lauter.

»Was nun?« wollte Robin wissen.

»Geben Sie den Hunden einen Befehl«, antwortete ich. »Geben Sie das Kommando ›Sitz!‹.«

Robin zog beide Leinen etwas straffer und gab beiden Hunden mit lauter Stimme den Befehl. Überraschenderweise gehorchten sie beide, doch Samson jaulte weiter.

»Soll ich ihn jetzt loben? Er jault doch; das heißt, wenn ich jetzt lobe, wird das sein Verhalten nur verstärken. Oder nicht?« Robin war unsicher. »Was mache ich jetzt?«

»Geben Sie ihnen das Kommando ›Platz!‹«, wies ich ihn an. Robin tat das, aber ohne Erfolg.

»Und nun?« war ihre nächste Frage.

»Nehmen Sie die Hunde, gehen mit ihnen vom Schlafzimmer ins Wohnzimmer und bringen Sie sie dort unter Kontrolle.«

»Aber wenn ich das Schlafzimmer verlasse, muß ich doch auch wieder zurückkommen, und dann wird das gleiche wieder passieren.«

»Versuchen wir es trotzdem«, schlug ich vor. Mir war klar, daß Robin sehr angespannt war und in der gegebenen Situation nicht mehr sehr viel an neuen Informationen würde aufnehmen können. »Wir können uns dann später wieder zusammensetzen und uns einen besseren Plan ausdenken.«

Sobald wir im Wohnzimmer waren und die Hunde zur Ruhe gebracht worden waren, nahmen wir unser Gespräch wieder auf, und ich legte meine Überlegungen für das weitere Vorgehen dar. Zunächst sollte einer der beiden Hunde für ein oder zwei Wochen von der Bildfläche verschwinden und vielleicht zu den Schwiegereltern gegeben werden. Das würde für Robin vieles leichter machen, die mit zwei Hunden und einem Baby einfach überfordert war. Nach einigem Hin und Her entschieden wir uns dafür, Samson woanders unterzubringen, da Delilah leichter zu bändigen war. Barry war nicht zu Hause, deshalb wies ich Robin nachdrücklich darauf hin, daß ihr Mann das Gehorsamstraining mit beiden Hunden sehr ernst nehmen müsse, um den Erfolg nicht zu gefährden. Wir gingen unser Trainingsprogramm noch einmal genau durch, vor allem den Teil, in dem Delilah mit dem Baby vertraut gemacht werden sollte. Die Übungen konnten nur dann durchgeführt werden, wenn Barry zu Hause war, damit er sich mit Delilah beschäftigen konnte, während Robin sich um das Baby kümmerte. Delilah würde zum Baby hingeführt und als Belohnung fortwährend gestreichelt werden – sofern sie sich ruhig verhielt. Bei den ersten Anzeichen von Unruhe würde sie wieder weggeführt und wenig später zurückgebracht werden, allerdings dann nicht mehr so dicht an das Baby heran wie beim ersten Mal. Und so weiter und so fort ...

Robin war mit diesem Plan einverstanden und wollte Barry darüber informieren, sobald er wieder da war. Sie gab auch ihre Zustimmung, Samson mit Bespar zu behandeln, in der Hoffnung, daß dies seinen Jagdtrieb etwas dämpfen würde. Solange Samson anderswo untergebracht war, konnte das Medikament seine Wirkung tun, ehe es dann zu erneuten Begegnungen zwischen Hund und Baby kommen würde.

Ich machte mich gerade auf den Heimweg, als Barry eintraf, und so hatte ich Gelegenheit, ihm kurz zu erklären, was sich getan hatte und wie das Training für die Hunde aussehen sollte. Ich sagte ihm, wir sollten in Verbindung bleiben, und dies sei nicht das Ende unserer gemeinsamen Bemühungen, sondern erst ihr Anfang.

Nach einer Woche meldete sich Robin und hatte Positives zu berichten. Das Medikament schien gut anzuschlagen, Samson war wesentlich ruhiger geworden. Da gleichzeitig mit der Medikation eine Verhaltenstherapie durchgeführt wurde, ließ sich der Fortschritt natürlich nicht allein dem Einsatz des Medikaments zuschreiben, doch gleichwie, war ich mit dem Gang der Dinge höchst zufrieden und sagte den Whites, sie sollten weitermachen wie bisher.

Kurze Zeit nach diesem Gespräch brachte Barry, ermutigt durch die Anfangserfolge, Samson und das Baby erneut zusammen. Offensichtlich verhielt sich Samson ruhig, ja nahezu gleichgültig, selbst als es zu dem gefürchteten Windelwechseln kam. Ohne mich vorher zu konsultieren, holten die Whites Samson dann zurück nach Hause, und das Leben nahm wieder seinen gewohnten Gang. Das alles erfuhr ich bei meinem nächsten Anruf, und ich freute mich über den glücklichen Ausgang, auch wenn mich die geradezu unglaublichen Ergebnisse der Behandlung etwas überraschten.

So ganz zu Ende sollte die Geschichte aber doch noch nicht sein. Als das Bespar nach einem Monat erfolgreicher Anwendung abgesetzt wurde, fiel Samson erneut in sein altes Verhalten dem Baby gegenüber zurück. Ich ordnete an, sofort wieder alle Sicherheitsvorkehrungen zu treffen und Bespar zu geben. Die erhoffte Veränderung in Samsons Verhalten trat ein, und erst nach einigen Monaten wurde die medikamentöse Behandlung Schritt für Schritt abgebaut. Diesmal gab es keinen Rückfall, und meine langfristig begleitende Beobachtung des Falles zeigte, daß Samson sich mit dem Baby arrangiert und es als Mitglied des Rudels akzeptiert hatte. Damit war der Fall endgültig abgeschlossen.

Hätten die Whites gewußt, welche Probleme ihnen mit der Geburt des Babys ins Haus standen, hätten sie dann vorbeugend etwas dagegen tun können? Ich bezweifle, daß dies in ihrem Fall wirklich möglich gewesen wäre, denn das Verhalten der Hunde war genetisch bedingt. Dennoch ist Vorbeugen stets von Nutzen. Wenn die Whites vor der Geburt des Babys in meine Sprechstunde gekommen wären, hätten sie sich besser auf die neue Situation einstellen und einiges etwas anders organisieren können. Vom Standpunkt des Verhaltensexperten geht es in einer solchen Situation vor allem darum, Temperament und Charakter des Hundes einordnen zu können, denn Hunde mit starkem Jagdtrieb, dominante oder ängstliche Hunde stellen den Halter vor unterschiedliche Probleme. Je nach Charakter des Hundes wird es zu unterschiedlichen Zeiten und in unterschiedlichen Situationen Schwierigkeiten geben, und sehr unterschiedliche Maßnahmen und Behandlungsformen können erforderlich werden.

Aggressives Jagdverhalten wird als Ursache bei besonders schlimmen Angriffen von Hunden auf Babys angesehen, und sollte darum als erstes ausgeschlossen werden. Jährlich kommen in den USA zehn Kinder ums Leben, weil man diese angeborene Verhaltensweise nicht erkennt und falsch darauf reagiert. Glücklicherweise ist diese Verhaltensstörung so selten, daß einem eher ein Dachziegel auf den Kopf fällt, als daß eine solche Katastrophe eintritt; ganz ausschließen läßt sich dies aber nicht. Das natürliche Verhalten eines Hundes gegenüber

Welpen ist das des Beschützers. Von daher erscheint seine gegen Babys gerichtete Aggressivität merkwürdig, doch eine mögliche Erklärung liegt auf der Hand: Es könnte sein, daß der Hund ein Neugeborenes nicht sofort als Mitglied seines Rudels erkennt und die Tragödie durch eine Verwechslung ausgelöst wird. Einen Hinweis in diese Richtung gibt die Tatsache, daß Kinder, die Opfer des aggressiven Jagdverhaltens von Hunden werden, meist nicht älter als eine Woche sind.

Obwohl Hunde mit unterschiedlichem Temperament die frischgebackenen Eltern vor unterschiedliche Probleme stellen, gibt es einige grundsätzliche Strategien, die man einsetzen kann, um die kritische Situation zu entschärfen und die Aufnahme des neuen Rudelmitglieds zu erleichtern. Im allgemeinen erweist es sich als sinnvoll, Veränderungen im Haus und in den Alltagsgewohnheiten so früh wie möglich vor der Geburt des Babys durchzuführen, damit die Schuld dafür nicht allein dem Baby angelastet wird. So kann es sich als nützlich erweisen, den Hund schon Monate vor der Geburt des Kindes daran zu hindern, abends das Kinderzimmer zu betreten. Wenn der Hund sich grundsätzlich in einem anderen Teil des Hauses aufhalten soll, ist er auch daran so früh wie möglich zu gewöhnen.

Ein anderer Vorschlag wäre, als Simulation der zu erwartenden Veränderung eine Puppe mit Windeln im Haus herumzutragen und im Beisein des Hundes alle Betätigungen durchzuspielen, die bei einem Baby zu erwarten sind, wobei der Hund für ruhiges Verhalten und Gehorsam belohnt wird. Manche Leute meinen sogar, man sollte mit einer Puppe in der Kinderkarre den Hund ausführen. Sicher werden die Nachbarn dumm gucken, doch der Hund hat Gelegenheit, sich an neue Abläufe und Alltagsprozeduren zu gewöhnen. Ich glaube, eine der nützlichsten Maßnahmen besteht darin, Babygeschrei auf Tonband aufzunehmen und den Hund dagegen zu desensibilisieren. Babygeschrei scheint ein Geräusch zu sein, das bei Hunden, wie sich bei denen der Familie White zeigte, besondere Unruhe auslöst. Häufig wird auch empfohlen, aus dem Krankenhaus irgendein Teil der Babykleidung (allerdings keine Windeln) mit nach Hause zu nehmen, um dem Hund Gelegenheit zu geben, sich vor der ersten Begegnung mit dem Baby an dessen Geruch zu gewöhnen. Eine Windel sollte man zu diesem Zweck nicht verwenden, weil es für Hunde natürlich ist, die Exkremente der jungen Welpen zu fressen, und der Zelluloseanteil der Windeln, der sich im Magen noch ausdehnen würde, ihren Verdauungsapparat schwer schädigen bzw. zum Tod durch Ersticken führen könnte.

Wenn das Neugeborene aus der Klinik nach Hause kommt, ist es wichtig, Hund und Baby Schritt für Schritt aneinander zu gewöhnen. Der Ehemann sollte mit dem Baby draußen warten, während die Mutter ins Haus geht und den Hund begrüßt, der sie ja ein paar Tage nicht gesehen hat. Wenn die Aufregung über das Wiedersehen sich gelegt hat, sollte der Hund angeleint werden und sich setzen oder hinlegen, wenn das Baby hereingebracht wird. Diese Prozedur sollte ruhig und kontrolliert ablaufen, und man sollte Baby und Hund dabei stets aufmerksam im Blick haben. Dann kann der Hund langsam, aber nicht zögerlich, an das Baby herangeführt werden. Sollte der Hund in irgendeiner Form störrisch reagieren, bricht man den Versuch besser ab und führt ihn weg, um es dann in der Folgezeit noch vorsichtiger erneut zu versuchen. Wenn das Kennenlernen gut verläuft, sollte der Hund das Baby auch beschnüffeln dürfen. In der

Mehrzahl der Fälle wird das Baby den Hund danach relativ gleichgültig lassen. Wie bereits im Zusammenhang mit aggressivem Jagdverhalten erwähnt, gilt es, besonders in den ersten Wochen äußerst wachsam zu sein und sicherzustellen, daß Hund und Baby *nie* ohne Aufsicht zusammen sind.

Wenn der Besitzer nur Augen für das Neugeborene hat, wird jeder Hund, gleich ob dominant oder ängstlich, diese Veränderung registrieren und darauf in irgendeiner Weise reagieren. Dominante Hunde werden vielleicht ihre Besitzer stärker mit Beschlag belegen, ängstliche Hunde entwickeln unter Umständen angstbedingte Verhaltensstörungen. Wenn Hundehalter merken, daß ihr Tier ein Problem hat, sich vielleicht vernachlässigt fühlt, dann versuchen sie das oft wettzumachen, indem sie sich dem Hund verstärkt zuwenden, wenn das Baby schläft. Doch der Hund bekommt schnell mit, was los ist und wer die Schuld dafür trägt. Herrchen oder Frauchen sind das nicht, soviel ist klar. Wenn man dem nicht von vornherein entgegenwirkt, kann eine Situation zwischen Hund und Baby entstehen, die etwas vom Charakter einer Geschwisterrivalität hat.

Will man dieses Problem vermeiden oder in den Griff bekommen, widmet man dem Hund seine Aufmerksamkeit am besten dann, wenn das Baby dabei ist, und kümmert sich zu anderen Zeiten weniger um ihn. Eine solche Vorgehensweise wird die Situation entkrampfen und das Baby dem Hund vertraut und vertrauenswürdig machen, weil er nun ja davon ausgehen muß, daß sich die Anwesenheit des Babys positiv für ihn auswirkt. Das zu erreichen, ist für die vielbeschäftigten Eltern ein ziemlicher Balanceakt, denn einerseits müssen sie sich um das Baby kümmern, und andererseits dürfen sie den Hund nicht vernachlässigen, doch lohnt sich die Mühe allemal. Mögliche Geschwisterrivalität oder angstgebundene Störungen lassen sich auf diese Weise vermeiden oder behandeln.

Wären Samson und Delilah dominante Hunde gewesen, hätten sich die Whites mit anderen Problemen konfrontiert gesehen, weil dominante Hunde nur selten Schwierigkeiten machen, wenn Babys im Haus sind. Der dominante Hund kann an seinem extrovertierten Verhalten, an seiner Eigenwilligkeit und an seinem Besitzanspruch erkannt werden. Wenn das Baby aus der Klinik kommt, schnüffelt er vielleicht ein bißchen herum und zeigt nur mäßiges Interesse, doch später ignoriert er das Kind wahrscheinlich und verhält sich so, als ob es gar nicht da wäre. Zu Problemen kommt es erst dann, wenn das Kind zwischen einem und anderthalb Jahren alt ist, sich schon sicherer bewegt und seine Umgebung erkunden will. Das ist der Zeitpunkt, zu dem Eltern die Steckdosen sichern, die Treppenaufgänge durch Kindergitter versperren, das teure Porzellan aus der Reichweite ihrer Kleinen schaffen und die Besteckschubladen verschlossen halten. Dominante Hunde können für Kinder dieser Altersstufe ein zusätzliches Risiko darstellen, und man muß Vorsorge treffen, um Unfälle zu vermeiden. Diese Hunde mögen es gar nicht, von neugierigen Welteroberern untersucht zu werden, und nachdem sie ein paarmal versucht haben, sich Ruhe zu verschaffen, indem sie einfach weggehen oder ein leises Knurren vernehmen lassen, kann es auch geschehen, daß sie ihr Mißfallen mit einem Schnappen oder Zubeißen zum Ausdruck bringen. Unglücklicherweise ist das Ziel solcher Angriffe gewöhnlich das Gesicht des Kindes, und dabei haben Kinder schon einmal ihre Nase verloren. Derartige Vorfälle sind tragisch, weil sie vermieden werden könnten, wenn die Besitzer sich die Mühe machten zu verstehen, wie der Hund die Annäherungsversuche des Kindes wahrnimmt.

Auf kritische Situationen, die durch Dominanzverhalten ausgelöst werden, sollte man vorbereitet sein und sie nach dem Motto »Vorbeugen ist besser als Heilen« angehen. Es ist wichtig, einen dominanten Hund richtig einzuschätzen und zu verstehen, daß ein unbeaufsichtigtes Kind Dinge tut, die ein solcher Hund nicht tolerieren kann, als da wären, ihm in die Augen zu piken, an seinem Schwanz zu ziehen, ihn zu umarmen und so weiter. Will man die Interaktionen zwischen Kind und Hund unter Kontrolle behalten, so ist es unbedingt erforderlich, sich des potentiellen Konfliktcharakters dieser Situation bewußt zu werden und die Umstände zu kennen, die zum Ausbruch dominanzbedingter Aggressivität führen. Zunächst muß sichergestellt sein, daß in Haushalten, in denen ein dominanter Hund und ein Kleinkind leben, beide stets beaufsichtigt sind. Manchmal läßt es sich nicht umgehen, den Hund in eine verschließbare Hundebox zu sperren, wobei der Hund Gelegenheit haben sollte, sich beizeiten daran zu gewöhnen. In anderen Fällen erscheint es ratsam, die Bewegungsfreiheit des Kindes durch einen Laufstall zu beschränken. Wenn das Kind unter Kontrolle und der Hund an der Leine oder anderswie gesichert ist, kann nichts passieren.

Es ist nützlich, mit dem Hund ein dominanzbezogenes Verhaltenstraining durchzuführen, ehe das Kind krabbeln und laufen kann – nicht, daß das Kind daran teilnehmen sollte, doch wenn der Hundebesitzer alles im Griff hat, können Konfliktsituationen entschärft werden. Diese entstehen, wenn es zu Auseinandersetzungen um hochgeschätzte Ressourcen kommt (das Futter des Hundes, Spielsachen und Korb oder Ruheplatz), zu Körperkontakten (dem Hund über den Kopf streichen, Festhalten der Schnauze, an den Pfoten anfassen oder sich auf sein Rückgrat lehnen) oder zu dem Versuch, den Hund zu etwas zu zwingen, oder wenn man ihn ausschimpft. Leider können Kinder unter sechs Jahren (besonders schlaue Ausnahmen bestätigen die Regel) bei einem derartigen Verhaltenstraining nicht mitmachen. Nach meinen Erfahrungen sind Kinder zwischen zwei und sechs Jahren nicht diszipliniert und auch körperlich einfach nicht kräftig genug, wenn es darum geht, sich bei einem dominanten Hund Respekt zu verschaffen. Wenn ein sehr dominanter und potentiell aggressiver Hund und ein hartnäckig neugieriges Kleinkind in einem Haushalt leben, dann kann eine hochexplosive Situation entstehen, in der Vorsicht geboten ist. Es kann in einem solchen Fall ratsam sein, für den Hund ein anderes, besser geeignetes Umfeld zu finden, bis das Kind älter ist.

Wenn das Unglück dann doch passiert und ein Kind von einem dominanten Hund gebissen wird, berichten die Hundebesitzer in der Mehrzahl der Fälle, daß dem aggressiven Verhalten keine Provokation vorangegangen ist. Zu dieser Einschätzung kommen sie, weil sie nicht verstehen, was für den Hund wichtig ist – was für ihn ein Lob darstellt und was eine Kränkung oder eine Kampfansage ist. Wer sich mit Dominanzverhalten auskennt, kann mit einiger Sicherheit voraussagen, was passieren wird. Ein Fall, zu dem ich neulich hinzugezogen wurde und bei dem es um einen Bobtail und ein vierjähriges Mädchen ging, macht dies deutlich. Der Hund hatte den ganzen Tag in der brütenden Sonne gespielt und sich dann entschlossen, ein Nickerchen im Schatten zu machen. Das Mädchen näherte sich dem Tier und wollte es umarmen – doch der Hund sprang ihr unvermittelt regelrecht ins Gesicht. Er fügte ihr eine Bißwunde zu, die genäht werden mußte, und auch sonst hinterließ seine Attacke ihre Spuren. Die Besitzer des Hundes konnten sich sein Verhalten nicht erklären und entschieden auf der Stelle, ihn einschläfern zu lassen. Ich konnte nachfühlen, wie ihnen zumute sein mußte, doch hätte das Unglück vermieden werden können, wenn sie ihren Hund besser verstanden hätten. Für den Hund war die Umarmung eher eine Kampfansage als eine Freundlichkeit, und eine Kampfansage an einen erschöpften und erhitzten dominanten Hund, der sich gerade ausruht, kann nur Ärger bedeuten. Einen so veranlagten Hund und ein Kind dieses Alters muß man besser beaufsichtigen oder, noch besser, auseinanderhalten. Die erste Pflicht des Hundebesitzers besteht darin, seinen Hund zu kennen und ihn unter Kontrolle zu haben. Im übrigen hätten die Eltern das kleine Mädchen mehr im Blick haben sollen. Dieser Vorfall ist die eher traurige Bestätigung des alten Sprichwortes, daß man schlafende Hunde nicht wecken soll.

Als letzter Hundetyp, der im Zusammenhang mit möglichen Problemen beim Zusammenleben von Kindern und Hunden angesprochen werden muß, ist der ängstliche Hund zu nennen. Auch diesen kann man durch Beobachten seiner Reaktion auf Fremde und auf ihr Umfeld erkennen. Ein Hund, der zurückweicht oder Scheu zeigt, wenn er auf eine ihm unbekannte Person trifft, gehört wahrscheinlich zur Gruppe der ängstlichen Hunde. In die gleiche Kategorie fallen Hunde, die Angst vor lauten Geräuschen haben oder unter Trennungsangst leiden. Einige, aber bei weitem nicht alle dieser Hunde verhalten sich Kindern gegenüber aggressiv. Wie ihre Angst zum Ausdruck kommt, hängt sehr stark von ihren Erfahrungen als Welpen ab.

Die Aggressionen ängstlicher Hunde richten sich nicht grundsätzlich gegen die Menschen, mit denen sie zusammenleben, und brauchen auch für die Kinder im Haus keine Bedrohung darzustellen. Wie die dominanten Hunde interessieren auch sie sich nicht wirklich für Babys und werden sich von einem Säugling eher fernhalten, wenn er ihnen nicht paßt. Wenn er aber älter und zum nervtötenden Zweijährigen wird, der wie ein Derwisch durchs Haus tobt, dann zeigt sich der ängstliche Hund vielleicht beunruhigt und versucht sich, wenn es zu Konflikten kommt, zurückzuziehen. Dabei kann es Probleme geben, wenn ein solcher Hund aus irgendeinem Grund keine Fluchtmöglichkeit hat – zum Beispiel, wenn er in eine Ecke gedrängt wird. In solchen Momenten wird er unter Umständen – als Warnung – nach Menschen schnappen. Derlei kritische Situationen enden unglücklicherweise nicht selten damit, daß seine Zähne Spuren auf der Stirn des Kindes hinterlassen. Natürlich veranstalten Kinder dann ein Mordsspektakel, und besorgte Eltern eilen herbei, um den Hund auszuschimpfen oder zu bestrafen. Eine solche Reaktion ist zwar verständlich, doch trägt sie nicht dazu bei, die Situation zu entspannen – ganz im Gegenteil. Vom Hundebesitzer wäre zu erwarten, daß er die sich anbahnende Situation richtig einschätzt und überwacht und sich sofort einschaltet, wenn der Hund Anzeichen von Angst zeigt oder das Weite suchen will. Wenn man die Derwisch-Phase heil übersteht, können Hund und Kind die besten Freunde werden und prima miteinander auskommen.

Ängstliche Hunde sind in ihrem schweren Leben besonders auf Freunde angewiesen. Die einzige Gefahr, mit der man bei einem ständig ängstlichen Hund rechnen muß, ist seine mögliche Aggressivität gegenüber den

Spielkameraden des Kindes, besonders denjenigen, die mit Hunden nicht vertraut sind oder sie durch Lärm und fortwährende Belästigungen verschrecken. Solche kleinen Besucher stellen für das Tier eine Bedrohung dar, und möglicherweise reagiert es, wenn Kinder ihm durch ihr Verhalten allzu unheimlich erscheinen, mit aggressivem Verhalten, um die Störenfriede abzuschrecken. »Finger weg vom Hund!« muß hier die Parole lauten.

Bei ängstlichen Hunden ist Desensibilisierung zentraler Bestandteil der Behandlung. Überflüssig zu erwähnen, daß sie gegenüber Familienmitgliedern automatisch stattfindet, da der Hund mit der Zeit erfährt, daß ihm von diesen Kindern keine Gefahr droht, doch läßt sich der Lernprozeß durch entsprechende Übungen beschleunigen. Auch wenn dies innerhalb der Familie nicht notwendig erscheint, ist es sicher sinnvoll, den Hund gegenüber den Freunden Ihrer Kinder zu desensibilisieren, da der damit verbundene Lernprozeß die Angst des Hundes vor Kindern im allgemeinen verringern kann. Während der Phase der Desensibilisierung wird der Hund in großem Umfang mit Leckereien, mit Lob und Streicheln dafür belohnt, daß er sich in Situationen ruhig verhält, in denen er mit nicht so intensiven Reizen konfrontiert wird – also zum Beispiel mit Kindern, die sich in größerer Entfernung befinden. Die Intensität des Reizes wird Schritt für Schritt erhöht (indem man die Kinder dichter heranführt), wobei stets nur das erwünschte Verhalten belohnt wird. Unerwünschtes Verhalten wird ignoriert, und die Prozedur fängt, mit den Kindern in größerer Entfernung, wieder von vorne an. Natürlich ist es wichtig, daß der Hund zu keinem Zeitpunkt des Erziehungsprogramms von den Kindern erschreckt wird. Stellen Sie das von vornherein klar.

Es ist geradezu unverzichtbar, für den Hund einen Zufluchtsort zu schaffen, der für die Kinder tabu ist. Wir brauchen alle unsere kleinen Nischen, in die wir uns gelegentlich angesichts des Alltagsstresses zurückziehen können, und für den Hund ist eine große Hundebox ein idealer, höhlenähnlicher Zufluchtsort. Man braucht noch nicht einmal die Tür geschlossen zu halten; sorgen Sie nur dafür, daß die Kinder sich von der Box fernhalten, und stellen Sie sie vielleicht ein bißchen aus dem Weg. Sie können dieses Refugium für den Hund durchaus attraktiv machen, wenn sie eine Decke, Spielzeug und vielleicht ein paar Leckereien hineinlegen. Es kann auch nützlich sein, den Hund anfangs in seiner Box zu füttern, damit er sich schneller darin heimisch fühlt. Die meisten Hunde werden nach einiger Zeit die Box sehr zu schätzen wissen, da sie ihnen eine Rückzugsmöglichkeit bietet. Sind die Freunde ihrer Kinder zu Besuch, so sollten sie immer wieder darauf hingewiesen werden, daß sie in der Nähe der Box nichts zu suchen haben und daß sie sich von dem Hund fernhalten, ihn nicht streicheln oder hinter ihm her rennen. Wenn Sie das durchsetzen können, halten Sie sich eine Menge Probleme vom Leib. Wenn Sie jedoch Zweifel haben, ob ein kleiner Besucher in der Lage ist, sich an diese Anweisungen zu halten, dann sollten Sie den Hund in der Box einsperren und in ein anderes Zimmer oder ganz nach draußen bringen, solange das Kind sich bei Ihnen aufhält.

Dominante und ängstliche Hunde sollten in Anwesenheit von Kindern überwacht werden. Sie lassen sich, wenn man richtig mit ihnen umgeht, gewöhnlich unter Kontrolle halten, so daß mögliche Probleme von vornherein entschärft werden. Auch bei Hunden mit aggressivem Jagdverhalten hängt viel davon ab, ob der Hundebesitzer sich mit seinem Tier ein wenig auskennt. Es gibt nur wenige Hunde, die mit Kindern grundsätzlich nicht in Berührung kommen sollten, doch, wie gesagt, handelt es sich dabei um Ausnahmen. Wie sich in Samsons Fall gezeigt hat, können Medikamente und emotionale Stabilisierung im Regelfall einen schwierigen Hund wieder zu dem machen, als den wir ihn kennen, zum besten Freund des Menschen und zu einem wertvollen, geschätzten Mitglied des Familienrudels.

───────────────────────────── **Ratschläge**─

Aggressivität von Hunden gegen Babys

Dominante und ängstliche Hunde sowie solche mit starkem Beutetrieb/Jagdinstinkt können für Babys und Kleinkinder eine Gefahr darstellen, wenn man sie nicht richtig unter Kontrolle hat. Dominante Hunde werden oft erst gefährlich, wenn die Kinder zu laufen beginnen. Ängstliche Hunde verhalten sich am ehesten dann aggressiv, wenn sie sich von fremden und aufdringlich erscheinenden Kindern belästigt fühlen. Hunde mit starkem Jagdinstinkt können, wenn auch selten, eine Bedrohung für Neugeborene darstellen.

Vorbeugung

1. Lernen Sie den Hund verstehen, und behalten Sie Ihr Kind im Auge.
2. Führen Sie für dominante Hunde so früh wie möglich ein dominanzbezogenes Gehorsamstraining durch. Lassen Sie kleine Kinder und einen dominanten Hund niemals unbeaufsichtigt allein.
3. Bei ängstlichen Hunden tragen Desensibilisierungsübungen mit anderen Kindern dazu bei, Angst und Un-

sicherheit abzubauen. Haben Sie die geringsten Zweifel, wie sich der Hund den Spielkameraden Ihres Sprößlings gegenüber verhalten wird, sollten Sie ihn bei deren Besuchen aussperren.

4. Hunde mit starkem Jagdinstinkt sollten systematisch mit dem Baby vertraut gemacht werden. Lassen Sie solche Hunde nie mit dem Baby allein.

Grundregeln

Vor der Geburt des Babys

1. Intensivieren Sie das Gehorsamstraining.
2. Gewöhnen Sie das Tier frühzeitig an Veränderungen in seiner Umgebung.
3. Nehmen Sie den Kinderwagen mit, wenn Sie mit dem Hund ausgehen.
4. Gewöhnen Sie den Hund mit Hilfe einer Puppe an die Wickelprozedur.
5. Desensibilisieren Sie den Hund mit Hilfe eines Tonbandes gegen Babygeschrei.
6. Lassen Sie Verhaltensprobleme nicht aufkommen.
7. Bringen Sie aus dem Krankenhaus ein Kleidungsstück des Babys (keine Windel) mit nach Hause, damit der Hund daran riechen kann.

Nach der Geburt des Babys

1. Machen Sie Hund und Baby schrittweise und ruhig miteinander bekannt; halten Sie den Hund dabei an der Leine.
2. In Gegenwart des Babys sollte man stets auch dem Hund Beachtung schenken.
3. Hund und Baby zusammen müssen stets unter Aufsicht sein.
4. Machen Sie den Hund gezielt mit dem Baby vertraut, fördern Sie mit der Zeit den Gewöhnungsprozeß.
5. Achten Sie auf Anzeichen von Dominanz (Knurren) oder Angst (Weglaufen oder Verstecken).
6. Lassen Sie einen Hund mit Jagdinstinkt nie mit einem Baby allein.

Teil II

Der ängstliche Hund

Kapitel 6

Wenn Hunde zu sehr lieben

Von Tennyson stammt der Satz, es sei besser, geliebt und gelitten als gar nicht geliebt zu haben. Versuchen Sie das aber mal, einem Hund, der unter Trennungsangst leidet, klarzumachen, wenn der gerade seine Krise hat, weil seine Besitzer aus dem Haus gegangen sind. Ungefähr vier Prozent der 54 Millionen Hunde in den USA leiden unter dem Syndrom, das man Trennungsangst nennt. Bei dieser Verhaltensstörung entwickeln die Hunde eine so enge Bindung an ihre Besitzer, daß diese sich im wahrsten Sinn des Wortes von ihnen losreißen müssen und Abschied nicht, wie es heißt, ein süßer Schmerz, sondern eher die Hölle ist.

Die Hunde, um die es geht, sind oft sanft, anhänglich und gutmütig, trotzdem können die Verwüstungen, die sie in ihrer Angst anrichten, wenn ihre Besitzer nicht zugegen sind, von diesen manchmal fälschlicherweise als Ausdruck von Boshaftigkeit oder Vergeltung ausgelegt werden. Gelegentlich werden die Tiere dann auch von ihren Besitzern für ihr schlechtes Benehmen geschlagen, doch ist eine solche Reaktion weder angemessen noch effektiv. Bestrafung erzielt nur dann Wirkung, wenn sie wenige Sekunden nach einem Fehlverhalten erfolgt; bei dem Problem, um das es hier geht, verunsichert eine Strafe das unglückliche und verwirrte Tier nur noch mehr.

Die Besitzer mögen noch so sicher sein, daß ihr Hund weiß, was er angerichtet hat, weil er »schuldbewußt dreinblickt«, doch das »Schuldbewußtsein« ist schlechthin Vorwegnahme der erwarteten Strafe, die das Tier mit dem Zusammentreffen von Herr, Hund und beschädigten Gegenständen verbindet.

Was sind mögliche Ursachen für derartige Störungen bei Hunden? Ist Trennungsangst angeboren oder erworben? Die Meinungen darüber gehen auseinander, doch legt das vorhandene Beweismaterial die Vermutung nahe, daß Hunde, die unter Trennungsangst leiden, ein Produkt ihrer Umwelt sind – ähnlich wie verhaltensgestörte Menschen. Es fehlt diesen Hunden an Selbstwertgefühl, und sie leben stellvertretend durch Menschen, die sie vergöttern und von denen sie total abhängig sind.

Es gibt die berühmte Geschichte eines treuen englischen Jagdhundes, der während einer längeren Abwesenheit seines Besitzers versehentlich im Haus eingeschlossen war. Das Tier nahm nichts von der reichlich vorhandenen Nahrung zu sich und verhungerte, gehorsam bis in den Tod. Dies klingt nach einer bewegenden, wenn auch etwas rührseligen Geschichte von selbstloser Treue. Doch auch wenn man nicht schlecht von Toten reden soll, läßt sich dafür eine genauso anrührende, aber weniger emotionale Erklärung vorbringen. Sie hat mit Trennungsangst zu tun, die wiederum sehr eng mit Anorexie verbunden ist – offenbar bis zum bitteren Ende. Viele Hunde mit Trennungsangst nehmen keine Nahrung zu sich, bis ihr Besitzer zurückgekehrt ist; erst dann, nach einem bezeichnenderweise sehr überschwenglichen Begrüßungsritual, machen sie sich über den noch randvollen Freßnapf her.

Wenn aber diese furchtbare Angst und die Anorexie

von den Umständen abhängig sind, wo liegen dann die Ursachen dafür? Nun, in diesem Punkt herrscht noch keine völlige Klarheit, doch scheint es, daß seelische Traumata in der frühen Welpenzeit verantwortlich sind. Hunde mit Trennungsangst sind oft Tiere, die in Zoohandlungen oder Tierheimen erstanden oder von jemanden übernommen worden sind, der nicht genügend Zeit für sie hatte. Sie müssen nicht unbedingt geschlagen worden sein, auf jeden Fall aber haben sie unter Isolation und Vernachlässigung gelitten und waren in vielen Fällen zu früh von ihren Wurfgeschwistern getrennt worden. Von dieser Übertragung seiner Hypothese auf die Welt der Hunde wäre Freud sicher angetan.

Das klassische Szenario für die Entstehung von Trennungsangst läßt sich so vorstellen, daß eine Vielzahl von Hunden auf eine unpersönliche Weise großgezogen wird, in einer Umgebung, in der es kaum soziale Kontakte untereinander gibt und in der eine enge Bindung an Menschen nicht entstehen kann. Die Zuchtfabriken im Mittleren Westen veranschaulichen, was damit gemeint ist. Dort werden Welpen im zarten Alter von vier oder fünf Wochen von ihrer Mutter getrennt und über weite Entfernungen zu ihrem Bestimmungsort verfrachtet, einem Zoogeschäft, wo sie zwar umfassend versorgt werden, aber nur von Menschen, die ihnen fremd sind. Hunde, die man in Zoohandlungen erwirbt, sind gewöhnlich zwischen drei und fünf Monaten alt und haben die kritische Phase ihrer Sozialisierung in völliger Isolation verbracht. Das Ergebnis? Ein armes Findelkind in Hundegestalt – ein schlimmes Ende ist programmiert. Wenn die neuen Besitzer es gut meinen mit solch einem Hund, dann wird er sich an sie klammern wie ein Ertrinkender an seinen Retter; und wenn man nicht auf der Hut ist, wird sich eine pathologische Abhängigkeit entwickeln, die nachträglich den Beweis für erlittene Frühschäden liefert. Ursprünglich war ich der Ansicht, daß unter Trennungsangst leidende Hunde immer erst im Alter von drei, vier oder mehr Monaten zu ihren neuen Besitzern kämen, doch in letzter Zeit habe ich von Fällen erfahren, in denen dies wesentlich früher, mit acht oder zehn Wochen, passierte. In diesen Fällen waren die Hunde extrem früh von der Mutter getrennt worden, was vermuten läßt, daß die traumatische Erfahrung der frühen Entwöhnung allein genügte, um in einigen Fällen Trennungsangst hervorzurufen.

Trennungsangst läßt sich bei Hunden aus Tierheimen mit absoluter Sicherheit voraussagen: Dabei stützt man sich zunächst auf die Tatsache, daß ein Hund überhaupt dorthin gebracht wurde, dann auf die Beobachtungen des Tierpflegers und schließlich auf einen Test, bei dem man den Hund für ein paar Minuten allein in einem Auto läßt und registriert, ob er bellt oder nicht. Auf diese Weise erhält man die nötigen Informationen, um feststellen zu können, ob ein Hund für Trennungsangst anfällig ist. Eine solche Anfälligkeit entläßt allerdings die neuen Besitzer nicht völlig aus der Verantwortung. Überbesorgtheit von ihrer Seite trägt sehr wahrscheinlich zur Verschärfung des Problems bei. Hunde, die gefährdet sind, nehmen alles, was ihnen an Aufmerksamkeit und Zuneigung entgegengebracht wird, und geben es tausendfach zurück. Sie sind wunderbare Haustiere, vor allem für Menschen, die selbst Zuwendung brauchen. Tatsächlich geraten Hund und Besitzer in eine wechselseitige Abhängigkeit und können nicht mehr voneinander lassen. Doch die Medaille hat auch ihre Kehrseite: Solche Hunde kommen allein nicht mehr zurecht. Wann immer der

Besitzer sich kurzfristig entfernt, glauben sie, es sei ein Abschied für immer, und geraten in Panik.

Die Diagnose von Trennungsangst ist gewöhnlich recht eindeutig. Hundebesitzer kommen in die Sprechstunde und berichten, daß ihr Hund im Haus Sachen beschädigt, allerdings nur in ihrer Abwesenheit. Türeingänge und Fenster – die Pforten des Abschieds und der Wiederkehr – sind Hauptziel der Zerstörungswut. Manchmal ist die Türfüllung zerkratzt, manchmal sind die Türeinfassungen beschädigt; gefährdet sind außerdem Fensterbänke und Jalousien. Dies hat mit einem Phänomen zu tun, das man als Hindernis-Frustration bezeichnet. Zu anderen Faktoren, die Grundlage der Diagnose sind, gehören der klassische Fall einer gestörten Welpenzeit und eine extrem enge Bindung an den Besitzer.

Hunde, die unter Trennungsangst leiden, lassen ihre Besitzer nicht aus den Augen und folgen ihnen auf Schritt und Tritt durchs Haus. Nachts schlafen sie auf oder dicht bei ihren Besitzern, und wenn diese fernsehen, machen sie es sich bei ihnen auf der Couch gemütlich oder liegen ihnen im wahrsten Sinn des Wortes zu Füßen. Anzeichen von Beunruhigung wie trauriger Blick, geduckte Haltung oder Sich-Verstecken sind normalerweise zu beobachten, ehe der Besitzer sich entfernt, und Jaulen und Bellen unmittelbar nach seinem Weggang sind unverwechselbare Merkmale der Störung, die im Normalfall nicht länger als zehn Minuten auf sich warten lassen. Die Besitzer bekommen das nicht immer mit und erfahren es vielleicht erst von ihren Nachbarn. Wenn sie draußen warten und horchen, kann es sein, daß der Hund drinnen das gleiche tut! Manchmal muß man deshalb ein Tonband laufen lassen, um sicher sein zu können, daß der Hund tatsächlich jault und bellt.

Wie bereits erwähnt, verweigern von der Störung betroffene Tiere in Abwesenheit ihres Herrchens oder Frauchens das Fressen. Diese Anorexie ist ein weiteres klassisches Symptom von Trennungsangst. Angstbedingtes Harnlassen oder Koten im Haus in Abwesenheit des Besitzers kann im Extremfall vorkommen, ist aber nicht die Regel. Der Kreis der Symptome schließt sich mit dem Auftreten überschwenglicher Begrüßungsrituale nach der Rückkehr des Besitzers, die manchmal minutenlang andauern. Hundebesitzer fühlen sich durch dieses Verhalten oft geschmeichelt (wohl nicht zu Unrecht).

Bei Elsa, einer nicht reinrassigen, fünf Jahre alten Labrador-Retriever-Hündin, schien ein klassischer Fall von Trennungsangst vorzuliegen. Ihre Besitzer, Carl und Susan Blake, liebten das geschmeidige schwarze Tier über alles. Als wir ins Sprechzimmer gingen und uns hinsetzten, wich Elsa den Blakes nicht von der Seite. Die ungewohnte Umgebung beunruhigte sie offensichtlich; ihre Angst äußerte sich darin, daß sie sich nicht hinlegen mochte und die ganze Zeit über hechelte. Ihren Besitzern warf sie ab und an einen scheuen Blick zu, während sie mich überhaupt nicht zur Kenntnis nahm. Ich versuchte, sie zu mir herüber zu locken, doch ohne Erfolg. Sie zog es vor, dicht bei Carl und Susan zu bleiben – sicher und in Streichel-Reichweite. Neuer Umgebung und neuen Menschen mochte Elsa nichts abgewinnen, und ich konnte mir gut vorstellen, daß sie sich zu Hause auf ihrem Lieblingsstuhl, vielleicht auch auf Carls Schoß, wesentlich wohler fühlen würde.

Auffälligste Symptome der Störung Elsas waren ihre Zerstörungswut, die auftrat, wenn Carl und Susan nicht zu Hause waren, ihre Anhänglichkeit an die beiden, solange sie zugegen waren, ihre Anorexie, wenn sie allein gelassen wurde, und die überschwengliche Begrüßung, wenn Susan und Carl von irgendwoher zurückkamen. Der von ihr angerichtete Schaden betraf in erster Linie Bereiche in der Nähe von Türen und Fenstern. Bei dem verzweifelten Versuch, nach draußen zu gelangen, hatte sie Türrahmen zerkratzt, den Teppich zerfetzt und ein oder zwei Jalousien zerstört. Die Blakes waren fassungslos. Wie konnte eine so wunderbare, anhängliche und ansonsten völlig ausgeglichene Hündin mit derartigen Problemen zu kämpfen haben?

»Wo haben Sie Elsa her?« fragte ich Carl.

»Wir haben sie aus einem Tierheim geholt, als sie ein Jahr alt war. Sie hockte verängstigt in der hintersten Ecke ihres Zwingers und tat uns unendlich leid... und ihren traurigen Augen konnten wir einfach nicht widerstehen.«

Ich sah mir Elsa noch einmal an. Verständlich, daß Blakes von dem Tier mehr als angetan waren, aber ihr Mitleid hatte, ohne daß sie es wollten, zur Entstehung des Problems beigetragen.

Carl fuhr fort: »Was wir als erstes wissen müssen – ist diese Sache heilbar?«

»Ohne Frage«, antwortete ich. »Die Chancen stehen recht gut, Elsas Verhalten völlig umzukrempeln, so daß sie ruhig bleibt, wenn Sie weggehen, und keinerlei Zeichen von Angst mehr zeigt. Ich bin mir allerdings im klaren darüber, daß ich einige Dinge von Ihnen verlangen muß, die Ihnen nicht leichtfallen werden.«

Er sah mich fragend an.

»Fangen wir mit den unproblematischen Dingen an, mit Veränderungen in Elsas Tagesablauf«, sagte ich. »Zunächst einmal werden 20 oder 30 Minuten Auslauf täglich und eine proteinarme Ernährung ohne künstliche Konservierungsmittel zu mehr Ausgeglichenheit beitragen. Elsa muß in zweimal täglich stattfindenden fünf- bis zehnminütigen Übungseinheiten so erzogen werden, daß sie Ein-Wort-Kommandos befolgt. Das Ziel ist, hier eine hundertprozentige Erfolgsquote zu erreichen, zumindest solange keine äußeren Ablenkungen vorliegen. Klare Kommunikationsabläufe zwischen Ihnen und Elsa werden ihr deutlich machen, daß Sie der Boß sind, und das wird ihre Angst verringern.

Als nächstes kann ich nicht umhin, Sie darauf vorzubereiten, daß sowohl Sie als auch Susan das machen müssen, was ich Selbständigkeitstraining nenne; zumindest für die nähere Zukunft. Sie müssen Abstand von Elsa gewinnen, damit sie lernen kann, ohne Sie zurechtzukommen. Zur Zeit ist sie derart auf Sie fixiert, daß sie in Panik gerät, wenn Sie das Haus verlassen, weil sie glaubt, es sei ein Abschied für immer. Schlechte Erfahrungen, die sie schon sehr früh gemacht hat, haben sie so werden lassen, und es ist wichtig, daß Elsa nun durch Sie lernt, sozusagen auf ihren eigenen vier Beinen zu stehen.«

»Und wie erreichen wir das?« wollte Susan wissen.

»Nun«, sagte ich, »wenden wir uns zuerst einmal dem zu, was nachts passiert. Den Unterlagen entnehme ich, daß Elsa bei Ihnen im Bett schlafen darf, und obwohl ich bei einem normalen, ausgeglichenen Hund da keinerlei Einwendungen habe, muß ich doch sagen, daß Sie einem Hund wie Elsa damit keinen Gefallen tun. Sie sollten für Elsa in Ihrem Schlafzimmer ein Hundebett aufstellen. Wenn sie dann nachts irgendwann zu Ihnen aufs Bett kommt, nehmen Sie Elsa vorsichtig am Halsband oder legen ihr die Leine an, sagen ›Bett‹ und führen sie ruhig zu ihrem Hundebett zurück. Sobald sie in diesem Bett liegt, müssen Sie Elsa natürlich loben, damit sie weiß, sie hat etwas richtig gemacht. Wenn dieses Verfahren zu anstrengend wird, befestigen Sie ihre Leine doch an einem Möbelstück, zum Beispiel an einem Bein der Frisierkommode, so daß sie nicht zu Ihrem Bett herüber kann. Bei manchen Hunden funktioniert das sofort. Alternativ können Sie Elsa in eine Hundebox sperren. Sie sollten sie allerdings mit dieser tagsüber vertraut machen und dabei mit Lob und Streicheleinheiten nicht geizen. Auf diese Weise wird sie mit der Zeit die Box als sicheren Zufluchtsort und nicht als Strafgefängnis betrachten lernen. Einige Hunde mögen zwar jaulen oder ihr Glück weiter versuchen, zumindest in den ersten Nächten. Doch in solchen Fällen wäre es unklug, darauf überhaupt zu reagieren, denn damit würden Sie dieses Verhalten im Prinzip belohnen. Besser ist es, Sie geben ein Kommando. Schlimmstenfalls müssen Sie es damit versuchen, die Box vor das Schlafzimmer oder in einen anderen Teil des Hauses zu stellen. Wenn Elsa dann immer noch bellt, gehen Sie in immer größer werdenden Abständen zu ihr – zuerst nach fünf Minuten, dann nach zehn, 15 oder schließlich 20 Minuten. Geben Sie ihr klare Kommandos wie ›Still!‹ oder ›Schluß!‹ und loben Sie Elsa, wenn sie aufhört zu bellen. Es kann allerdings ein, zwei Nächte dauern, bis sie die neuen Spielregeln akzeptiert hat.

Als nächstes müssen Sie Elsa daran gewöhnen, auch tagsüber selbständiger zu werden. Offensichtlich weicht sie Ihnen ja den ganzen Tag lang nicht von der Seite. Davon muß sie abgebracht werden und lernen, andere Dinge zu tun, beispielsweise zu ihrem Korb zu gehen und sich dort hinzulegen. Es nützt nichts, ›Nein!‹ zu sagen oder sie mit leicht drohendem Unterton bei ihrem Namen zu rufen und zu denken, sie versteht, was gemeint ist. Damit kann ein Hund nichts anfangen, schon gar nicht einer wie Elsa, die bereits verunsichert und ängstlich ist.

Ein befreundeter Trainer pflegt zu sagen, ›Nein!‹ als Kommando werde so häufig eingesetzt, daß die meisten Hunde in Amerika dieses Wort für ihren Namen halten. Außerdem wird Ihre Hündin Sie irgendwann einfach nicht mehr beachten, wenn Sie sie beständig mit ihrem Namen anreden. Sie wird annehmen, daß Sie nicht wissen, was Sie wollen, und Sie ignorieren.«

Carl, der sich Notizen zu unserem Gespräch machte, blickte auf. Sein Gesichtsausdruck verriet mir, daß er mit dem Selbständigkeitstraining so seine Schwierigkeiten haben würde.

»Kommt da noch mehr?« Es klang ein wenig besorgt.

»Sicher! Sie wissen doch, wie Elsa es sich zu Ihren Füßen oder auf dem Schoß gemütlich macht, wenn Sie abends fernsehen?«

»Sie meinen, auch das geht nicht mehr?«

»Richtig«, erwiderte ich, »zumindest für die ersten drei oder vier Wochen nicht. Ich möchte, daß Sie Elsa auffordern, zu ihrem Korb am anderen Ende des Zimmers oder sogar in die Küche zu gehen. Es geht darum, daß man ihr nicht erlauben sollte, über Stunden Körperkontakt mit Ihnen oder Susan zu haben. Sie muß lernen, selbständig zu werden – allein zurechtzukommen. Nennen Sie das meinetwegen Aufbau von Selbstvertrauen. Bei Übungsstunden wäre es auch sinnvoll, ihr beizubringen, die Kommandos ›Sitz!‹ und ›Bleib!‹ zu befolgen, während Sie sich allmählich von ihr entfernen. Das kann schließlich so weit gehen, daß Sie in der Lage sind, das Zimmer zu verlassen, und Elsa an ihrem Platz bleibt. Danach können Sie dann zurückkommen und Elsa für ihren Gehorsam loben. Diese Übungen des Sich-Entfernens gehören alle zum Selbständigkeitstraining und werden ihr helfen, allein zurechtzukommen. Die ›Sitz!-Bleib!‹-Übung können Sie mit ihr sogar an der Haustür durchführen, indem Sie zunächst nur kurz, dann zunehmend länger wegbleiben.«

»Aber jedesmal wenn ich in Richtung Tür gehe, wird sie furchtbar unruhig. Wie kann ich das denn verhindern?«

»Sie können Elsa gegen sogenannte Trennungssignale desensibilisieren. Sie registriert ja jede Ihrer Bewegungen, ehe Sie das Haus verlassen. Sie wird zum Beispiel sofort nervös, wenn Sie sich die Autoschlüssel nehmen oder nach Hut und Mantel greifen und zur Tür gehen. Sie sollten eine Liste der Dinge erstellen, die Sie tun, ehe Sie weggehen, wozu auch gehört, daß Sie zur Tür gehen und die Türklinke in die Hand nehmen. Spielen Sie abends, während der Werbepausen im Fernsehen, den gesamten Ablauf durch, ohne allerdings tatsächlich das Haus zu verlassen. Greifen Sie sich also Ihre Autoschlüssel oder Ihren Mantel, bewegen Sie sich im Zimmer umher und setzen sich dann wieder hin. Elsa wird aufspringen, denken, daß Sie loswollen, ein wenig unruhig werden, dann feststellen, daß es sich um einen falschen Alarm handelt, und sich wieder beruhigen. Wenn Sie das oft genug machen, wird sie für diese Signale desensibilisiert werden, und es wird keine Probleme mehr geben, wenn Sie sich zur Tür begeben. Dann können Sie allmählich dazu übergehen, die Tür anzufassen, die Klinke zu drücken, die Tür einen Spaltbreit zu öffnen und so weiter.«

»Okay«, sagte Carl. »Die Sache mit dem Selbständigkeitstraining leuchtet mir ein, und ich verstehe auch, daß ich an den Trennungssignalen arbeiten soll. Was sonst kann ich noch tun?«

»Nun, Sie beide sollten Elsa zwanzig Minuten bevor Sie weggehen und nachdem Sie wiedergekommen sind, nicht beachten.«

»Sie meinen, sie gänzlich ignorieren?« fragte er nach.

»Genau das. Sie sollten in dieser Zeit Elsa nicht ansehen, sie nicht anfassen oder mit ihr sprechen. Sie sollten ihr ausweichen, so als ob sie Ihnen im Weg sei, und einfach so tun, als ob sie gar nicht existiere.«

»Und wozu soll das gut sein?« wollte Carl wissen.

»Es wird dazu beitragen, die emotionalen Höhen und Tiefen in Elsas Tagesablauf auszugleichen«, erklärte ich Carl. »Ich spreche da aus eigener Erfahrung, denn meine Tochter Keisha hat auch einmal an Trennungsangst gelitten – vielleicht verursacht durch ihre kurzen, aber unangenehmen Erfahrungen mit einer Tagesmutter. Damals habe ich beobachtet, daß sich ihr Zustand stets dann verschlimmerte, wenn meine Frau sich, ehe sie losging, besonders besorgt gebärdete, indem sie etwa sagte: ›Ich bin ja gleich wieder da, du brauchst keine Angst zu haben. Mami ist nur einen Augenblick weg.‹ Je heftiger ihre Mutter versuchte, ihr die Angst zu nehmen, um so unsicherer wurde Keisha. Manchmal fing sie sogar jämmerlich zu weinen an. Wenn die Mutter aber unbemerkt verschwand, ging alles viel leichter. Ich habe dann in solchen Situationen angefangen, mich mit Keisha in einem Nebenraum irgendwie zu beschäftigen, beispielsweise mit Malen, während meine Frau sich unbemerkt aus dem Haus schlich. Irgendwann fragte Keisha dann ›Wo ist Mami?‹, und ich sagte, ›Sie ist losgegangen, eine Besorgung zu machen‹, worauf sie nur antwortete ›Oh‹, und damit war das Thema erledigt. Bevor wir mit dieser Verhaltensmodifikation begannen, gab es stets ein nicht enden wollendes Herzen und Küssen und Schluchzen, wenn Mami zurückkam, da dieses Ereignis den Höhepunkt von Keishas Tag darstellte. Auch hier mußte sich einiges ändern. Abschied und Wiederkehr ohne allzu

148

großes Aufsehen haben sicherlich dazu beigetragen, Keishas Problem in den Griff zu bekommen, und dieselbe Strategie scheint auch bei Hunden positive Wirkung zu zeigen, die für Trennungsangst anfällig sind.«

Ich erzählte Carl und Lisa, daß man im Rahmen einer Reihe von Experimenten beobachtet habe, wie sich ein bis dahin unbehandelter Fall von hundlicher Trennungsangst mehr oder weniger von selbst erledigte, weil die Besitzerin des Tieres etwas getan, genauer gesagt, unterlassen hatte. Sie hatte eine Technik entwickelt, das Haus unbemerkt zu verlassen, so daß Trennungsschmerz gar nicht erst aufkommen konnte. Damit war das Problem aus der Welt. So beiläufig wegzugehen und wiederzukommen wie möglich trägt viel dazu bei, Trennungsangst erfolgreich zu bekämpfen.

Ich erzählte den Blakes noch von einem weiteren Fall von Trennungsangst, um ihnen zu verdeutlichen, daß ein Weniger an Zuwendung ein Mehr an Normalität bedeutet. Es ging dabei um einen sehr schweren Fall, bei dem der verzweifelte Besitzer eines unter Trennungsangst leidenden Hundes mir gestand, daß er, nachdem der Hund eine 2000 Dollar teure Stereo-Anlage zerstört hatte, nun soweit sei, den Hund einschläfern zu lassen. Nach diesem Entschluß konnte er es nicht mehr ertragen, das Tier anzusehen oder irgend etwas mit ihm zu machen, weil er ein furchtbar schlechtes Gewissen hatte. Am Tag bevor der Hund eingeschläfert werden sollte, gab ihm jemand den Tip, es mit mir als Retter in der Not zu versuchen, und das tat er dann auch. Bei seinem Besuch stellte sich heraus, daß der Hund von dem Zeitpunkt an, von dem er ihn nicht mehr beachtet hatte, auch keine Schäden mehr angerichtet hatte. Der Besitzer erklärte sich das so, daß der Hund ahnte, was ihm bevorstand. Ich glaube aber, daß die Reaktion eher zeigt, wie wirkungsvoll es ist, einen Hund, der unter Trennungsangst leidet, einmal vollkommen zu ignorieren.

Diese Form, mit dem Problem Trennungsangst umzugehen, veranlaßt die meisten Besitzer zu der Frage: »Wozu habe ich denn einen Hund, wenn ich gar nichts mit ihm machen darf?« Natürlich dürfen Sie, *nur nicht im bisherigen Ausmaß*. Auch wenn einige Verhaltenskundler die Nichtbeachtung sehr rigoros praktiziert sehen wollen, so empfehlen die meisten doch, und dazu zähle auch ich, eine weniger extreme Variante, bei der Selbständigkeit in der Weise gefördert wird, wie ich das im Vorhergehenden dargestellt habe.

»Außerdem«, sagte ich abschließend zu Carl, »sollten Sie versuchen, Ihr Weggehen für Elsa mit einer angenehmen Erfahrung zu verbinden. Diese Technik bezeichnet man als Gegenkonditionierung. Im Augenblick ist Elsa darauf konditioniert, Angst und Verlassenheit zu antizipieren, wenn Sie das Haus verlassen. Das muß genau andersherum laufen, so daß sie einem solchen Abschied mit regelrechter Freude entgegensehen kann. Fangen wir mit Futter an.«

Für Hunde vom Typ Vielfraß ist Fressen normalerweise der Anreiz, der ihr Verhalten am besten steuert. Unglücklicherweise reicht das meiste Hundefutter nicht lange genug, um den Hund bei Laune zu halten, wenn Sie weg sind. Hier können Sie Abhilfe schaffen, indem Sie dem Hund etwas geben, einen ordentlichen Knochen zum Beispiel, womit er sich eine Stunde und mehr vergnügen kann. Dadurch läßt sich die kritische Phase vor und unmittelbar nach dem Weggang des Besitzers besser bewältigen. Der Knochen sollte nicht gekocht sein, damit er nicht in kleine, scharfkantige Stücke zersplittern kann,

die für den Verdauungsapparat des Hundes sehr gefährlich sein können; rohe Knochen (wie sie Wildhunde ver-
zehren) sind ungefährlich, da sie sich in der stark ätzen-
den Magensäure auflösen. Etwas sauberer läßt sich die
ganze Angelegenheit mit vorsterilisierten Knochen
durchführen, die man in Tierhandlungen kaufen kann.
Wie alle Röhrenknochen haben sie innen eine Knochen-
markhöhlung, die man mit Erdnußbutter oder Käseauf-
strich füllt, damit der Hund auch längere Zeit Gefallen
daran findet. Mit einem solchen Leckerbissen haben
Hunde eine ganze Weile zu tun; allerdings weiß ich auch
von einem Tier, das es lernte, die Höhlung samt Inhalt
binnen acht Minuten auszusaugen. Man kann auch in
Kunststoffknochen Löcher bohren und diese genauso
füllen wie die echten Knochen, wodurch man denselben
Effekt erzielt. Eine weitere Alternative sieht so aus, daß
man ein Kauspielzeug aus Gummi, das ebenfalls hohl ist,
mit Futter füllt, um es attraktiver zu machen. Verwenden
Sie doch mehrere dieser Dauerleckereien gleichzeitig –
warum es bei einer belassen?

Zum Schluß besprach ich mit den Blakes dann die
Vorzüge der Hundebox. Hunde mit Trennungsangst, die
noch keine Boxen kennen, mögen diese Beeinträchti-
gung ihrer Bewegungsfreiheit gar nicht – und das ist noch
vorsichtig ausgedrückt! Mir sind Fälle bekannt, in denen
Hunde sich Zähne und Krallen an den Drahtwänden
ausgerissen haben und die Besitzer, als sie nach Hause
kamen, ihr Tier völlig erschöpft in einer großen Blutlache
liegend fanden. Glücklicherweise hatte Elsa bereits eine
Box, in der sie sich recht wohl fühlte. Um es Elsa gemüt-
licher zu machen, hatten die Blakes eine Decke darin
ausgebreitet, und oft bekam Elsa auch ihr Fressen in der
Box. Jedesmal wenn sie hineinging, wurde sie gelobt und

erhielt Leckereien zur Belohnung, und die Tür blieb meist unverschlossen. Ich riet den Blakes, Elsa an die Box als Aufenthaltsort für die Zeit ihrer Abwesenheit zu gewöhnen, da ein Hund sich in einer Box mit stabilen Seitenwänden sicherer fühlt als auf einer großen, offenen Fläche. Susan und Carl waren einverstanden, es bei nur kurzer Abwesenheit mit der Box zu versuchen.

Um den Erfolg der Maßnahme zu überprüfen, schlug ich ihnen vor, mit Hilfe eines Tonbands alle Geräusche aufzunehmen, die Elsa machen würde, nachdem sie das Haus verlassen hatten. Auf diese Weise ließ sich meiner Ansicht nach der Erfolg der Behandlung genauer überprüfen als dadurch, daß man einfach registrierte, ob etwas beschädigt bzw. nicht beschädigt worden war. Überdies wies ich die Blakes darauf hin, daß es sinnvoll sei, wenn sie in ihrer Abwesenheit ein Tonband mit Haushaltsgeräuschen laufen lassen könnten, da Elsa sich dann nicht so einsam fühlen würde. (Manche Verhaltensexperten empfehlen, Radio oder Fernseher laufen zu lassen, doch mit dieser Taktik habe ich noch keine positiven Erfahrungen gemacht.)

Obwohl ich den Blakes noch einmal versicherte, daß unser Behandlungsprogramm zu einiger Zuversicht Anlaß gäbe, bot ich ihnen zu guter Letzt an, Medikamente zu verschreiben, die Angst und Nervosität Elsas abbauen würden, und sie stimmten dieser unterstützenden Maßnahme zu. Zunächst setzte ich Elsa auf das Antidepressivum Amitriptylin. Es gibt zwar eine Vielzahl von Medikamenten, die bei Hunden mit Trennungsangst eingesetzt werden können, doch Amitriptylin ist *das* Präparat, das sich in der Mehrzahl der Fälle bewährt hat. Es ist auch vergleichsweise billig und hat, richtig angewendet, kaum Nebenwirkungen.

Vier Wochen später riefen die Blakes mich an und wußten von Fortschritten zu berichten (sie setzten diese in der Größenordnung von 50 Prozent an), nicht aber von völliger Heilung. Ich überlegte, ob ich die Dosierung des Medikaments erhöhen sollte, doch Carl hatte eine andere Idee. Er hatte ein Tonband entwickelt, das sich bei Geräuschen automatisch einschaltete und einen von ihm gesprochenen Text abspielte, in dem er Elsa Kommandos gab und sie lobte. Carls Plan beruhte darauf, daß dann, wenn er nicht zu Hause war und Elsa bellte, das Tonband sich von selbst einschaltete und kurze Anweisungen geben würde wie »Platz, Elsa! Platz... Braver Hund! Brave Elsa!«

Diese Vorrichtung war genial. Sie bestand aus einer Bandschleife, einem einfachen Tonbandgerät und einigen speziellen Schaltvorrichtungen, die Carl sich ausgedacht hatte. (Bis dahin hatte ich ja keine Ahnung, daß Carl beruflich damit befaßt war, für eine Rüstungsfirma, die Raketen herstellte, elektronische Schaltsysteme zu entwickeln – er war ein leibhaftiger Raketenkonstrukteur!) Er hatte sich diese clevere Vorrichtung wahrscheinlich mal eben in der Mittagspause ausgedacht. Ich empfand sie als geradezu revolutionär für die Behandlung von Hunden mit Trennungsangst.

In der darauffolgenden Woche installierte er eine Videokamera und filmte, wie Elsa auf das Tonband reagierte, wenn sie damit allein war. Was sich dabei zeigte, war sehr beeindruckend. Jedesmal wenn Elsa aufstand und bellte, kam Carls Stimme dazwischen. Elsa blickte zunächst ein wenig verwirrt drein, befolgte dann aber den Befehl und legte sich wieder hin. Solange sie durch die Stimme unter Kontrolle gehalten wurde, schien sie entschieden weniger ängstlich, und sie blieb eine ganze Zeit lang ruhig, ehe sie wieder hochkam, das Band in Gang setzte und das Ganze von vorn losging.

Nach etwa zwei Wochen zeigten sich bei Elsa Verbesserungen im Bereich von 90 Prozent, doch Carl fand sie immer noch nicht entspannt genug und strebte als Perfektionist, der er war, eine hundertprozentige Heilung an. Er äußerte den Wunsch, ich solle es bei Elsa mit einem anderen Medikament versuchen, zumindest für eine Probezeit von zwei Wochen. Ich gab meine Zustimmung und entschied mich für ein bei Menschen angewandtes angstlösendes Medikament Alprazolam.

Alprazolam (oder Tafil) gehört, wie auch Diazepam (Valium) zur Gruppe der Benzodiazepin-Tranquilizer. Diese Medikamente scheinen besonders wirksam zu sein, wenn es darum geht, Angstzustände bei Tieren abzumildern; dies hat sich beispielsweise bei dem Versuch nachweisen lassen, die Angstschreie von Rattenjungen unter Kontrolle zu bringen, wenn diese vorübergehend von der Mutter getrennt waren. Ich hoffte, daß Alprazolam vielleicht auch in Elsas Fall helfen könnte.

Nachdem wir verschiedene Dosierungen des Medikaments bei Elsa ausprobiert und sie schließlich richtig eingestellt hatten, kam die Stunde der Wahrheit: Elsa bekam die entsprechende Dosis und wurde für einen ganzen Tag allein gelassen. Natürlich hatte Carl Videokamera und Tonband eingeschaltet. Das Ergebnis war beeindruckend. Elsa zeigte keinerlei Anzeichen von Unruhe, als die Blakes Anstalten trafen, wegzugehen, und auch von Angst war nichts zu merken. Als die Blakes das Haus verließen, ging Elsa nur zu ihrem Hundekorb, rollte sich zusammen und schlief ein. Auch das ließ sie schließlich bleiben und legte sich einfach irgendwo auf dem Fußboden hin. Bei der Rückkehr begrüßte sie Herrchen und

Frauchen freundlich, aber nicht überschwenglich. Nach allem, was man sagen konnte, war sie vollständig kuriert.

Carl war außer sich vor Freude, und auch ich war begeistert. Ihm war dieser Erfolg zu gönnen, wenn man bedenkt, wie sehr er sich engagiert und was er im Laufe der letzten Wochen durchgemacht hatte. Sobald Elsa sich an das Alleinsein gewöhnt hatte, wurde die Alprazolam-Dosis nach und nach herabgesetzt, bis sie schließlich ganz ohne Medikamente in der Lage war, allein zu Hause zu bleiben. Der Abbau der Medikation verlief problemlos, und Elsa hatte offensichtlich ihre Trennungsangst überwunden. Wenn die Blakes nach Hause kamen, trafen sie auf eine ruhige, zufriedene Hündin und ein heil gebliebenes Haus. Hund und Besitzer waren gleichermaßen guter Dinge, und der Fall schien erledigt.

Die Geschichte hatte jedoch noch ein Nachspiel. Einige Monate später rief mich Carl an und berichtete, daß Elsa während eines Gewitters einen Rückfall erlitten hatte. Ich hatte, als mir Elsa zum ersten Mal vorgestellt wurde, in einer Notiz festgehalten, daß sie Angst vor Gewittern zeigte; dies war nicht weiter bemerkenswert, weil Gewitterphobien häufig als Begleiterscheinung von Trennungsangst auftreten. Offenbar war Elsa allein gewesen, als ein besonders heftiges Gewitter aufzog. Die Kombination von Trennungsangst (die zwar unter Kontrolle war) und Angst vor dem Gewitter war zuviel für sie, und wir standen mit der Behandlung wieder da, wo wir angefangen hatten. Der letzte Stand der Dinge sieht so aus, daß die erneute Behandlung der Trennungsangst erfolgreich verläuft, Elsa auf Gewitter aber weiter verstört reagiert. Carl zeigt sich aber insgesamt zufrieden, weil es Elsa, der Hündin, die zu sehr liebte, jetzt doch entschieden besser geht als früher.

Seine technischen Hilfsvorrichtungen setzt Carl immer noch ein, und neulich haben wir darüber gesprochen, ob diese nicht einem breiteren Publikum zugänglich gemacht werden sollten. Es wäre doch zu schade, wenn diese Erfindung quasi unentdeckt bliebe. Wenn uns noch etwas einfiele, was Hunden bei Gewittern die Angst nimmt, dann wären wir wirklich im Geschäft.

Ratschläge

Trennungsangst
Hunde mit Trennungsangst haben oft eine problematische Lebensgeschichte. Weil sie unsicher sind, folgen sie ihren Besitzern im Haus auf Schritt und Tritt, werden nervös, wenn diese sich anschicken wegzugehen, und sie geraten in Panik, wenn sie schließlich allein sind. Sobald ihre Besitzer das Haus verlassen haben, fangen sie an zu bellen und zu winseln und zerstören Dinge im Haus, vorzugsweise Tür- und Fensterrahmen. Vorübergehende Anorexie ist ein weiteres Symptom, und in extremen Fällen kann die Angst dazu führen, daß Hunde harnen und koten, wenn sie allein gelassen werden. Ein übertriebenes Begrüßungsritual rundet das Bild dieses Syndroms ab.

Behandlung
1. Versuchen Sie es mit einem Programm zur Desensibilisierung und Gegenkonditionierung.
2. Nehmen Sie ein Selbständigkeitstraining in Angriff.
3. Ignorieren Sie den Hund 20 Minuten bevor Sie das Haus verlassen und nachdem Sie zurückgekommen sind.
4. Geben Sie dem Hund 20 Minuten vor dem Weggehen einen Leckerbissen, mit dem er sich lange beschäftigen kann.

5. Wenn erforderlich, lassen Sie den Hund mit angstmindernden Medikamenten oder Antidepressiva behandeln.

Anmerkung: Durch allzu großes Mitgefühl können die
Halter die Trennungsangst ihres Hundes noch verstärken.
Mit einem bestimmenden, aber nicht unfreundlichen
Führungsverhalten mit eindeutigen Anweisungen für den
Hund läßt sich viel erreichen, um dieses Verhaltens-
problem einzudämmen.

Kapitel 7

»Gewitterhunde«

Manchmal brechen die Naturgewalten mit einer solchen Macht los, daß wir wie unter Zwang mitten in unserer Tätigkeit innehalten und das Schauspiel gebannt verfolgen. Es hat etwas Erregendes, beinah Erschreckendes an sich, wenn Bäume wie Schilfrohre im Sturm hin- und herschwanken, grelle Blitze über das Firmament zucken und der Himmel von dröhnenden Donnerschlägen widerhallt. Wenn sich schon der Mensch von einem Unwetter so beeindrucken läßt, was mag dann erst in Tieren vorgehen? Empfinden sie wie wir? Allem Anschein nach ja, in unterschiedlichen Schattierungen, von leichter Beunruhigung bis zu heftiger Angst. Obwohl viele Hunde verstört auf ein Gewitter reagieren, entwickelt sich aber nur bei wenigen eine Gewitterphobie. Diese läßt allerdings keinen Zweifel daran, daß für solche krankhaft ängstlichen Hunde ein Gewitter einem Weltuntergang gleichkommt. Sie bemühen sich dann ohne Unterlaß, die Aufmerksamkeit ihres Herrn zu erregen, oder sie verkriechen sich an einem sicheren Ort, laufen hechelnd und keuchend hin und her und können dabei manchmal vor Angst auch Blase oder Darm nicht mehr kontrollieren. Falls ihre Besitzer während eines Gewitters nicht zu Hause sind, äußern sich die Fluchtversuche der verängstigten Tiere oft in Form von »Hindernis-Frustration«, ähnlich wie bei der Trennungsangst. In extremen Fällen haben Hunde sich dabei sogar schwere Verletzungen zugezogen, weil sie Insektengitter aus Drahtgeflecht durchbrochen haben und aus dem Fenster gesprungen sind.

Bestimmte Hunderassen neigen besonders zu Gewitterangst, vor allem Hunde aus dem hohen Norden wie Huskies und Samojeden sowie einige große Rassen wie Labrador, Retriever und Deutscher Schäferhund. Möglicherweise deutet diese rassenspezifische Eigentümlichkeit darauf hin, daß genetische Faktoren im Spiel sind, doch mag auch der jeweilige Umgang mit dem Tier eine Rolle spielen. Wer einen kleinen Lhasa Apso sein eigen nennt, hat es schließlich leichter, seinen Liebling während eines Unwetters tröstend auf den Arm zu nehmen, als der Besitzer eines Labradors.

An Gewitterangst leidende Hunde sind oft auch sonst eher ängstlich, was darauf schließen läßt, daß Gewitterangst manchmal nur eine besonders ausgeprägte Komponente eines generellen Angstsyndroms ist. Nach Aussagen vieler Hundehalter zeigten sich bereits in den ersten Lebensmonaten ihres Hundes erste Anzeichen von Angst bei Gewittern; verschlimmert habe sich das Leiden aber erst im mittleren Lebensalter, unmittelbar nach einem besonders heftigen Unwetter. Für einen Tierarzt und Fachmann der Verhaltenskunde sind demographische Besonderheiten und die spezielle Entwicklung der Gewitterangst zwar nichts Neues, doch kann trotzdem niemand genau sagen, warum bestimmte Rassen dazu neigen oder warum es oft Jahre dauert, bis das Leiden in ausgeprägter Form auftritt. Alle Erklärungen sind daher vorläufig rein spekulativ, und es dürfte noch viel Aufwand erforderlich sein, bis die wahren Ursachen geklärt sind.

Vor einiger Zeit erhielt ich den Anruf einer Frau, die sich erkundigen wollte, warum ihr Hund plötzlich Angst vor Gewittern hatte und was sie dagegen unternehmen konnte. Ohne zuerst meinen üblichen Fragenkatalog durchzugehen, machte ich mir den Spaß, mein Glück mit einem kleinen Ratespiel zu versuchen.

»Ist Ihr Hund sieben Jahre alt?« erkundigte ich mich lässig.

»Ja, das stimmt«, sagte sie, ein bißchen verwundert über meine hellseherischen Fähigkeiten. »Woher wissen Sie das?«

»Ist es ein ... Labrador?« probierte ich es weiter.

»Ja, genau«, sagte sie und schnappte nach Luft. »Das ist ja unheimlich.«

Da ich schon so gut in Schwung war, riskierte ich noch eine weitere Vermutung: »Er ist schwarz, nicht wahr?«

»Ja, tätsächlich – er ist schwarz. Das ist ja unglaublich! Woher wissen Sie das? Wie können Sie mir hier am Telefon das Alter, die Rasse und die Farbe meines Hundes nennen?«

Um die Klientin nicht länger im dunkeln zu lassen, erklärte ich ihr, daß ich sein Alter anhand von Durchschnittswerten geschätzt hatte und meine Chance, ins Schwarze zu treffen, in der Frage der Rasse bei drei zu eins und bei der Farbe bei eins zu eins gelegen habe. Ich hätte also nur Glück gehabt. Trotzdem verstand sie, worauf ich hinauswollte, daß wir es nämlich mit einem genau umschriebenen und recht verbreiteten Syndrom zu tun hatten.

Die Gewitterphobie ist ein relativ häufiges Phänomen, das ich zur Kategorie der »Angst vor Unbelebtem« zähle. Dazu gehört die Angst vor bestimmten Anblicken, Geräuschen und Gerüchen, wobei die Angst vor Geräuschen am weitesten verbreitet ist. Die Gewitterangst wird aus naheliegenden Gründen zu den Geräuschphobien gerechnet. Allerdings gehören zu einem Unwetter außer den Donnerschlägen noch einige andere Merkmale, die jedes für sich auch schon angsterregend wirken, wie das Sausen und Heulen des Windes, das Prasseln des Regens und die Verdüsterung des Himmels.

Ein namhafter Verhaltensforscher hat mir erklärt, es gebe zu der Frage, warum Hunde Gewitterangst bekommen, zwei auf die Geräusche bezogene Theorien. Nach der einen sollen die betreffenden Hunde ein schlechtes Gehör haben und erschrecken, wenn lautes Donnern in ihre relativ stille Welt einbricht. Die Anhänger dieser Theorie machen bei Hunden mit Gewitterangst Hörtests, die mit Hilfe komplizierter elektrophysiologischer Methoden das gesamte Spektrum der Geräusche abdecken. Ich finde diese Hypothese nicht sehr überzeugend, weil sämtliche an Gewitterangst leidenden Hunde, mit denen ich es bisher zu tun hatte, sehr gut zu hören schienen. Bei der zweiten Theorie geht man vom genauen Gegenteil aus, nämlich von einem besonders scharfen Gehör der betroffenen Hunde, so daß der Donner ihnen unangenehm ist oder körperlich weh tut. Auch diese Theorie will mir nicht recht einleuchten, denn ich habe einmal drei Hunde behandelt, die Gewitterangst hatten, sich jedoch direkt vor einem Schlagzeug zusammenrollten und in aller Ruhe ein Schläfchen hielten, während der halbwüchsige Sohn des Hauses hinter ihnen seine Trommeln bearbeitete. Besonders lärmempfindlich kamen sie mir jedenfalls nicht vor.

Aber angenommen, das Gehör des Hundes ist normal, warum sollte gerade Donner für ihn derart problematisch sein? Möglicherweise ist es, wie beim Menschen, die Gewitteratmosphäre insgesamt, die die Angst hervorruft, wobei ja der Donner nur eine Komponente unter anderen ist. Wenn man in dieser Richtung noch etwas weiter geht, könnte es sogar sein, daß der Donner – ebenso wie Wind, Regen und der sich verdunkelnde Himmel – nur ein neutraler Reiz ist, der mit irgendeinem unangenehmen Ereignis verknüpft wird, das mit einem stürmischen Gewitter einhergeht. Im Widerspruch zu dieser Hypothese steht jedoch die Tatsache, daß manche Hundehalter angeben, ihr Hund habe nicht nur vor Donner Angst, sondern auch vor anderen lauten Geräuschen wie zum Beispiel Fehlzündungen von Autos oder dem Lärm, der beim Straßenbau entsteht. Sie meinen dann, daß das gleichzeitige Auftreten mehrerer Geräuschphobien ein Beweis für die besondere Lärmempfindlichkeit ihres Hundes sei. Aber bei allen mir bekannt gewordenen Hunden machte sich die Gewitterangst als erstes bemerkbar, lange bevor sie eine Überempfindlichkeit gegen irgendwelche anderen Geräusche entwickelten, und diese Geräusche hören sich, ohne daß die Phantasie allzu sehr bemüht werden muß, meistens auch wie Donner an.

Eine elementare Geräuschphobie, die also nur als Reaktion auf Geräusche auftritt, gibt es tatsächlich, aber sie ist nicht notwendig mit Gewitterangst verbunden. So kenne ich Hunde, die panische Angst vor Gewehrschüssen haben, während sie ein Gewitter völlig kalt läßt. Es gibt auch das Gegenstück dazu – Hunde mit Gewitterangst müssen keineswegs unbedingt auch vor Gewehrschüssen oder einem Feuerwerk Angst haben. Auch hier ist es wieder schwierig, genau herauszufinden, was im einzelnen in den betreffenden Hunden vorgeht.

Wegen meines großen Interesses am Thema Gewitterphobie freue ich mich immer, wenn ich mit einem weiteren Fall dieser Art in Berührung komme, weil ich dann untersuchen kann, in welchem Maß er neue Erkenntnisse liefert. Jedesmal wenn ich die Vorgeschichte eines Hundes aufnehme, habe ich das Gefühl, ich müßte dabei auf irgend etwas stoßen, was unser Verständnis des Phänomens ein Stück weiterbringt. Deshalb notiere ich mir die Entwicklung seines Verhaltens in allen Einzelheiten und versuche, keine Suggestivfragen zu stellen, um möglichst unbeeinflußte Antworten zu bekommen.

Vor einigen Jahren begegnete mir ein Fall, der mir besonders bemerkenswert erschien, da einige der Informationen, die mir die Hundebesitzerin gab, den Ausgangspunkt für Ideen bildeten, die sich schließlich zu einer neuen Sichtweise des Leidens verdichteten. Bei dem »Patienten« handelte es sich um eine siebenjährige kastrierte Deutsche Schäferhündin namens Sybil. Gleich zu Anfang wurde mir klar, daß Laureen Jackson, ihre Besitzerin, alles nur Erdenkliche tun würde, um ihrer Hündin zu helfen, die so etwas wie ein Kindersatz für sie war. Laureen gab an, daß Sybil gegenüber verschiedenen Wettererscheinungen, wie Gewitter, starkem Wind, Hagel und Schnee, eine extreme Phobie aufwies. Außerdem hatte sie Angst vor Flugzeuglärm und Sprengungen in Steinbrüchen. Daß Sybil sich bei Gewitter aufregte, war Laureen zum erstenmal aufgefallen, als die Hündin sieben Monate alt war. Damals beschränkte sich ihre Geräuschphobie ausschließlich auf Gewitter, die übrigen Ängste traten erst im Laufe der folgenden Jahre in Erscheinung. Ich fand es interessant, daß Sybil im gleichen jugendlichen Alter auch schon Anzeichen von Trennungsangst aufwies und auf Fremde etwas unsicher reagierte. Mit diesen drei Ängsten – vor Menschen, Sachen und Situationen – hatte Sybil alle Pfoten voll zu tun.

Sybils Gewitterphobie hatte im Sommer vor unserem Gespräch ihren Höhepunkt erreicht, als Laureen in ein anderes Haus gezogen war. Die bis dahin eher geringfügige Phobie eskalierte nach der Übersiedlung um ein Vielfaches. Das neue Haus lag auf einer stürmischen Anhöhe. Das Dach war extrem ausladend und mit speziellen geriffelten Ziegeln gedeckt, wodurch, besonders bei Nordostwind, eigenartige Heultöne zustande kamen. Laureen führte die plötzliche Verschlechterung von Sybils Gemütslage auf dieses akustische Phänomen zurück.

Es war Sybil deutlich anzusehen, in welch angegriffener Verfassung sie sich befand; schon der Aufenthalt in meinem Sprechzimmer war für sie dermaßen stressig, daß sie am Ende ihrer Kräfte war. Während der ganzen Zeit lief ihr der Speichel aus dem Maul, sie hechelte ohne Unterlaß und trabte ständig hin und her, als ginge in ebendiesem Moment ein Unwetter auf uns herab. Von mir hatte sie nur oberflächlich Notiz genommen, war aber immerhin eher freundlich gewesen; ganz offensichtlich sah sie in Laureen den Mittelpunkt des Universums. Sie ließ sich nicht die geringste Handbewegung ihrer Herrin entgehen und versuchte ständig, Blickkontakt mit ihr aufzunehmen; manchmal stellte sie sich auch direkt vor sie hin und pfötelte behutsam, um auf sich aufmerksam zu machen.

Laureen berichtete, daß das Verhalten der Hündin bei Gewittern immer extremer werde. Schon Stunden vor Ausbruch eines Unwetters fing Sybil an, unruhig hin und her zu laufen, zu hecheln und zu winseln, und weigerte sich, nur einen Augenblick lang allein gelassen zu werden. Wenn das Gewitter schließlich losbrach, war Sybil bereits völlig hysterisch und fing zu allem Überfluß auch noch an, in Strömen zu sabbern, manchmal auch, sich zu erbrechen und auf den Boden zu urinieren. Sie wies also

eine ziemlich schwere Form der Gewitterphobie auf.
Während eines Unwetters hatte Laureen die Hündin
eines Tages in einen großen Verschlag im Keller gesperrt,
um ihr den Anblick der Blitze und die mit dem Unwetter
verbundenen Geräusche zu ersparen. Sie war die ganze
Zeit bei dem Tier geblieben, nur einmal hatte sie den Keller kurz verlassen, weil sie sich oben im Haus um etwas
kümmern mußte. Um Sybil über ihre Abwesenheit hin-
wegzutrösten und das gedämpfte Donnergrollen zu übertönen, hatte sie solange das Radio eingeschaltet. Doch
bei ihrer Rückkehr bot sich ihr ein Anblick, als habe so-
eben der Kettensägemörder zugeschlagen. Sybil hatte auf
dem Betonfußboden gescharrt, bis ihr die Krallen abge-
brochen waren, und mit den Zähnen die Gitterstäbe des
Verschlags verbogen. Als es ihr gelungen war auszubrechen, war sie, an Maul und Pfoten blutend, wie verrückt
im Raum umhergesprungen und hatte weiter überall gescharrt, so daß alles voller Blutspuren war. Ein anderes
Mal war unerwartet ein Unwetter losgebrochen, als Sybil
sich gerade allein im Haus befand. In wilder Aufregung
hatte sie eine Tür aus Kirschbaumfurnier und die Wand
daneben derart beschädigt, daß ein Schaden von über
2000 Dollar entstanden war. Diese beiden Ereignisse hatten sich kurz vor Laureens Gesprächstermin in unserer
Tierklinik abgespielt.

Laureen hatte bereits eine Reihe von Maßnahmen ausprobiert, bevor sie zu mir kam. Sie hatte es mit Ausschimpfen versucht, was aber Sybils Ängstlichkeit nur
noch zu verstärken schien. Sie hatte sie in einem fenster-
losen Raum im Keller untergebracht, wobei sie das eine
Mal in einer Hundebox eingesperrt war, das andere Mal
frei herumlaufen konnte, und sie hatte zwei verschiedene
Tranquilizer erprobt, die ihr der Tierarzt empfohlen hatte,

aber beide hatten nichts bewirkt; einer hatte vielmehr dazu geführt, daß die Hündin sich nicht mehr sicher auf den Beinen halten konnte. Das einzige, was Sybil etwas zu helfen schien, war der Aufenthalt im Kellergeschoß, sofern Laureen dicht in ihrer Nähe blieb. Selbst wenn draußen alles ruhig war, lief Sybil die ganze Nacht winselnd im oben gelegenen Schlafzimmer hin und her, bis ihre Herrin schließlich mit ihr in den Keller ging und sich dort mit ihr schlafen legte. Wahrscheinlich wollte Sybil kein Risiko mehr eingehen. Zu guter Letzt hatte Laureen ihren Widerstand endgültig aufgegeben und sich angewöhnt, auf einer Couch im Keller zu schlafen, Sybils Leine in der Hand. Dies schien zwar Sybil Erleichterung zu bringen, doch stieß diese Methode auf wenig Gegenliebe bei Laureens Ehemann, der zum Zeitpunkt unseres Gesprächs bereits seit sechs Monaten nachts nicht mehr viel von seiner Frau gesehen hatte.

Laureen beschrieb mir aber auch ein möglicherweise aufschlußreiches Phänomen, das neben dem Japsen, Umherlaufen und Beachtungheischen bei Gewittern auftrat. Sybil versuchte nämlich verschiedentlich, vor einem heraufziehenden Gewitter in das Waschbecken, die Badewanne oder die Duschkabine zu gelangen. Laureen fragte mich, ob ich eine Erklärung für dies seltsame Verhalten hätte. Mir fiel dazu nur der Rückzug in eine Höhle – meist zum Winterschlaf – ein sowie die Neigung von Hunden, in Krisensituationen irgendwelche kleinen nischenartigen Räume aufzusuchen, doch ich hielt das noch nicht für des Rätsels Lösung. Ich registrierte das exzentrische Verhalten, um weiter darüber nachzudenken, und einen Behandlungsplan für Sybil zu entwerfen.

Normalerweise werden Ängste und Phobien behandelt, indem man das Tier vorsichtig dem angsterzeugenden Reiz wieder aussetzt, wobei es sich im Fall der Gewitterangst – so meint man – um die damit verbundenen Geräusche handelt, insbesondere das Donnern. Zu diesem Zweck kann der Hundehalter eine selbsthergestellte Tonbandaufnahme eines Unwetters oder käufliche Bänder oder CDs mit Gewittergeräuschen (mit oder ohne Musik) benutzen. In jedem Fall müssen die Aufnahmen gut genug sein, um den Hund zu täuschen. Deshalb muß man als erstes ausprobieren, ob sie die Angstreaktion überhaupt hervorrufen, denn wenn dies nicht der Fall ist, kann man sich das ganze Desensibilisierungstraining von vornherein sparen.

Die Verhaltensmodifikation beginnt damit, daß man mit dem Hund übt, Gewittergeräusche auf niedrigster Lautstärke auszuhalten. Dies geschieht in der Form, daß man – während die Geräusche ertönen – mit dem Hund irgendeines seiner Lieblingsspiele spielt oder ihm beibringt, sich zu setzen (und sitzen zu bleiben!), was mit einem Leckerbissen belohnt wird. Wenn der Hund keine Zeichen der Beunruhigung mehr aufweist, wird die Lautstärke ein bißchen höher eingestellt, und das Ganze geht wieder von vorn los – und so weiter und so fort. In jeder Phase des Trainings wird der Hund stets belohnt, wenn er ruhig bleibt und gehorcht. Ein ganz wesentlicher Punkt ist allerdings, daß der Hund im Laufe des Umerziehungsprozesses zu keiner Zeit dem Reiz in voller Lautstärke ausgesetzt wird, denn dies würde alles bis dahin Erreichte wieder zunichte machen. Unglücklicherweise heißt dies auch, daß der Hund während des Desensibilisierungsprogramms kein echtes Gewitter erleben darf. Aus diesem Grund funktionieren solche Programme nur in der gewitterfreien Jahreszeit. Zum Glück hatten wir diese gerade, so daß ich Laureen empfahl, sogleich mit diesem Programm zu beginnen. Ich betonte, wie wichtig es sei, daß Sybil in keiner Phase des Programms einen Schrecken bekäme und wieder in ihren Angstzustand verfiele, und riet Laureen, Geduld zu üben und sich darauf einzustellen, daß es nur langsam vorangehen würde. Beim geringsten Anzeichen von Widerwillen sollte sie die Lautstärke auf die vorherige Höhe zurücknehmen und dann fortfahren. Ich wies sie auch auf ein weiteres wichtiges Detail des Programms hin, daß nämlich das Training an verschiedenen Stellen im Haus stattfinden müsse, um das sogenannte »ortsgebundene Lernen« zu vermeiden. Es mag sich zwar komisch anhören, aber bei einem Hund, der immer nur an demselben Platz im Haus desensibilisiert wird, können jederzeit die alten Ängste wieder durchbrechen, wenn er dem angsterregenden Reiz an anderen Orten ausgesetzt wird.

Bevor ich das Thema der verhaltensmodifizierenden Therapie endgültig abschloß, erklärte ich Laureen noch, was sie im Fall eines echten Gewitters tun sollte (das Wetter in Neuengland ist nämlich besonders wechselhaft, und selbst mitten im Januar kann es Unwetter geben). Mir ging es dabei insbesondere um die Signale, die sich während eines Gewitters von ihr auf Sybil übertragen konnten. Im wesentlichen riet ich ihr, Zuversicht auszustrahlen, statt ständig um Sybil besorgt zu sein, und sie durch ihr Vorbild vom Gewitter abzulenken. Wenn sich der Hundehalter während eines Unwetters besorgt zeigt, und sei es nur um das Wohl des Hundes, dann richtet sich der Hund danach und wird nur um so ängstlicher. Einem verängstigten Hund beruhigend zuzusprechen, ihn zu loben und zu streicheln ist das Schlimmste, was man machen kann. Es ist viel besser, dem Hund einen klaren Befehl zu geben wie »Komm!« und »Sitz!« oder auch irgendein Spiel mit ihm zu veranstalten, als das verunsicherte Tier zu trösten. Wenn ein Hund sieht, daß sein Herr sich keine Sorgen macht, wird er selbst auch sicherer – der tapfere Rudelführer stärkt ihm den Rücken.

Außerdem trug ich Laureen auf, Sybils Selbstvertrauen in der gewitterfreien Zeit gezielt durch Erfolgserlebnisse zu stärken (zum Beispiel indem sie sie beim »Tauziehen« gewinnen ließ), und legte ihr nahe, in Zukunft eine etwas nüchternere Haltung gegenüber ihrer Hündin einzunehmen. Unter der Voraussetzung, daß es Laureen gelänge, alle Facetten des Desensibilisierungsprogramms zu meistern und im Umgang mit Sybil Zuversicht auszustrahlen, sollte – so meine Vorhersage – eine annehmbare Verbesserung von Sybils Zustand zu erreichen sein, zumindest bis es wieder häufiger Gewitter geben würde.

Hier angelangt, ging ich auf die größte Schwachstelle der Desensibilisierung gegen Gewitterangst ein – den Rückfall. Auch wenn ein Hund bei den Übungssitzungen lernen kann, Sturmgeräusche von ohrenbetäubenden Ausmaßen auszuhalten, besteht weiterhin die Möglichkeit, daß er, sobald ein echtes Gewitter aufzieht, wieder in sein altes Verhalten zurückfällt und alle Mühe umsonst war. Ich habe hierüber schon mit einer Reihe von anderen Verhaltenskundlern gesprochen, und alle waren übereinstimmend der Meinung, daß Desensibilisierungsprogramme, so effektiv sie bei fast allen anderen Ängsten sind, bei einer schweren Gewitterphobie als Behandlungsmethode nicht ausreichen. Ich hege deshalb den Verdacht, daß noch irgend etwas anderes dahintersteckt.

Einer der von mir angesprochenen Spezialisten war der Meinung, daß die Veränderung des Luftdrucks eine Rolle spielen könnte. Das erscheint mir durchaus plausibel und würde auch erklären, warum Hunde das Herannahen eines Unwetters spüren, auch wenn es noch weit entfernt ist. Manche Hunde beginnen ja bereits Stunden vor dem Aufzug der Gewitterwolken mit dem Keuchen und Hinundherlaufen, während wir mit unseren Sinnesorganen noch keinerlei atmosphärische Veränderungen wahrnehmen. Diese scheinbar hellseherischen Fähigkeiten könnten also etwas mit dem Luftdruck oder irgendwelchen anderen Faktoren zu tun haben, sie könnten aber auch auf die bessere sensorische Ausstattung der Hunde zurückzuführen sein.

Da ich in diesem Fall nicht davon überzeugt war, daß wir allein mit der Desensibilisierungsmethode weiterkommen würden, und da außerdem das Leiden bei Sybil besonders ausgeprägt auftrat, beschloß ich, zusätzlich zu der verhaltensmodifizierenden Therapie eine pharmakologische Behandlung zu empfehlen. Ich wählte Bespar, ein starkes angstreduzierendes Medikament, das zu einer neuen Gruppe von »smart drugs« zählt. Diese Drogen werden so genannt, weil sie ganz bestimmte Rezeptoren im Gehirn anvisieren, relativ eindeutige Effekte im Verhalten hervorrufen und nur geringe Nebenwirkungen haben. Ich hatte mit Bespar bereits mehrmals gute Erfahrungen bei der Behandlung von Gewitterangst gemacht, den Fall meines allerersten Gewitterhunds eingeschlossen, der fast ausschließlich medikamentös behandelt wurde. Ich machte mir allerdings Gedanken wegen der damit verbundenen Kosten, denn bei einem so großen Hund wie Sybil kann es schnell teuer werden, doch spielte diese Frage für Laureen Jackson anscheinend keine Rolle. Sie erklärte sich mit einer zusätzlichen medikamentösen Behandlung einverstanden, und Sybil erhielt von nun an Bespar, anfänglich in relativ niedriger Dosierung. Ich wies vorsorglich darauf hin, daß es ein bis zwei

Wochen dauern würde, bis das Medikament seine volle Wirkung entfaltete, und forderte Laureen auf, regelmäßig von sich hören zu lassen.

Als wir eine Woche später wieder miteinander sprachen, konnte sie mir von einer leichten Besserung Sybils berichten. Im Hause sei sie nicht mehr ganz so nervös, und manches, was sie früher erschreckt habe, scheine sie nicht mehr ganz so zu beunruhigen. Das Wetter war in der Zwischenzeit nicht sehr gut gewesen; schwere Regenfälle und starke Böen hatten dazu geführt, daß Sybil mehrmals in anhaltendes Bellen verfallen war, einmal sogar 40 Minuten lang. Doch dank des erwähnten leichten Aufwärtstrends hatte ich den Eindruck, daß wir den richtigen Weg eingeschlagen hatten, und im übrigen dauerte es ja noch eine Weile, bis sich die volle Wirkung des Medikaments aufgebaut haben würde.

Eine weitere Woche später konnte sich Laureen vor Begeisterung kaum fassen: Sybil ließ sich weder von Fluglärm noch von mittelstarken Windgeräuschen mehr irritieren, nur sehr starker Wind war nach wie vor problematisch. Zum erstenmal nach einem halben Jahr hatte Laureen – auch zur Freude ihres Mannes – wieder oben übernachten können. Allem Anschein nach ließ sich die Sache gut an.

In den folgenden Wochen ging es ein bißchen auf und ab, manchmal gab es Rückschläge wegen eines Gewitters, dann wieder gute Phasen, in denen Sybil so ruhig und entspannt war wie nie zuvor. Doch einmal war sie während eines Gewitters wieder ins Waschbecken gesprungen, von dort auf die Waschmaschine und den Trockner, bis sie schließlich in der Badewanne landete. Mir war immer noch nicht klar, was das bedeuten sollte, obwohl ich immer wieder darüber nachgrübelte.

Einige Wochen später, nach einer Erhöhung der Medikamentendosis und weiteren Ratschlägen zum Verhalten bei Gewittern, war Sybil ein neuer Hund geworden. Sie spielte mitten in einem Sturm mit ihrem Tennisball, und auch die Geräusche von Wind und Regen stellten für sie kein Problem mehr dar. Alle waren entzückt von dieser Entwicklung. Doch als ich mich gerade triumphierend zurücklehnen wollte, erlitt Sybil während eines besonders heftigen Gewitters einen Rückfall.

Noch während es heraufzog, war sie überhaupt nicht nervös gewesen, sondern hatte trotz des in der Ferne grollenden Donners einen ganz entspannten Eindruck gemacht. Doch als es plötzlich direkt über dem Haus einen gewaltigen Donnerschlag gab, war sie völlig aus dem Häuschen geraten und hatte sich keuchend und japsend zu ihrer Herrin geflüchtet. Laureen brachte sie sofort in den Keller und verhielt sich wie besprochen. Obwohl Sybil offensichtlich völlig verstört war, ging es ihr immer noch besser als vor Beginn der Behandlung; sie konnte trotz ihres Zustands Leckerbissen annehmen und zeigte ein paarmal auch Interesse an ihrem Tennisball. Ohne Zweifel hatte sie große Fortschritte gemacht, und Laureen freute sich darüber.

Dieser Fall hat mich einiges Neue gelehrt, aber er hat auch Fragen aufgeworfen. Anscheinend spielten noch weitere Faktoren eine Rolle, nur wußte ich nicht, welche.

Kurze Zeit darauf sprach ich bei einer Fachtagung mit einer Kollegin, die sich gerade mit der Erforschung der Gewitterphobie beschäftigte, wobei sie einen Gewittersimulationstank benutzte. Ich ergriff die günstige Gelegenheit, um möglicherweise Neues über die Behandlung der Gewitterangst zu erfahren. Da die Zeit knapp war, kam ich gleich zur Sache.

»Angenommen, Sie haben einen Hund mit schwerer Gewitterphobie vor sich und Ihnen stehen alle erdenklichen Behandlungsmöglichkeiten offen – können Sie den Hund heilen?«

Sie dachte einen Moment nach und erwiderte dann: »Nein, ich glaube nicht.«

Bei dieser Antwort spürte ich eine gewisse Genugtuung. Ich war also nicht allein mit meinen Erfahrungen: Ich vermochte bei den betroffenen Hunden zwar eine spürbare Besserung zu erreichen, doch eine völlige Heilung lag außerhalb meiner Möglichkeiten, jedenfalls in besonders schweren Fällen.

Im Laufe der nächsten Wochen und Monate wurde ich mit weiteren Fällen von Gewitterphobie konfrontiert und durchforstete die Krankengeschichten solcher Hunde. Ich fand mich dabei in meiner Ansicht bestätigt, daß diese Tiere gut hören und nicht geräuschempfindlich sind; allerdings fiel mir auf, daß immer wieder dasselbe Thema auftauchte – die Faszination, welche von Waschbecken, Duschen, Whirlpools, Badewannen und sonstigen Orten, die etwas mit Wasser zu tun haben, ausgeht. Es schien ganz so, als ob die betreffenden Hunde sich während eines Gewitters in lebende Wünschelruten verwandelten und Wasser in allen in Wohngebäuden üblichen Formen ausfindig machten. Mir ist keine andere angsterregende Situation bekannt, die ähnliche Reaktionen hervorruft. Warum also gerade ein Gewitter? Warum sucht sich ein 40 Kilo schwerer Deutscher Schäferhund während eines Gewitters ausgerechnet ein Waschbecken als Sitzplatz aus? Von allem anderen einmal abgesehen, wirkt das zumindest komisch. Im übrigen springt nicht jeder dieser Hunde auf oder in die sanitären Einrichtungen; manche wollen ganz einfach nur ins Badezimmer. Es gibt auch Hunde, die sich hinter die Röhren quetschen, die zum Wasserkasten der Toilette führen, und in einem Fall berichtete eine Frau, daß ihr Hund in den Garten lief und sich in das knöchelhohe Wasser im Kinderplanschbecken stellte.

Ich dachte einige Zeit über dieses Phänomen nach, und schließlich rief ich Morgan Long an, einen befreundeten Tierarzt, der mir vielleicht weiterhelfen konnte. Morgan hatte sich nämlich viel mit Elektrizität befaßt, und ich vermutete, daß diese hier irgendwie mit hineinspielte.

»Was haben diese Hunde nur, Morgan?« wollte ich wissen. »Warum hält ein Hund mit einer Gewitterphobie nach Wasser oder irgendwelchen sanitären Einrichtungen Ausschau, sobald es donnert?«

»Hast du jemals über die elektrischen Eigenschaften dieser Sachen nachgedacht?«

»Nicht so richtig«, mußte ich ihm gestehen.

»Ein Waschbecken zum Beispiel«, fuhr er fort, »wird normalerweise durch Metallrohre gespeist und dient deshalb als Erdung. Es ist wahrscheinlich eine der besten Erdungen in einem Haus«, fügte er noch hinzu. »Ein Hund, der mit den Metallteilen der Installationsarmaturen Berührung hat, wozu auch das Wasserrohr zählt, ist auf diese Weise geerdet und kann eventuelle elektrostatische Spannungen abfließen lassen.«

»Ja, ich verstehe«, überlegte ich. »Du willst sagen, daß ein Hund vermeiden könnte, sich elektrisch aufzuladen, indem er irgendwelche Installationen berührt.«

»Genau«, stimmte er mir zu. »Denk mal an den Schlag, den du bekommen kannst, wenn du aus dem Auto steigst und den Türgriff anfaßt – der Wagen ist elektrisch aufgeladen, und je nachdem, was für Schuhe du trägst, bist du die Erdung. Du kannst ganz schön einen gewischt kriegen. Wenn du in einem Waschbecken statt im Auto herumfahren würdest, würde dir das nicht passieren«, setzte er scherzhaft hinzu. »Aber im Ernst, ich glaube, daß manche Hunde deshalb nicht gern Auto fahren, weil sie beim Aussteigen einen Schlag bekommen. Ich habe einigen Hundehaltern als Mittel gegen die Autophobie diese nachschleifenden antistatischen Bänder hinten am Wagen anbringen lassen, und bei etwa der Hälfte der Hunde war die Sache damit aus der Welt.«

»Toll!« sagte ich. »Das solltest du mal veröffentlichen, damit das auch andere mitbekommen. Die Idee scheint wirklich gut zu sein. Aber zurück zu den Hunden mit der Gewitterangst. Ich denke mir, daß sie sich nur elektrostatisch aufladen können, wenn die Oberfläche, auf der sie laufen, isoliert ist.«

»Das stimmt«, sagte Morgan. »Zum einen bilden ihre Sohlenballen ziemlich gute elektrische Widerstände, und zum anderen sind nichtleitende Fußböden auch nicht gerade selten.«

»Vielleicht sollten wir ihre Pfoten mit einem antistatischen Spray einsprühen«, witzelte ich. Dann dämmerte mir, daß dies vielleicht gar keine so schlechte Idee wäre.

»Und wie wäre es, wenn man diese Hunde auf einen leitenden Fußboden brächte?« sagte Morgan. »Vielleicht auf einen nassen.«

»Oder ihnen ein Kettenhalsband anlegte und ein Ende der Kette auf dem Boden schleifen ließe, damit die elektrische Ladung abfließen kann?« warf ich ein.

»Das oder auch beides«, sagte Morgan.

Wir sprachen noch eine Weile darüber und überlegten, wie wir die neue Theorie erhärten könnten. Könnten wir Hunde mit statischer Elektrizität aufladen und beobachten, ob sie ängstlich werden? Das schien allerdings kaum praktikabel zu sein, selbst nach intensiven Gesprächen mit den Leuten von MIT (Massachusetts Institute of Technology). Oder konnten wir irgend etwas herausfinden, wenn wir verhinderten, daß Hunde mit Gewitterangst mit elektrostatischer Energie in Berührung kamen, und dann beobachten, ob sie anders reagierten? Letzteres würde sich allerdings wohl nicht sofort beantworten lassen, weil die Hunde einige Zeit brauchen würden, bis sie begriffen hätten, daß Gewitter mitsamt den dazugehörigen gefürchteten Sekundärerscheinungen nicht mehr mit einem unangenehmen Erlebnis verbunden waren. Theoretisch würde dies etwa ebensolang dauern wie ein erfolgreiches Desensibilisierungsprogramm während der gewitterfreien Jahreszeit.

Indem wir über diese Theorie diskutierten, drängten sich uns weitere Fragen auf. Ist die Bildung eines elektrostatischen Feldes unbedingt etwas Unangenehmes? Oder hat das Problem seinen Ursprung in den regelmäßigen Elektroschocks, die Hunde während eines Gewitters abbekommen? Wir hatten beide keine Antwort darauf und wußten auch nicht genau, auf welche Weise man das überprüfen sollte.

Auf jeden Fall aber rief ich bei Laureen an und befragte sie nach den Fußbodenbelägen ihres Hauses. Ihre Auskünfte fügten sich nahtlos in die im Entstehen begriffene Theorie ein. In ihrem früheren Haus hatten keine Teppiche gelegen, und der Boden hatte wahrscheinlich geleitet. In ihrem neuen Heim dagegen hatte das Obergeschoß Teppichböden, das Erdgeschoß Natursteinplatten und der Keller einen Betonboden. Sofern die Elektrostatik bei der Gewitterphobie eine Rolle spielte, war es also kein Wunder, daß Sybil eine Aversion gegen das Obergeschoß ihres neuen Zuhauses entwickelt hatte.

Das Rätsel der Gewitterphobie ging mir auch in den folgenden Wochen nicht mehr aus dem Kopf. Eines Tages besuchte ich mit meinen Kindern das Naturwissenschaftliche Museum in Boston, wo wir u. a. auch in die »Blitz-Show« gingen. Es handelt sich dabei um eine spektakuläre Vorführung, bei der die Besucher auf unterhaltsame Art etwas über Elektrizität und das Phänomen der Blitze erfahren können. Im Mittelpunkt der Show steht der originale Van-de-Graaff-Generator, den Van de Graaff selbst entworfen und gebaut hat. Der gigantische Generator ist etwa 25 Meter hoch und besteht aus großen und kleinen kugelförmigen Körpern, die mit Metall ummantelt sind und auf Säulen ruhen. Vormals diente er dazu, statische Elektrizität in Höhe von Millionen Volt zur Herstellung von Isotopen zu erzeugen, die für die Krebsbehandlung gebraucht wurden. An seinem heutigen Standort in einem eigens dafür erbauten Auditorium im Naturwissenschaftlichen Museum stellt der Generator zugleich ein Denkmal für die Wissenschaftspioniere der Vergangenheit dar. Meine Kinder und ich sahen beeindruckt zu, wie während der Vorführung zwischen den großen und kleinen Kugeln, begleitet von donnerähnlichem Krachen, elektrische Überschläge erfolgten. Ein hochinteressanter Vortrag erläuterte die Darbietung, die aus Sicherheitsgründen in einem Faradayschen Käfig stattfindet, einem riesigen Gebilde, das wie ein Vogelbauer aussieht.

Nach der Show ging ich nach vorn zu Ken Pawley, dem Versuchsleiter, und unterhielt mich eine Zeitlang mit ihm über elektrische Felder und statische Elektrizität, wobei ich auch den Grund meiner Neugier erwähnte. Mr. Pawley war sehr zuvorkommend und sagte, er würde mir gern bei meinem Vorhaben helfen. Ich brauche wohl kaum zu erwähnen, daß ich ihn sofort beim Wort nahm und ihm schon ein paar Tage später in allen Einzelheiten von den Hunden und meiner Elektrizitätstheorie berichtete. Ken war einverstanden, gemeinsam mit mir ein Experiment mit Hilfe des Generators durchzuführen, vorausgesetzt natürlich, daß die Museumsleitung einverstanden war. Um es grob zu skizzieren, beabsichtigten wir, einige Hunde mit Gewitterangst zum Van-de-Graaff-Generator zu bringen, also in den Faradayschen Käfig hinein, und sie beim Betreten des elektrischen Felds zu filmen, um ihre eventuellen Reaktionen aufzuzeichnen. Selbstverständlich wollte ich die ganze Zeit bei den Hunden bleiben, denn ich würde niemals einen Hund irgendeiner Erfahrung aussetzen, der ich mich nicht auch selbst aussetze. Auf diese Weise würde ich auch Pulsschlag und Atemfrequenz der Hunde aufzeichnen können, um objektive Meßdaten der Angstreaktion zu gewinnen.

Als erstes mußte ich die Versuchsanordnung schriftlich ausarbeiten und bei der Leitung des Naturwissenschaftlichen Museums zur Genehmigung einreichen. Außerdem mußten wir eine befriedigende Einverständniserklärung für die Hundehalter entwerfen, da wir ihre Hunde sonst nicht für die Studie benutzen konnten. Beides wurde in Rekordzeit erledigt, und wenig später stand ich eines Morgens um sieben Uhr mit der Kamera in der Hand im Foyer des Museums und erwartete den ersten freiwilligen Patienten und seine ängstlichen Besitzer. Ich hatte auch Dr. Lou Shuster, meinen Freund und Kollegen von der Medizinischen Abteilung der Tufts-Universität, benachrichtigt. Lou, der sich lebhaft für das Projekt interessierte, wollte mir beim Sammeln der Meßdaten zur Hand gehen.

Ken führte uns in das spärlich beleuchtete Auditorium hinunter; nachdem er in das Kontrollcockpit geklettert war, aktivierte er die Rotoren in den Kugeln, damit die Elektronen in Fluß kamen. Beim erstenmal isolierte er die Kugeln nicht gegen den Boden, so daß sich keine elektrische Ladung aufbaute. Dies war im Grunde ein Probelauf oder Kontrolldurchgang, um festzustellen, wie der Hund auf die Umgebung und das Hintergrundgeräusch reagierte, noch ohne die statische Komponente. Als Resultat dieses Durchgangs hielten wir fest, daß das Verhalten des Hundes sich nicht änderte; auch Puls und Atmung blieben gleich. Nach einer kurzen Pause wiederholten wir den Vorgang, wobei diesmal ein statisches Feld von etwa 400 000 Volt aufgebaut wurde. Ich konnte die Auswirkung des elektrischen Feldes durchaus spüren, aber ich kann nicht behaupten, daß es mir unangenehm war. Ich fühlte ein leichtes Prickeln, und mir standen die Haare zu Berge, so daß ich wie eine Sonnenblume aussah. Plötzlich schoß mir durch den Kopf, welch bizarrer Anblick sich unseren Zuschauern bot – der sprichwörtliche verrückte Wissenschaftler und ein Hund in einem überdimensionierten »Vogelkäfig«, die einer statischen Elektrizität von fast einer halben Million Volt ausgesetzt waren. Wirkte das nicht eher wie eine Szene aus »Dr. Who« als das seriöse Experiment, das es schließlich war?

Obwohl der Hund sich sträubte, als er das elektrische Feld betrat, verfiel er nicht in eine komplette Gewittermanie samt hektischem Umhertraben und Keuchen. Daß er nicht weiterwollte, zeigte, daß er das elektrische Feld spürte, aber statt noch ängstlicher zu werden, schien er sich zu beruhigen. Es war wirklich rätselhaft. Wenigstens hatten wir bewiesen, daß allein die Tatsache, einem elektrischem Feld ausgesetzt zu sein, noch keine abstoßende Erfahrung war. In zukünftigen Versuchen will ich sowohl den Menschen als auch den Hund (in dieser Reihenfolge!) erden, um sie dann einem Feld mit niedriger Frequenz auszusetzen. Dies hat mehr Ähnlichkeit mit dem, was sich tatsächlich während eines elektrischen Sturms abspielt. Vielleicht können wir auf diese Weise der exakten Ursache dieser komplizierten Phobie auf die Spur kommen.

Falls die kleinen elektrischen Schläge, die die Hunde während eines Unwetters bekommen, die Hauptursache der Gewitterphobie sein sollten, würde das auch den geringen Erfolg von Desensibilisierungsprogrammen, die sich gegen den vom Donner verursachten Lärm richten, erklären. Ebenso wäre dies auch eine Erklärung dafür, warum die Behandlung mit angstreduzierenden Medikamenten nur teilweise anschlägt und warum sich leitende Bodenbeläge und Badinstallationen während eines Gewitters solcher Beliebtheit bei Hunden erfreuen. Vermutlich finden sie diese sicheren Orte durch Herumprobieren heraus, ähnlich wie die Ratten in dem klassischen Test, bei dem es um konditioniertes Vermeidungsverhalten geht. In diesem Test wird der Käfig vom Experimentator so eingerichtet, daß durch den Metallboden kleine elektrische Schläge verabreicht werden, es aber auch einen sicheren Ort – meistens ein Podest oder Sims – gibt, wo die Ratten davor verschont bleiben. Eine Ratte lernt schnell, an welcher Stelle des Käfigs sie sicher ist.

Zur Bestätigung der Elektrizitätstheorie der Gewitterphobie kann ich außerdem noch anführen, daß mir bereits zwei Hundehalter berichtet haben, sie bekämen einen Schlag, wenn sie ihren Hund während eines Gewitters berührten. Und daß bei texanischen Langhornrindern gelegentlich während eines Gewitters eine grünlich leuchtende, flackernde elektrische Entladung um die Spitzen ihrer Hörner zu beobachten ist. Dieses Phänomen einer elektrostatischen Entladung an den scharfen Spitzen der Kuh-hörner wird auch als Elmsfeuer bezeichnet. (Es läßt sich überdies an den Mastspitzen von Segelbooten beobachten sowie rund um die Fenster und Tragflächen von Flugzeu-gen.) Die Rinder erwähne ich hier nur, weil damit wenig-stens eine andere Tierart bekannt ist, die sich während eines Gewitters elektrostatisch auflädt.

Ich wurde mir meiner Elektrizitätstheorie immer siche-rer und suchte deshalb nach einer eventuellen Ausnahme von der Regel. Darum wurde ich sehr neugierig, als ich in dem Buch »The Hidden Life of Dogs« von Elizabeth Marshall-Thomas las, daß einer ihrer Huskies sich hinter die Wasserrohre im Badezimmer gezwängt hatte, als in ihr Apartment in Cambridge eingebrochen wurde. Frau Marshall-Thomas führte die Angst des Hundes auf den Einbruch zurück und ging davon aus, daß der Hund nach irgendeinem kleinen, höhlenartigen Platz gesucht hatte, wo er sich verstecken konnte. Natürlich griff ich sogleich zum Hörer und fragte sie, ob ihr Hund vielleicht eine Gewitterphobie gehabt habe. Sie überlegte kurz und er-widerte dann: »Doch, genau. Jetzt fällt es mir wieder ein – er hatte eine panische Angst vor Gewittern.« Ich stieß einen Seufzer der Erleichterung aus.

Die logischste Art, einer Gewitterphobie beizukom-men, ist die Kombination eines Desensibilisierungspro-gramms mit Maßnahmen, die eine elektrostatische Auf-ladung verhindern. Und ich habe vor, die nächsten Fälle, die in unsere Klinik kommen, auf diese Weise zu behan-deln. Irgendwann werde ich auch soweit sein, die Be-handlung mit und ohne Erdung miteinander vergleichen zu können. Bis dahin bleibt meine Theorie nur eine Theorie, aber ich meine, es ist eine gute – denn sie erklärt, was wir sehen.

Gewitterphobie

Anzeichen: Angstreaktionen (das Tier sucht die Nähe seines Herrn, hechelt, trabt hin und her und sondert vermehrt Speichel ab). Die betroffenen Hunde haben oft Angst vor einzelnen Erscheinungen des Gewitters (z. B. Verdüsterung des Himmels, Windgeräusche, Regen usw.) und vor donnerähnlichen Geräuschen (Überschallknall von Flugzeugen, Sprengungen, Fehlzündungen bei Autos etc.)

Behandlung

1. Systematische Desensibilisierung und Gegenkonditionierung mit Hilfe von Gewittergeräuschen auf Tonträgern können bei geringfügig betroffenen Hunden lindernd wirken und sollten ein fester Bestandteil jedes Umerziehungsprogramms sein; bei mittelschwer oder sehr schwer betroffenen Hunden besteht jedoch kaum Aussicht, daß dies allein ausreicht.

2. Maßnahmen zur Verhinderung einer elektrischen Aufladung können vorbeugend wirken und als Bestandteil eines Desensibilisierungsprogramms nützlich sein.

3. Eine Behandlung mit angstreduzierenden Medikamenten wie Bespar ist sehr nützlich, besonders bei extrem betroffenen Hunden.

Kapitel 8

»Und wenn ich alt und zahnlos bin?«

Die meisten Hunde, die wegen Verhaltensproblemen in unsere Klinik kommen, sind jünger als drei Jahre. Manche Probleme sind einfach nur eine Frage der Erziehung, insbesondere wenn es sich um sehr junge Hunde handelt. Vor lauter Lebenslust tanzen sie bellend im Kreis um ihre nichtsahnenden Besitzer herum, springen jeden an, knabbern an allem herum und stellen auch sonst allerlei an, was Tierkindern eben so einfällt – doch leider nicht immer bei passender Gelegenheit. Eine etwas heimtückischere Art von Verhaltensproblemen zeigt sich im Alter von sechs Monaten bis zu drei Jahren, also bei jungen, adoleszenten und gerade ausgewachsenen Hunden. Dabei geht es vor allem um aggressives Verhalten gegenüber dem Besitzer, um Angst vor bestimmten Menschen (mit oder ohne Aggression) manchmal auch um situationsbedingte Ängste wie Trennungsangst. Im Alter von drei bis neun Jahren treten die meisten dieser Probleme dann seltener und nur vereinzelt auf (mit Ausnahme der Gewitterphobie, die sich anscheinend in der Mitte dieses Zeitraums plötzlich verschlimmert). Wenn Hunde neun oder zehn Jahre alt sind, haben sich die meisten Besitzer daran gewöhnt, sie so zu nehmen, wie sie nun einmal sind, und tolerieren ihre Eigenheiten oder wissen damit umzugehen. Doch in dieser Altersgruppe können neue Verhaltensprobleme auftreten, die im allgemeinen mit dem fortgeschrittenen Alter in Zusammenhang stehen. Ein geriatrisches Syndrom, für das ich mich besonders interessiert habe, bezeichne ich als geriatrische bzw. späte Trennungsangst. Es ist ein faszinierendes Syndrom mit vielfältigen Ursachen und tritt am häufigsten als nächtliche Unruhe in Erscheinung. Glücklicherweise lassen sich die meisten der betroffenen Hunde recht erfolgreich behandeln und fühlen sich schnell wieder wohler.

Typisch für die geriatrische Trennungsangst ist das unvermittelte Auftreten starker Angst bei einem älteren Hund, besonders in der Nacht; seine Eigentümer bekommen keinen Schlaf mehr, weil das Tier ständig herumläuft und hechelnd und pfötelnd um Zuwendung bettelt. Eigenartigerweise sind die betroffenen Hunde untertags relativ normal, wenn auch bei manchen Angstanfälle auftreten können, sobald sie von ihren Besitzern getrennt werden (klassische Trennungsangst). Hunde mit geriatrischer Trennungsangst betrachten den Schlaf ihres Herrn anscheinend als eine Art Trennung, was ähnliche Folgen nach sich zieht wie andere angstbedingte Leiden, etwa die Gewitterphobie. Die betroffenen Hunde waren in der Mehrzahl schon immer etwas nervös oder ängstlich, vielleicht auch, weil sie an einer Borderline-Trennungsangst litten, hatten aber bisher nie das vollausgebildete Syndrom entwickelt. Fraglich ist also, aus welchem Grund sich dieses Problem in fortgeschrittenem Alter plötzlich derartig verschlimmert.

Der erste Fall dieser Art begegnete mir in Tufts auf Grund einer Überweisung durch unseren klinikeigenen medizinischen Dienst. Der Eigentümer eines alternden Afghanen hatte sich an unsere Internisten gewandt, weil sein Hund zunehmend an nächtlichen Angstzuständen litt, bei denen er sehr oft Laut gab, hechelte, herumtrabte und Zuwendung forderte. Die Fachleute untersuchten den Hund mehrmals und unternahmen alle möglichen komplizierten Blutuntersuchungen, aber sie konnten nichts medizinisch Relevantes feststellen. Ich selbst wurde erst nachträglich hinzugezogen, mehr in meiner Eigenschaft als Pharmakologe denn als Verhaltenskundler. Ich sollte irgendein Beruhigungsmittel verschreiben, damit das arme Tier nicht mehr so litt und seine Besitzer wieder in Ruhe schlafen konnten. Wie gewünscht, verschrieb ich Bespar, ein leichtes angstreduzierendes Medikament, das auch recht gut wirkte. Der Hund verhielt sich nachts nun viel ruhiger und machte auch tagsüber einen entspannteren Eindruck. Alle konnten wieder schlafen, und selbst beim Hundehalter nahmen die Ängste beträchtlich ab. Trotzdem war ich der Meinung, daß noch etwas anderes dahintersteckte.

Etwa zwei Wochen später brach sich der Hund, als er eine Treppe hinunterlief, ein Bein. Die Fraktur war unerwartet, spontan und scheinbar unerklärlich. Der Hund wurde auf schnellstem Wege in die Klinik gebracht, wo er orthopädisch untersucht wurde, inklusive Röntgen und Knochendichtemessung. Danach handelte es sich um eine sogenannte pathologische Fraktur, einen Bruch auf Grund einer Erkrankung des Knochens – hier auf Grund eines Knochentumors. Der Hund erhielt eine Chemotherapie und wurde von anderen Tierärzten weiterbehandelt. Doch mir gab dieser Fall einen Denkanstoß hinsichtlich der Frage, wie sich unentdeckte Leiden auf das Verhalten von Tieren auswirken. Ich hatte den Eindruck, daß der Hund bereits lange vor uns gewußt hatte, was los war, und ein ängstliches Verhalten zeigte, weil er sich nicht wohl fühlte. Genau dieses Mißbehagen, so meinte ich, machte den Hund unsicher und zuwendungsbedürftiger. Schließlich mögen auch Kinder nicht gern allein gelassen werden, wenn sie krank sind, und selbst erwachsene Menschen brauchen besondere Pflege und Zuwendung, wenn sie es mit einem schweren körperlichen Leiden zu tun haben. Keiner steht das gern allein durch.

Beim nächsten Hund, der wegen einer späten Trennungsangst zu mir gebracht wurde, stellte sich heraus, daß er einen Gehirntumor hatte. Danach kam ein Hund mit schwerer Arthritis, ein Hund mit einem Bandscheidenschaden und dann ein Deutscher Schäferhund mit einem neurologischen Leiden, das schließlich dazu führte, daß er seine Hinterbeine nicht mehr gebrauchen konnte. So unterschiedlich die medizinischen Ursachen auch waren, das Verhaltenssyndrom war weitgehend das gleiche.

Ich hatte bereits einiges Vertrauen in meine Fähigkeit gewonnen, dieses Syndrom zu diagnostizieren, als mir der nächste Fall von später Trennungsangst vorgestellt wurde: Dolly, ein braunweißer English Springer Spaniel. Die Anamnese ergab, daß Dolly seit sechs Monaten »Panik-Attacken« hatte, wie ihre Eigentümerinnen Theresa Flowers und Elizabeth Denver es nannten. Ich hatte von Anfang an einen guten Draht zu ihnen, da beide Damen gelassen und energisch zugleich waren, sich gut ausdrücken konnten und logisch dachten. Ich habe nie viel über ihr persönliches Leben erfahren, aber in jedem Fall half ihre sachliche, wenn auch besorgte Einstellung, daß die Konsultation glatt und effizient verlief. Ich hielt sie für Lehrerinnen. Dolly gab eine anschauliche Vorstellung der geschilderten Verhaltenseigentümlichkeiten, indem sie fiepend im Sprechzimmer hin und her trabte und dabei oft sehr ängstlich wirkte. Elizabeth ergriff als erste das Wort.

»Ich kann mir keinen Reim darauf machen, was mit Dolly los ist«, sagte sie. »Ich habe auf Ihrem Formular angegeben, daß sie Panik-Attacken hat. Ich weiß zwar nicht, ob Hunde so etwas überhaupt haben, aber für mich sieht es ganz danach aus. Nachts bekommt sie zwar etwas Schlaf, manchmal in der Küche, auf dem Sofa oder in ihrem Korb, doch sobald sie aufwacht – sehr früh am Morgen, noch bevor es hell wird –, fängt sie an zu bellen. In der Wand befindet sich ein durchsichtiger Kamin, und da steht sie dann davor, späht durch das Glas, winselt, kläfft und jault und wartet, daß endlich jemand kommt. Manchmal regt sie sich so auf, daß sie sogar Galle spuckt. Wenn wir dann schließlich nach unten kommen, begrüßt sie uns stürmisch, ja, sie fällt geradezu über uns her, und die Panik ist vorläufig vergessen. Doch auch bei Tage überfällt die Angst sie gelegentlich. Dann läuft sie immer hinter uns her und fängt an zu winseln und zu bellen, sobald wir uns nicht beide am gleichen Ort aufhalten. Sie bellt und winselt auch, wenn sie nicht mit uns nach draußen gehen darf. Wenn sie aber mitkommt, bleibt sie uns immer dicht auf den Fersen. Wenn wir sie während der Woche allein lassen müssen, bellt sie die ganze Zeit, und wenn wir zurückkommen, springt sie laut bellend an den Küchenfenstern hoch und wirft uns fast um vor Freude. Wenn wir abends lesen oder fernsehen, liegt sie ruhig neben uns, aber sobald eine von uns aus dem Zimmer geht, fängt sie wieder an zu jaulen und zu winseln, und manchmal läuft sie auch im Zimmer hin und her. Anscheinend hängt sie besonders an mir, denn wenn ich abends noch nach draußen gehe, um einen unserer anderen Hunde auszuführen, springt sie so lange unter Gebell

187

gegen das Fenster, bis ich wieder da bin. So schmeichelhaft das ist, es stellt doch ein ziemliches Problem für uns dar, und außerdem glaube ich, daß es ihr nicht gut geht. Was hat das alles zu bedeuten, Dr. Dodman? Haben Sie irgendeine Vorstellung?«

»Wenn dies ganz unvermittelt vor sechs Monaten angefangen hat und vorher nichts auf ein derartiges Verhalten hindeutete, dann hätte ich den Verdacht, daß bei dieser Ängstlichkeit ein gesundheitliches Problem eine Rolle spielt«, sagte ich. »Haben Sie sie schon gründlich untersuchen lassen?«

»Ja«, sagte Theresa. »Wir haben sie zum Tierarzt gebracht, und dieser hat uns auch noch an einen Spezialisten überwiesen. Sie haben sie beide untersucht, aber sie konnten nichts finden. Sie haben verschiedene Blutuntersuchungen gemacht und ihr Antihistamine verschrieben. Das hat aber überhaupt nichts gebracht. Dann hat uns jemand geraten, ihr statt Kraftfutter ein eiweißarmes Futter zu geben, aber auch das hat keine Wirkung gezeigt. Nun sind wir mit unserem Latein am Ende.«

»Auch wenn Sie sie gründlich haben untersuchen lassen und nichts gefunden wurde, bin ich mir fast sicher, daß sie nicht gesund ist«, sagte ich. »Vielleicht ist es noch zu früh für eine Diagnose – man kann also nur abwarten.« Ich erzählte ihnen dann von dem Afghanen mit dem Knochentumor und den anderen kranken Hunden, die wegen derselben Verhaltensprobleme zu mir gebracht worden waren.

»Ich war auch der Meinung, daß es einen medizinischen Grund dafür gibt«, sagte Elizabeth und warf Theresa einen Blick zu. »Du erinnerst dich doch, daß ich das schon vorhin im Auto zu dir gesagt habe?«

Theresa nickte.

Ich untersuchte Dolly, aber mir fiel nichts Besonderes auf. Ich verzichtete auf eine Blutuntersuchung, da diese bereits gemacht worden war, aber ich bat sie, mir den Befund zuzuschicken, damit ich ihn lesen und zu den anderen Unterlagen legen konnte, nur für den Fall, daß irgend etwas übersehen worden war.

»Ich möchte Ihnen meine verhaltenskundliche Diagnose mitteilen«, sagte ich dann. »Ich bezeichne dieses Syndrom als geriatrische Trennungsangst. Bis ich mich mit sämtlichen Befunden befaßt habe, möchte ich Ihnen vorläufig folgende Behandlung vorschlagen. Als erstes sollte Ihre Hündin ein bißchen mehr Bewegung bekommen, damit sie ihre nervöse Erregung besser abreagiert. Außerdem möchte ich Sie bitten, mit der naturbelassenen eiweißarmen Ernährung fortzufahren, da dies zumindest ein Schritt in die richtige Richtung ist. Dann möchte ich Ihnen vorschlagen, Dollys Selbstvertrauen wieder aufzubauen, indem Sie ihr immer eine Aufgabe geben. Selbst ganz einfache Dinge – zum Beispiel der Befehl, in ihren Korb zu gehen und dort zu bleiben, oder das Kommando ›Bleib!‹ – sind bereits nützliche Übungen. Ganz allgemein sollten Sie dafür sorgen, daß sie wieder unabhängiger wird. Bestrafen Sie sie nicht, sondern loben Sie sie tüchtig, wenn sie gehorsam ist, und streicheln Sie sie und belohnen sie mit einem Leckerbissen. Kurz, Aufgaben und Belohnungen sind angesagt und kein Tadel. Ansonsten sollten wir es mit einer kurzzeitigen Einnahme von Aspirin und einem angstreduzierenden Medikament versuchen, damit Dolly sich ein bißchen besser fühlt. Es wäre schön, wenn Sie mir alle zwei Wochen berichteten, wie sie sich macht.«

Die beiden Damen nickten zum Einverständnis, ich schüttelte ihnen die Hand, und wir schieden als gute

Freunde. Im Laufe der nächsten Woche riefen sie mich mehrmals an und fragten mich dabei unter anderem, ob vielleicht das schlechte Verhältnis zwischen ihrer Haushälterin und Dolly zu dem Problem geführt haben könne. Ich räumte diese Möglichkeit ein, verwies sie aber noch einmal auf unsere ursprüngliche medizinische Hypothese. Anscheinend hatte das Aspirin nicht viel geholfen, doch als das angstreduzierende Medikament zu wirken begann, wurde Dolly ein bißchen ruhiger.

Einige Wochen darauf kam mir Karen, meine Sekretärin, aufgeregt entgegen und hatte wichtige Neuigkeiten zu berichten. »Dr. Dodman«, sagte sie, »gerade hat Elizabeth Denver angerufen. Ihre Hündin hatte eine Schwellung über dem linken Auge, und sie hat sie gleich zu einem Augenarzt gebracht. Er hat einen Tumor hinter Dollys Auge diagnostiziert und sie sofort operiert. Das Ganze ist schon ein paar Tage her, und seitdem geht es Dolly wieder gut. Die Trennungsangst ist wie weggeblasen, und sie ist wieder ganz die alte!«

Mein vorläufig letzter Fall von später Trennungsangst war eine ausnehmend sanfte Mischlingshündin, die »Sympathy« gerufen wurde. Sie gehörte einem Bauunternehmer namens Jonathan Knapik, der kein Hehl daraus machte, daß er mit allen Fasern an der Hündin hing, die er als Einjährige von ihrem ersten Herrn, der sie mißhandelt hatte, erlöst hatte. Sympathy neigte zwar ein bißchen zu Nervosität und hielt sich am liebsten immer dicht in seiner Nähe auf, doch echte Probleme hatte es mit ihr nicht gegeben – bis zu einem verhängnisvollen Tag. An jenem Morgen hatte sich Jonathan noch oben im Badezimmer rasiert, während die Hündin bereits unten auf der Straße im Auto saß und geduldig auf ihn wartete. Das Seitenfenster war etwa 25 Zentimeter weit geöffnet gewesen, damit Sympathy ihren Kopf hinausstrecken und sich umsehen konnte. Alles war friedlich in dem Bostoner Vorort, als plötzlich die Sirene eines Streifenwagens ertönte und lärmende Stimmen und Fußtritte einer Menschenmenge zu hören waren. Jonathan guckte aus dem Fenster, um zu sehen, was los war: Am Haus rannte ein Mann vorbei, dicht gefolgt von einem typischen Bostoner Polizisten. In selben Moment sprang Sympathy aus dem Autofenster und jagte hinter dem Polizisten her. Dieser blieb nach ein paar Metern stehen, drehte sich um und trat nach dem Hund, der ihn daraufhin am Hosenbein packte. Währenddessen war Jonathan die Treppe heruntergerannt und näherte sich dem Geschehen. Er rief dem Polizisten zu, das sei sein Hund, und es wäre gleich alles in Ordnung, sobald er ihn zu fassen bekäme. In dem Moment, als er sich bückte, um Sympathy am Halsband zu packen, zog der Polizist seinen 38er-Revolver und schoß der Hündin seitlich in den Kopf. Sympathy brach zusammen, und der Polizist nahm die Verfolgungsjagd wieder auf, ohne sich weiter um Jonathan zu kümmern, der neben seiner, wie er glaubte tödlich getroffenen, Hündin kniete. Jonathan schaffte Sympathy auf dem schnellsten Weg zu seinem Tierarzt, wo die Blutung gestillt wurde. Zu Jonathans großer Erleichterung erholte sich Sympathy wieder, wenn sie auch auf einem Ohr taub blieb, weil die Kugel ihren Hörnerv verletzt hatte. Anscheinend war das Geschoß direkt vor ihrem Ohr eingedrungen, von dort durch den Gehörgang in den Hals gelangt und schließlich in der Brustwand steckengeblieben.

Einerseits hatte Sympathy noch Glück gehabt, denn es hätte noch schlimmer kommen können. Doch wie Jonathan bald herausfinden sollte, waren am Ende die physischen Folgen der Verletzung nicht so schwerwiegend wie die Nachwirkungen des psychischen Traumas. Von diesem Tage an hatte Sympathy nämlich panische Angst vor Streifenwagen und allen Autos, die so ähnlich aussahen, sowie vor Blinklichtern und natürlich vor Polizisten. Außerdem konnte sie es nun keinen Augenblick mehr aushalten, von Jonathan getrennt zu sein, weder im Schlaf noch im Wachen. Tagsüber war das kein Problem, weil Jonathan sie überall mit hinnahm. Er liebte die Hündin über alles, und zweifellos lebte Sympathy nur für ihn. Wenn Jonathan auf einer Baustelle zu tun hatte, konnte er sicher sein, daß sich Sympathy irgendwo im Gebüsch aufhielt und ihn keine Sekunde aus den Augen ließ. Eine kleine Handbewegung von ihm genügte, und sie kam angerannt. Sie war immer auf dem Sprung, doch das machte weder Sympathy noch Jonathan etwas aus. Nur in der Nacht wurde es problematisch. Sobald Jonathan zu Bett ging, begann Sympathy zu winseln und zu jaulen, herumzulaufen und am Bett zu scharren.

Zu der Zeit, als ich Jonathan kennenlernte, ging dies schon seit eineinhalb Jahren so, und Jonathan bekam etwa soviel Schlaf wie die Mutter eines neugeborenen Säuglings. Jonathans Sohn hatte seinen Vater in meine Sprechstunde begleitet, und als die beiden am Ende ihres Berichts angelangt waren, lehnten sie sich gespannt vor und blickten mich erwartungsvoll an.

»Sie müssen uns einfach helfen«, sagten sie wie aus einem Munde, und ich wußte, wie ernst es ihnen war. »Wir würden sie niemals einschläfern lassen, aber so wie bisher kann es einfach nicht weitergehen«, fügte Jonathan noch hinzu. Er machte einen recht gereizten Eindruck, was sicher an seinem Schlafmangel lag.

Sympathys Fall lag allerdings nicht so einfach wie manche Fälle meiner bisherigen Patienten mit geriatischer Trennungsangst. Es gab sowohl physische als auch primär psychologische Ursachen für ihre Ängstlichkeit, und ich wußte nicht genau, welche den größeren Einfluß hatten. Der psychologische Effekt hatte einige Ähnlichkeit mit dem posttraumatischen Stress-Syndrom, wie man es von Kriegsveteranen kennt.

Dies berücksichtigend, gab ich Jonathan erst einmal die üblichen Informationen, mit denen ich Eigentümern von Hunden mit einer unkomplizierten Trennungsangst helfe. Aber ich erklärte ihm auch, daß ich eine medikamentöse Behandlung für vordringlich hielt. Ich wußte, daß Jonathan und sein Sohn unbedingt eine möglichst schnelle Lösung für ihr Schlafproblem brauchten, und ich hatte außerdem den Eindruck, daß Sympathy nicht nur psychisch litt, sondern wohl auch Schmerzen hatte.

Glücklicherweise beeinflußt das Medikament Amitriptylin nicht nur die Ängstlichkeit, sondern hat zudem eine analgetische Wirkung. Es ist zwar ein Antidepressivum, kommt aber gelegentlich auch bei Menschen, die unter chronischen Schmerzen leiden, zur Anwendung. Ich glaubte, daß mit einer kombinierten Therapie – einem Training zur Verhaltensmodifikation (um dem Hund neue Sicherheit einzuflößen) und einer Behandlung mit Medikamenten – gute Chancen für eine nachhaltige Besserung des Tieres bestanden.

Bei Verabreichung von Amitriptylin dauert es normalerweise mehrere Tage, bevor die Wirkung einsetzt, und Sympathy bildete da keine Ausnahme. In dieser Zeit erhielt ich einen Anruf von Jonathan, daß er sich Sorgen mache, weil er immer noch nicht genug Schlaf bekam. Doch nach ein oder zwei Wochen meldete er sich mit der erfreulichen Nachricht, daß Sympathy die ganze Nacht durchgeschlafen habe.

»Das Medikament ist wirklich erstaunlich«, sagte er. »So wie jetzt ist Sympathy schon jahrelang nicht mehr gewesen. Ich muß Ihnen sagen, sie ist ein anderer Hund geworden. Richtig quietschvergnügt! Wie kann ich Ihnen bloß danken?«

Nun, das brauchte er nicht, die gute Nachricht war Dank genug für mich. Natürlich wies ich ihn darauf hin, daß er mit der verhaltensmodifizierenden Therapie weitermachen solle, damit die Besserung anhielt, doch da ich noch immer vermutete, daß auch physische Schmerzen eine Rolle spielten, glaubte ich nicht, daß Sympathy jemals ganz ohne Medikamente auskommen würde. In den nächsten Monaten sah ich Sympathy noch mehrmals, und im großen und ganzen war ihre Besserung von Dauer. Es gab ein paar Rückschläge, so daß ich zusätzlich Valium verschrieb, und kürzlich mußte ich ein Opiat einsetzen, um die Schmerzen noch weiter zu lindern. Trotz dieser Schwankungen geht es Sympathy erheblich besser als vorher, und Jonathan und sein Sohn haben wieder ihre verdiente Nachtruhe. Ich glaube, daß Sympathy Glück gehabt hat, daß sie einem so treusorgenden Besitzer wie Jonathan gehörte. Die meisten hätten schon lange das Handtuch geworfen, doch hier hat sich das Durchhalten wirklich gelohnt.

Geriatrische (bzw. späte) Trennungsangst ist nicht die einzige Verhaltensauffälligkeit bei älteren Hunden. Es gibt einen ganzen Formenkreis von physischen und mentalen Abbauerscheinungen, die bei älteren Hunden zu einem veränderten Verhalten führen können. Die mentalen Degenerationserscheinungen werden seit neuestem als »kognitives Dysfunktionssyndrom« oder »kanine Alzheimer-Erkrankung« bezeichnet. Die Anzeichen der zuletzt genannten Krankheit reichen von Trägheit und Lethargie bis zu Ausscheidungsstörungen. Zum Glück arbeitet ein großer Pharmakonzern an einem neuen Medikament gegen dieses Syndrom, und die ersten Ergebnisse sind äußerst vielversprechend. In absehbarer Zeit sollte es möglich sein, bei Hunden wie Sympathy und bei den vom kaninen Alzheimer befallenen Tiere die Zeitspanne, in der ihre Lebensqualität noch gut ist, zu verlängern, und zwar durch eine Kombination von Verhaltenstraining und gezielter pharmakologischer Behandlung. Es wird zunehmend deutlich, daß es nicht genügt, unsere alt gewordenen Gefährten nur zu lieben und zu füttern; wir müssen auch dafür sorgen, daß sie sich noch wohl fühlen.

──────────────────────────── **Ratschläge**─

Geriatrische (späte) Trennungsangst
Anzeichen: eine im höheren Lebensalter plötzlich einsetzende Zunahme einer bis dahin nur in leichter Form auftretenden Trennungsangst. Insbesondere haben die betroffenen Hunde nächtliche Angstzustände, sobald die Hundehalter schlafen wollen. Die Symptome sind u. a. Betteln um Zuwendung, Hinundhertraben, Winseln und gelegentliches Urinieren oder Kotabsetzen im Haus.

Behandlung
1. Unbedingt nötig ist eine gründliche medizinische Untersuchung inklusive Blutbild und Urin-Analyse. Röntgen- und andere Untersuchungen sollten bei Bedarf gemacht werden.
2. Zur Dämpfung von Angstzuständen oder Schmerzen können Medikamente gegeben werden, u. a. Bespar und valiumartige Präparate oder Antidepressiva. Auch Analgetika wie Aspirin sowie Opiate kommen eventu-

ell in Frage; in manchen Fällen können auch entzündungshemmende Medikamente wie Kortison nützlich sein. (Achtung: Geben Sie einem Hund oder einer Katze niemals Aspirin ohne Wissen des Tierarztes!)

3. Auch eine unterstützende psychologische Therapie unter Einschluß eines Selbständigkeits-Trainings (vgl. Kap. 6: »Wenn Hunde zu sehr lieben«) kann angezeigt sein, um das Selbstvertrauen des Hundes zu stärken, nachdem die medizinischen Maßnahmen eingeleitet wurden.

4. Sehr viel Auslauf (vorausgesetzt, der Hund ist physisch noch nicht in der Lage dazu), eine vernünftige Ernährung und tägliches Gehorsamstraining (unter Anwendung positiver Verstärkung) sind gut geeignete zusätzliche Maßnahmen.

Rätsel über Rätsel

Es war ein warmer Julimorgen, und das Sonnenlicht strömte durch die Bäume vor dem »Foster Hospital for Small Animals«, der Kleintier-Klinik. Ich hatte die Zeit zwischen zwei Terminen genutzt, um eine kurze Pause einzulegen und die schöne Umgebung unserer Klinik zu genießen. Das College, das eingebettet in einen 1000 Hektar großen Campus mitten in Neuengland liegt, wird von unserem Dekan gern als »die feudalste Tierärztliche Fakultät im ganzen Land« bezeichnet. Früher befand sich hier eine staatliche Nervenklinik, die aber dank der revolutionären Fortschritte in der medikamentösen Behandlung von Schizophrenie und anderen psychischen Erkrankungen, wie so viele andere psychiatrische Kliniken in den USA, hatte geräumt werden können. Es ist geradezu eine Ironie des Schicksals, daß infolge dieser pharmakologischen Therapiemethoden viele staatliche Heilanstalten neuen Zwecken zugeführt werden konnten und damit auch der Weg frei wurde für unser College, unser verhaltenskundliches Programm und die daraus hervorgegangenen neuartigen pharmakologischen Behandlungsmöglichkeiten von Verhaltensproblemen bei Tieren.

Der Lautsprecher der Rezeption riß mich aus meinen Gedanken. »Dr. Dodman, Ihre nächste Klientin ist eingetroffen«, ertönte eine Stimme.

Ich wandte mich um und erblickte eine zierliche, gut-gekleidete Frau, Debra Reed, die mit einem Deutschen Schäferhund im Schlepptau am Empfang stand. Unsere Blicke trafen sich, und ich ging auf sie zu, um sie zu be-grüßen. Da ich das Tier nicht reizen wollte, vermied ich einen direkten Blickkontakt mit ihm, sondern beobach-tete es nur aus meinem peripheren Gesichtsfeld heraus – eine Technik, die ich inzwischen gut beherrsche. Es han-delte sich um eine vierjährige, etwa 27 Kilogramm schwe-re Hündin namens Lady. Sie musterte mich interessiert und verschaffte sich einen schnellen sensorischen Ein-druck. Anscheinend fand alles ihre Billigung, und sie blieb ruhig. Unter höflichem Geplauder betraten Debra und ich das Sprechzimmer. Ich musterte Lady unterdes-sen weiter, um zu sehen, ob ich irgendwelche Anzeichen des Problems entdecken könnte, das sie zu mir geführt hatte, doch konnte ich nichts feststellen. Allerdings fiel mir auf, daß sie ständig die Nähe ihrer Eigentümerin suchte und wohl auch ein wenig scheu war – ein für Deut-sche Schäferhunde durchaus typisches Verhalten.

Ich erfuhr, daß Debra die Hündin im Alter von etwa einem Jahr von einer Bekannten in Maine übernommen hatte. Lady war anfangs von ihrem neuen Zuhause nicht sehr angetan gewesen, hatte den ganzen Tag nur herum-gelegen und wenig charakteristische Eigenheiten gezeigt. Debra sagte, sie habe sich »wie ein uraltes Tier« benom-men. Im Rückblick möchte man meinen, daß Ladys ge-drückte Stimmung eine Folge ihrer Umsiedlung war, denn die genannten Anzeichen in Verbindung mit Appe-titmangel und Schlafstörungen sind typisch für eine De-pression. Wie dem auch sei, Ladys Niedergeschlagenheit war dank der freundlichen Zuwendung der Reeds schon bald verflogen. Auf Grund ihrer leichten Scheu und des

Besitzerwechsels vermutete ich, daß bei ihr irgendein angstbedingtes Leiden vorlag. Debras Ausführungen bestätigten meinen Verdacht.

»Lady ist zwar ein ausgesprochen liebes Tier«, sagte sie, »doch das Problem mit ihr ist, daß sie ganz sonderbar reagiert, wenn ich mich einem Fenster nähere, und vor allem, wenn ich die Jalousien berühre. Sie kann noch so ruhig daliegen und sich nicht weiter um mich kümmern, doch sobald ich auf ein Fenster zugehe, springt sie sofort mit allen Anzeichen der Angst auf. Und wenn ich mich davon nicht aufhalten lasse, beginnt sie winselnd hin und her zu rennen. Und wenn ich dann noch den Plastikstab anfasse, mit dem man die Stellung der Lamellen verändert, gerät sie völlig außer sich. Selbst wenn ich gleich wieder aus dem Zimmer gehe, dauert es über eine Stunde, bis sie sich wieder beruhigt hat.«

Ein solches Verhalten war in der Tat höchst ungewöhnlich. Zwar schien es sich um eine klassische Angstreaktion zu handeln, doch konnte ich mir keinen Reim darauf machen, warum es die Hündin dermaßen aufregte, wenn sich ihre Herrin anschickte, eine Jalousie zu berühren.

»Wann hat das angefangen?« fragte ich in der Hoffnung, daß die Antwort irgendwelche Aufschlüsse geben könnte.

»Kurz nachdem sie zu uns kam. Sie hat wohl von jeher Angst davor gehabt, daß wir die Jalousien berühren, aber mit der Zeit ist es immer schlimmer geworden. Inzwischen ist es ein echtes Problem für uns, denn unser Apartment liegt im Erdgeschoß, und um uns vor fremden Blicken zu schützen, bin ich abends gezwungen, die Jalousien zu schließen. Und morgens muß ich doch das Tageslicht wieder hereinlassen!«

»Und so reagiert sie wirklich jedesmal, wenn Sie sich einer Jalousie nähern?« fragte ich.

»Ja, immer und ohne Ausnahme. Wir wissen einfach nicht mehr, was wir machen sollen. Eine Bekannte hat uns geraten, wir sollten es mit der ›Glücksmasche‹ probieren und immer besonders glücklich tun, bevor wir die Jalousien aufmachen, doch dadurch fing sie nur um so früher an, sich zu ängstigen, weil sie dann noch eher wußte, was als nächstes passieren würde. Dann meinten wir, es läge vielleicht an dem damit verbundenen Geräusch, und haben währenddessen laute Musik spielen lassen. Damit hatten wir aber auch kein Glück. Unser Tierarzt riet uns, es mit einer Technik zu probieren, die er ›Reizüberflutung‹ nannte – also ständig mit den Jalousien herumzuspielen und ihre Reaktion solange zu ignorieren, bis sie damit aufhört. Wir haben das ausprobiert, aber sie hat sich kein bißchen daran gewöhnt, selbst als wir einfach stundenlang daran herumfummelten. Wenn überhaupt, schien es eher noch schlimmer zu werden, je länger wir uns dort aufhielten.«

Nun wandte ich mich den möglichen Ursachen zu.

»Glauben Sie, daß Lady sich irgendwann einmal, während Sie eine Jalousie bedienten, erschreckt oder wehgetan hat?« fragte ich auf gut Glück.

»Das einzige Mal, daß ihr etwas Schlimmes zugestoßen ist, war kurze Zeit nachdem sie zu uns kam«, sagte Debra. »Damals hat unser Nachbar mit dem Luftgewehr auf sie geschossen, weil sie in seinen Gemüsegarten eingedrungen war. Das hat sie fürchterlich mitgenommen. Es war abends, kurz nachdem ich sie in den Garten gelassen hatte. Sie muß wohl über den Zaun gesprungen sein, jedenfalls höre ich als nächstes ein Ffft, dann ein Jaulen, und Lady kommt mit eingeklemmtem Schwanz zu mir gerannt. Wir haben den Mann wegen Tierquälerei angezeigt, aber mehr konnten wir nicht machen. Seit damals reden wir nicht mehr mit dem Mann.«

»Wo befand er sich, als er auf Lady schoß?« fragte ich.

»Er war in seinem Haus«, sagte Debra.

»Aha. Also muß er durchs Fenster geschossen haben«, sagte ich. »Hat er auch Jalousien?«

Sie nickte. Ihr und mir ging im selben Moment ein Licht auf.

»Ja, das könnte es gewesen sein«, sagte ich. »Falls Lady damals als erstes gehört hat, wie die Jalousie hochgezogen wurde, und gleich darauf einen heftigen Schmerz verspürte, dann könnte es sein, daß sie die beiden Ereignisse miteinander in Zusammenhang bringt. Das wäre eine plausible Erklärung für alles, was hier vorliegt. Sie war damals in einem entsprechend sensiblen Alter, und der Primärreiz – der Schmerz – war so stark, daß sich die Erinnerung an das Ereignis tief in ihr Gedächtnis eingrub. Das Geräusch der Jalousie wurde einfach mit dieser äußerst unangenehmen Erfahrung verknüpft. Wir erleben das gleiche mit Hunden, die etwas Unangenehmes in einer Tierarztpraxis erlebt haben, zum Beispiel eine schmerzhafte Spritze. Diese Hunde fürchten sich, ins Auto zu steigen, oder vor Menschen in weißen Kitteln oder vor dem Geruch von Desinfektionsmitteln, weil sich diese Reize mit dem unangenehmen Erlebnis verknüpft haben.«

»Ist es denn normal, daß die Ängste, so wie bei ihr, immer schlimmer werden?« fragte Debra. »Schließlich ist es schon sehr lange her, daß sie angeschossen wurde. Warum sollte sie an dieser Assoziation noch immer festhalten?«

»Das ist eine gute Frage«, sagte ich. »Dieses Entwicklungsmuster findet sich bei vielen Ängsten und Phobien. Im allgemeinen sind diese zu Anfang noch gering bis mittelstark ausgeprägt und nehmen erst später extreme Ausmaße an. Ich glaube, daß die Angstreaktion für sich genommen bereits derart unangenehm ist, daß sie sich selbst verstärkt, so daß das Problem immer schlimmer wird. Wenn zum Beispiel ein Mensch Angst davor hat, eine Rede zu halten, dann bekommt er jedesmal vorher Herzklopfen, Schweißausbrüche, flatternde Hände und ein flaues Gefühl in der Magengegend. Schließlich kann es soweit kommen, daß jemandem schon bei dem bloßen Gedanken oder beim Anblick eines Rednerpults schlecht wird. Das Ganze ruft einen solchen Schwächezustand hervor, daß sich der Betreffende nicht bloß fürchtet, sondern ihm beim Gedanken an das Erlebnis ein Schauer überkommt. Und in den meisten Fällen wird es immer nur schlimmer statt besser.«

»Das leuchtet mir ein. Aber wie können wir erreichen, daß es wieder besser wird?«

»Wir werden eine Technik anwenden, die Desensibilisierung genannt wird. Im wesentlichen besteht sie darin, einen Hund sehr langsam und systematisch an diejenige Sache heranzuführen, vor der er Angst hat.«

Ich erklärte Debra, wie eine systematische Desensibilisierung in Ladys Fall aussehen könnte; im Mittelpunkt des Programms würden die Jalousien stehen. Wie immer mußte ich dabei besonders nachdrücklich darauf hinweisen, daß Lady während des gesamten Umerziehungsprozesses niemals dem Reiz in seiner ganzen Stärke ausgesetzt werden durfte, was bedeutete, daß Debra jetzt gleich entscheiden mußte, ob die Jalousien in naher Zukunft dauernd hochgezogen oder heruntergelassen sein sollten.

Es war ihr anzumerken, wie schwer ihr die Wahl fiel, denn sie mußte entweder auf ihre Intimsphäre oder auf das Tageslicht verzichten. Ich sprach ihr noch etwas Mut zu, bis ich sie soweit hatte, daß sie sich einen Ruck gab und in den sauren Apfel biß. Schließlich endete es damit, daß sie beschloß, die Jalousien geschlossen zu lassen.

Ich erklärte Debra die einzelnen Schritte des Desensibilisierungsprogramms und brachte ihr als erstes bei, wie sie Lady dazu erziehen sollte, sich zu setzen und sitzen zu bleiben, was mit einem schmackhaften Leckerbissen belohnt werden sollte. Diese »Sitz-und-Bleib«-Übung sollte anfänglich in einiger Entfernung von den Jalousien durchgeführt werden, zum Beispiel im Garten oder im Flur, und sobald sie das beherrschte, in immer kürzerer Entfernung von den problematischen Jalousien. Natürlich beabsichtigte ich, Debra später auch die Jalousien berühren und bedienen zu lassen, aber dies sollte natürlich erst dann stattfinden, wenn Lady durch ihre Reaktionen auf die ersten Übungen bewiesen hatte, daß sie soweit war. Ich sprach Debra auch darauf an, daß ich zusätzlich noch ein angstreduzierendes Medikament wie Bespar verschreiben könnte. Sie war damit einverstanden, das verhaltensmodifizierende Programm auf diese Weise zu unterstützen und damit Ladys Heilung zu beschleunigen. Debra und Lady verließen die Klinik wieder, und ich konnte mich dem nächsten Fall widmen. Bevor es weiterging, machte ich mir noch einige Notizen.

Erst nach zwei Wochen hörte ich wieder von Debra. Sie berichtete mir, daß das »Sitz-und-Bleib«-Programm gut funktionierte und Lady jetzt schon mehrere Minuten ohne Anzeichen von Furcht oder Unruhe direkt unter dem Fenster sitzen konnte. Ich war sehr zufrieden und schlug vor, daß sie nun den nächsten Schritt in Angriff

nehmen sollte, nämlich dichter an die Jalousie heranzu-
gehen und sie zu berühren. Ich hielt es allerdings nicht
für angebracht, den Stab ohne weiteres zu ergreifen und
ihn zu drehen. Deshalb wies ich sie an, den Vorgang in
Einzelschritte zu zerlegen. Sie könnte zum Beispiel damit beginnen, ihre Hand in Richtung Jalousie auszu-
strecken und dann bei jeder Sitzung ein paar Zentimeter
näher heranzurücken, bis sie den Drehstab schließlich
anfassen könnte, ohne bei Debra eine Angstreaktion
auszulösen. Auch Debra hielt dieses Vorgehen für logisch, und so beließen wir es zunächst dabei.

Zwei Wochen darauf sprachen wir wieder miteinander.
Ladys Fortschritte waren größer als erwartet. Debra war
jetzt bei dem Programmpunkt angelangt, daß sie die Jalousie hochziehen und herunterlassen konnte, während
die Hündin danebensaß und sich nicht vom Fleck rührte.
Sobald sie wieder aufstehen durfte, suchte sie ihren Korb
auf, der im selben Raum in der Ecke stand. Sie war nach
dem Üben zwar nicht gerade in Spiellaune, doch zumindest hatte das Hecheln und Keuchen aufgehört, und sie
war nicht mehr hysterisch. Ich wies Debra an, das Medikament langsam abzusetzen, weil ich meinte, es habe
seine Wirkung getan. Natürlich sollte sie aber währenddessen mit der Verhaltenstherapie weitermachen und danach noch einmal in der Woche eine Übung durchführen.
Debra war begeistert von Ladys Fortschritten (die auch
in der Folgezeit anhielten) und konnte mir sogar noch
von einer Fortsetzung der »Wunderheilung« berichten.
Lady hatte nämlich eine solche Angst vor ihrem jalousie-
besetzten Lebensraum gehabt, daß sie früher bei der
Heimkehr von einem Wochenendausflug ins Haus hatte
getragen werden müssen. Jetzt aber brauchten die Reeds
nur noch ihr Bett hineinzutragen, und sie folgte von

selbst. Das erinnerte beinahe an die Heilung des Lazarus in der Bibel!

Einige Wochen später hatte ich es mit einem anderen ungewöhnlichen Fall von krankhafter Angst zu tun. Diesmal handelte es sich um eine achtjährige schwarz-weiße Colliehündin. Ich war einigermaßen verblüfft, als ihr Besitzer, Keith Davis, zu Anfang unseres Gesprächs verkündete, Tammy habe Angst vor Donnerstagen. Da er dabei verschmitzt lächelte, wußte ich, daß eine nähere Erklärung sicher noch folgen würde – zumindest hoffte ich es, weil ich nicht annahm, daß Hunde die Wochentage kennen. Ich warf einen Blick auf Tammy, die im Gegensatz zu Lady im Sprechzimmer keineswegs die Ruhe bewahrte. Ganz offensichtlich hatte sie Angst, denn sie keuchte, speichelte und zerrte ständig an der Leine. Ihr Betragen ließ keinen Zweifel daran, zu welchem Typ Hund sie gehörte. Auch ohne die einleitenden Worte ihres Besitzers hätte ich darauf getippt, daß ihr Verhalten etwas mit Angst zu tun hatte.

Keith erklärte mir nun, daß bei ihnen am Donnerstag der Müll abgeholt werde und Tammy es jedesmal mit der Angst zu tun bekam, sobald er und seine Frau anfingen, den Müll in Säcke zu füllen – auch wenn dies bereits am Vorabend geschah. Am Morgen des Müllabfuhrtages stand Tammy oben an der Treppe und beobachtete ängstlich, wie Keith und seine Frau gegen sieben Uhr die Müllsäcke vor die Tür stellten. Ihre Angst steigerte sich dann immer mehr, bis sie schließlich hysterisch wurde, ständig hin und her und treppauf, treppab rannte, wobei sie hechelte, winselte und vor Speichel triefte und immer mehr in Panik geriet. Meistens packten ihre Besitzer sie gleich zu Anfang beim Halsband und sperrten sie im Keller ein, wo ihre panische Angst zwar nicht aufhörte, doch nicht

mehr ganz so schlimm zu sein schien. Letzthin hatte
Keith sich angewöhnt, Tammy donnerstags bereits in aller Frühe in den Keller zu sperren und erst am späten
Nachmittag wieder herauszulassen, wenn das Ehepaar
von der Arbeit nach Hause kam. Der Fußboden war dann
von Speichel bedeckt, und Tammy hatte sich noch immer
nicht ganz beruhigt. Auf Nachfragen stellte sich heraus,
daß Tammy auch an anderen Ängsten litt. Sie fürchtete
sich, wenn der Wind heulte und wenn die Fensterläden
gegen die Hauswand schlugen. Außerdem hatte sie Angst
vor plötzlich einsetzenden Geräuschen wie Niesen oder
den Signaltönen eines Piepers, sie lief dann unablässig
hin und her und war nicht in der Lage, sich wieder ruhig
hinzulegen. Doch die Angst vor dem Müllwagen, ob sie
ihn nun sah oder nur hörte, war am stärksten.

Anscheinend hatte Tammys Phobie etwa ein Jahr zuvor begonnen. Bis dahin war sie jeden Morgen um sieben
Uhr aus dem Haus gelassen worden, um sich Bewegung
zu machen und ihr Geschäft zu verrichten, ohne daß es
dabei irgendwelche Probleme gegeben hätte – auch nicht
an Donnerstagen. Der Müllwagen war damals nämlich
erst etwa um elf Uhr vormittags gekommen, und zu dieser
Zeit lag sie gewöhnlich friedlich schlafend in der Wohnung und wartete darauf, daß ihre Besitzer wieder heim-
kamen. Doch vor ziemlich genau einem Jahr hatte sich
die Route des Müllwagens geändert, und deshalb traf er
an jenem Donnerstag bereits um 7.15 Uhr am Haus der
Familie Davis ein. An diesem Morgen war Tammy wie
gewöhnlich nach draußen gelassen worden und hatte in
der Gegend herumgeschnüffelt. Plötzlich kam sie in großer Panik ins Haus zurückgerannt, sauste wie ein geölter
Blitz die Treppe hinauf und war schlagartig in einem Ver-
steck verschwunden. Ihre Eigentümer merkten sofort,

daß sie einen fürchterlichen Schrecken bekommen haben mußte. Bei ihrer Angst vor Geräuschen läßt sich vermuten, daß das lärmende Durcheinander von den Signaltönen des Müllwagens, das Krachen und Poltern der Presse, das Zischen der aus dem Kompressor entweichenden Luft, das schrapende Geräusch der Mülltonnen und die lauten Zurufe der Männer ihr höllische Qualen bereitet haben müssen. Ihre schlimmsten Träume schienen wahr zu werden. Wie es auch im einzelnen gewesen sein mag, der Vorfall hatte sie für immer verändert, zumindest schien es so.

Was konnten wir nun tun, um das Leben für die arme Tammy etwas erträglicher zu machen? An der Existenz des Donnerstags ist ja nicht zu rütteln, den gibt es jede Woche wieder.

Keith zählte mir auf, was er bisher alles ausprobiert hatte. Er hatte Tammy an einen Kellerpfeiler angebunden, um sie am Herumlaufen zu hindern. Er hatte sie auf einem kleinen Platz hinter einem Holztor eingesperrt, doch in ihrer Hysterie hatte sie aus dem Tor Kleinholz gemacht. Das Radio einzuschalten, um die Geräusche des Müllwagens mit lauter Musik zu übertönen, hatte auch nichts gebracht. Selbst seine Versuche, sie zur kritischen Zeit mit einem Tennisball (ihrem Lieblingsspielzeug) abzulenken, waren erfolglos geblieben. Keith hatte auch schon seinen Tierarzt aufgesucht und es mit Medikamenten probiert (wahrscheinlich waren es progesteronähnliche Hormone), die jedoch nur dazu geführt hatten, daß Tammy wie ein Loch soff.

Keith und Tammy hatten demnach so ziemlich alle »Hausmittel« durchprobiert. Es ist immer gut zu erfahren, was nicht funktioniert hat, weil man dann unnötige Wiederholungen vermeiden kann. Eine simple Faustregel der verhaltensmodifizierenden Therapie lautet: Wenn eine Maßnahme innerhalb von drei bis fünf Tagen noch keine Wirkung zeigt, dann passiert das wahrscheinlich nie, und es ist Zeit, etwas anderes auszuprobieren. (Die Ausnahme von der Regel bildet die Behandlung mit Antidepressiva, bei denen es drei bis sechs Wochen dauern kann, bis sie greifen.) Eine von Keiths Ideen, sein Ablenkungsversuch mit dem Ball, ging schon in die richtige Richtung, aber er brauchte noch ein bißchen Unterstützung durch ein Programm.

Meine Empfehlung für Tammys Behandlung war die gleiche wie bei Lady: systematische Desensibilisierung bei gleichzeitiger Gegenkonditionierung, zur Belohnung etwas zu fressen oder ein Spiel mit dem Tennisball. Außerdem sollte Keith herausfinden, wo sich das Müllwagendepot befand, und dann Tammy so nah wie möglich an die Fahrzeuge heranführen, ohne daß sie nervös wurde. An dieser Stelle sollte er etwa zehn Minuten mit ihr spielen und sie mit Leckerbissen füttern und danach wieder mit ihr nach Hause fahren. Bei den folgenden Malen sollte er versuchen, allmählich immer näher an die Fahrzeuge heranzurücken, bis er schließlich mit ihr direkt zu einem Müllauto gehen und dort mit ihr spielen konnte, ohne daß sie irgendwelche Anzeichen von Unsicherheit erkennen ließ. Allerdings würde er dazu viel Geduld brauchen und sich mit kleinen Fortschritten zufriedengeben müssen. Bei der nächsthöheren Stufe war die Mitarbeit eines Müllfahrers notwendig, denn die ganze Prozedur sollte bei laufendem Motor wiederholt werden, und schließlich sollten nach und nach auch die übrigen mit der Müllabfuhr verbundenen Geräusche hinzukommen, bis Tammy am Ende mit dem gesamten Vorgang vertraut war. Als letztes und wichtigstes wies ich Keith

darauf hin, daß Tammy während des Umerziehungsprogramms keinesfalls der totalen Lärmentfaltung der Müllabfuhr ausgesetzt werden dürfe. Wie Keith das hinkrie-
gen sollte, wußte ich auch nicht genau, aber er beschloß,
die Müllmänner zu bitten, ob sie mit dem Wagen einige
Häuser vor seinem stehenbleiben konnten, zumindest für
einige Wochen. Zu meiner Überraschung waren sie einverstanden, und es konnte losgehen.

Nach vier Tagen rief Keith mich an, nun selbst in Panik. Er sagte, das Programm funktioniere einfach nicht.
Er war mit Tammy auf den städtischen Müllabladeplatz
gefahren, hatte direkt neben einem Müllwagen angehalten und sie aus dem Auto geholt, worauf die Hündin einen schweren Angstanfall erlitt und schnellstens wieder
ins Auto gestopft und weggebracht werden mußte. Ich
erklärte Keith noch einmal, wie wichtig es sei, nur in ganz
kleinen Schritten voranzugehen – irgendwie hatte er das
nicht mitbekommen –, und er war bereit, noch einen Versuch zu machen. Doch nachdem wir noch ein paarmal
miteinander telefoniert hatten, wurde klar, daß Keith aus
unerfindlichen Gründen hinsichtlich der Desensibilisierung ein Brett vor dem Kopf hatte – er blieb dabei, jedesmal wieder direkt an den Müllwagen heranzufahren und
die Hündin in panische Angst zu versetzen. Dabei ließ er
sich sogar noch ein paar Ausschmückungen einfallen, die
schon eher in die Kategorie der Reizüberflutung fielen.
Das sind ja großartige Aussichten, dachte ich.

Schließlich machte ich einen neuen Anlauf und ließ
ihn statt dessen eine Kassette mit den Müllabfuhrgeräu-
schen aufnehmen. Ab jetzt sollte er zu Hause mit Tammy
arbeiten, indem er sie dem Getöse erst bei gedämpfter
Lautstärke aussetzen und dann nach und nach den Ton
lauter drehen sollte. Wenn sie ruhig blieb und gegebene

Kommandos befolgte, sollte er sie belohnen – mit einem dicken Lob, einem Leckerbissen oder dem Tennisball. Mit dieser Aufgabe kam er bestens zurecht; von nun an ging er jeden Tag in der Mittagspause nach Hause und arbeitete mit der Hündin. Etwa ein halbes Jahr nach unserem ersten Gesprächstermin teilte er mir telefonisch mit, daß er den Ton jetzt so laut aufdrehen konnte, daß man meinen könne, der Müllwagen befinde sich mitten im Zimmer – und Tammy bliebe trotzdem ruhig! Während der Durchführung dieses Desensibilisierungsprogramms war er außerdem darauf gekommen, Tammy mit den Müllmännern bekanntzumachen, und diese hatten gutmütig eingewilligt, ab und zu hereinzukommen und ihr ein paar nette Worte zu sagen, ein Leckerli zu geben und sie zu streicheln. Alles zusammen hatte so gut funktioniert, daß Tammy nach sechsmonatiger Therapie ihre Angst vor Donnerstagen völlig überwunden hatte. Windgeräusche, schlagende Fensterläden usw. mochte sie noch immer nicht, und man hätte auch diese Phobien eine nach der anderen angehen können, doch Keith war mit seiner Leistung vollauf zufrieden und beschloß, es damit gut sein zu lassen.

Außer gegen akustische und optische Reize können Hunde auch Phobien gegen scheinbar harmlose Gerüche entwickeln. Ich stelle mir immer vor, daß Hunde, die eine Geruchsphobie haben, diese mit einem Erlebnis verbinden, das einmal damit verknüpft war, denn es ist bei den meisten Gerüchen schwer einzusehen, warum sie so abscheulich sein sollen – von Sachen wie Riechsalz einmal abgesehen. Dies könnte zum Beispiel auf einen Hund zutreffen, mit dem es ein Kollege von mir zu tun hatte. Dieser hatte nämlich Angst vor dem Geruch von gebratenem Lammfleisch. Zweifellos konnte der Geruch selbst dem

Hund nichts anhaben, und was dem armen Tier vielleicht einmal zugestoßen war, als die Familie gerade einen Lammbraten essen wollte, läßt sich nur vermuten. Gerüche können sehr leicht Erinnerungen auslösen oder verstärken, selbst bei uns Menschen, die wir nur einen relativ gering entwickelten Geruchssinn haben. Selbst wir können durch einen bestimmten Geruch in unsere Vergangenheit zurückversetzt werden, ob es sich nun um den modrigen Geruch einer alten Kirche oder ein bestimmtes Parfüm handelt. Dabei deckt das sensorische Epithel einer menschlichen Nase nur ein Gebiet von der Größe eines Daumennagels ab, wogegen das olfaktorische Epithel eines Hundes eher die Größe eines ausgebreiteten Taschentuchs hat. Wer will da die Nase rümpfen!

Vermutlich steht am Anfang, unabhängig davon, welcher Reiz die Phobie auslöst, eine schlechte Erfahrung, die mit Schmerzen, Unbehagen oder sonstigen unangenehmen Empfindungen verbunden ist. Einer oder mehrere der Umstände, die mit dem Vorfall in Zusammenhang stehen, kann dann unauslöschlich mit dem unangenehmen oder schmerzhaften Erlebnis verknüpft werden; und jedesmal wenn das Tier später diesen Reiz wahrnimmt, erwartet es ein weiteres Auftreten des bekannten Übels. Durch einen als Rückkopplung oder Reizgeneralisierung bezeichneten Lernvorgang kann der damit verknüpfte Reiz dann selbst wieder mit einem anderen Ereignis oder Begleitumstand assoziiert werden, so daß wirklich harmlose Dinge zu Auslösern einer exzessiven Angstreaktion werden, so wie es in Ladys Fall die Jalousien und bei Tammy die Müllsäcke waren.

Vor kurzem war ein Hund bei mir in Behandlung, der eine Sommerphobie hatte – genauer gesagt, eine Phobie gegen herumfliegende Insekten, deren bloße Anwesenheit genügte, um bei ihm ausgewachsene Angstanfälle auszulösen. Bei eingehender Befragung des Hundehalters erfuhr ich, daß der Hund als Welpe in einem Auto eingesperrt gewesen war, in dem mehrere Pferdebremsen herumflogen. Die Bremsen hätten das arme Tierchen wüst zerstochen, was bei ihm eine klares und bleibendes Feindbild hinterlassen hatte. Seine Angst dehnte sich in der Folgezeit auf sämtliche Insektenarten aus, und wahrscheinlich stellte der Hund dann eine Verbindung zwischen Insekten und Sommer (und Auto) her. Wenn dies bei Insekten passieren kann, warum nicht auch in bezug auf Menschen? Können Hunde gegen bestimmte Menschen eine Phobie entwickeln? Ich gehe davon aus, daß dies so ist und daß die betreffenden Hunde zu den seelisch am schwersten gestörten und gefährlichsten Hunden gehören, die wir kennen – aber davon später mehr.

<hr>

Ratschläge

Phobien in bezug auf unbelebte Phänomene (ausgenommen Gewitterphobien)
Die betreffenden Hunde geraten in einen extremen Erregungszustand (mit Keuchen, Hinundherlaufen und Speicheln), wenn sie bestimmten Anblicken, Geräuschen und Gerüchen ausgesetzt sind. Nicht immer liegt die Ursache offen zutage, aber manchmal läßt sich ein bestimmter traumatischer Vorfall als ursprünglicher Auslöser der zugrunde liegenden Furcht identifizieren.

Behandlung
1. Finden Sie die Ursache der Angst heraus. Eine detaillierte Anamnese ist wichtig.

2. Beginnen Sie mit einem Programm zur systematischen Desensibilisierung und Gegenkonditionierung. Wenn der ursprüngliche Auslöser weit zurückliegt (und sich höchstwahrscheinlich nicht mehr wiederholt), genügt es, das Tier gegen sekundär assoziierte Auslöser zu desensibilisieren. Wie immer bei solchen Programmen ist auch hier Geduld gefragt.
3. Möglicherweise sollten Medikamente (angstreduzierende Präparate oder Antidepressiva) verschrieben werden. Auch Betablocker wie z. B. Propranolol (Inderal) können eventuell helfen.
4. Achten Sie auf genügend Auslauf und Bewegung (Output) und angemessene Ernährung (Input). Dies kann den Behandlungserfolg fördern.

Angstbeißer

In der Hauptsache lösen folgende drei Arten von Reizen bei Hunden Furcht aus: Lebewesen (etwa Menschen oder andere Hunde), Umweltsignale (Geräusche, Gerüche, optische Reize) und bestimmte Situationen oder Begleitumstände. Ich bezeichne diese drei Faktoren gern als das Bermuda-Dreieck der Angst, aus dem es keine unbeschränkte Wiederkehr gibt. Die durch einen bestimmten Reiz hervorgerufene Furcht kann von leichter Ängstlichkeit bis zu einer so starken Gefühlsreaktion reichen, daß es zu einer Überlagerung des Angriffs- und Fluchtverhaltens kommt. Dieser Triebkonflikt kann einen sonst friedlichen Hund in einen rasenden Derwisch verwandeln. In seiner Angst kann ein Hund im Extremfall Menschen angreifen und verletzen oder bei Fluchtversuchen durch eine Fensterscheibe im zehnten Stock springen oder eine Wohnung demolieren. Auch wenn bei manchen Ängsten genetische Mechanismen eine Rolle spielen (die genetisch bedingte Nervosität des Pointers wurde jahrelang durch die US-Gesundheitsbehörde erforscht), bleibt der wichtigste Auslöser eine umweltbedingte Erfahrung bzw. eine Konditionierung.

Viele ängstliche Hunde fürchten sich vor mehr als einer Sache. Zum Beispiel kann ein Hund, der Angst vor Menschen hat, sich auch vor herumfliegendem Laub oder im Wind flatternden Markisen ängstigen. Es ist gut möglich, daß derselbe Hund auch an einer leichten Trennungsangst leidet oder beim Tierarztbesuch in Panik gerät. Solange die Ängste nicht allzu auffällig sind, neigen wir dazu, sie als Überempfindlichkeit abzutun. Wenn ein Hund beim Eintreffen eines Besuchers aus dem Zimmer läuft oder sich verängstigt unter das Sofa verkriecht, finden es seine Besitzer oft nur dumm von ihm, daß er sich vor einem harmlosen Fremden fürchtet. Auch wenn Hunde sich verstecken, sobald ein Staubsauger läuft, oder unglücklich winseln, wenn sie allein im Haus bleiben müssen, finden viele Hundehalter dies nicht weiter problematisch. Erst wenn sich physische Symptome zeigen oder ein Hund mit seiner Angst auf eine Weise umgeht, die für den Besitzer störend ist, werden angstbedingte Leiden als solche erkannt. Also zum Beispiel wenn Hunde, die sich vorm Donner fürchten, hecheln, herumrennen und an ihrem Herrchen »kleben«, und Hunde, die vor Fremden Angst haben, sich nicht vor ihnen verkriechen, sondern sie drohend anknurren. Erst wenn es soweit kommt, ziehen Hundebesitzer gelegentlich einen Tierarzt oder einen Verhaltenskundler zu Rate.

Welche Umwelteinflüsse sind es denn nun, die zur Entstehung von Furcht und Unsicherheit bei Hunden führen? Wahrscheinlich dieselben wie beim Menschen: schlechte Erfahrungen, besonders in der ersten Lebenszeit. Kinder, die eine gestörte oder traumatische Kindheit hatten, entwickeln sich oft zu verhaltensgestörten Erwachsenen. Viele von ihnen haben ein geringes Selbstwertgefühl und leiden an mangelnder Durchsetzungsfähigkeit, oder sie werden zu Zwangsneurotikern, die auf Kontrolle und Ordnung fixiert sind. Bei Hunden, die Angst vor Menschen (oder sonstige Ängste) haben, ist es ähnlich. Bei fast allen ängstlichen Hunden läßt sich eine Entsprechung zu dem feststellen, was wir bei Menschen als dysfunktionale oder zerrüttete Familienverhältnisse bezeichnen. Bei vielen finden sich unglückliche Früherfahrungen wie zum Beispiel Einsamkeit, Unsicherheit und in manchen Fällen Mißhandlungen. Manchmal läßt sich der unangenehme Vorfall, den der Junghund erlebt hat, exakt dokumentieren, und dann kann man die Intensivierung und in manchen Fällen auch die Generalisierung der Angst im einzelnen nachvollziehen. In anderen Fällen liegt der Ursprung der Furcht im dunkeln, und man steht vor der schwierigen Aufgabe, sich an Hand der wenigen bekannten Fakten ein Bild von den Ursachen zu machen. Eines aber ist sicher – eine Familie, die dem Hund Liebe und Zuwendung entgegenbringt, ist für seine normale Entwicklung und Sozialisation immens wichtig, insbesondere während der ersten Lebensmonate.

Ein Fall, an dem sich die Bedeutung solcher unangenehmen frühen Erfahrungen gut ablesen läßt, betraf einen Dackel namens Gordy, der einem Tierärztehepaar gehörte, guten Bekannten von mir. Gordy war im Alter von sechs Wochen zu ihnen gekommen und mit aller nur erdenklichen Liebe und Fürsorge aufgezogen worden. Trotzdem wurde bald deutlich, daß Gordy eine extreme Abneigung gegen Männer mit weißen Bärten hatte. Sobald ein solcher Mann in seine Nähe kam, wurde Gordy völlig hysterisch und lief kläffend um den bärtigen Fremdling herum, um ihn einzuschüchtern und zu vertreiben. Am Anfang schien es so, als gebe es nicht den geringsten Grund dafür, daß Gordy eine derartige Furcht entwickelt hatte, denn meine Bekannten hatten ihren Liebling in seinem ersten halben Jahr total verwöhnt und ihn eher wie ein Baby statt wie einen Welpen behandelt.

Sie konnten sich an keinen einzigen unangenehmen Vorfall erinnern, schon gar nicht in Verbindung mit irgendwelchen weißbärtigen Männern. Schließlich wurde Gordys gestörtes Verhalten so auffällig, daß seine Besitzer einen verhaltenskundlich ausgebildeten Tierfacharzt in ihrer Nähe aufsuchten. Bei dessen Nachfragen fiel ihnen schließlich ein, daß sie den Hund ein einziges Mal allein gelassen hatten, und daher nicht wissen konnten, was er an dem Tag erlebt hatte. Er war damals erst zehneinhalb Wochen alt gewesen, doch hatten seine Besitzer einen Hundesitter kommen lassen, der ihr »Baby« zu Hause betreut hatte. Dieser bisher unbekannte Umstand ließ den Verhaltenskundler Verdacht schöpfen.

»Der Hundesitter war nicht zufällig ein Mann mit einem weißen Bart?« fragte er hoffnungsvoll.

»Nein, tut mir leid«, antwortete mein Bekannter. »Es war ein junges Mädchen, das bei mir arbeitet.«

Der Verhaltenskundler war ein bißchen enttäuscht, doch dann kam ihm eine Idee.

»Hatte sie vielleicht in Ihrer Abwesenheit Besuch von irgend jemandem?« machte er einen neuen Vorstoß.

Weil darüber weder dem Tierarzt noch seiner Frau etwas bekannt war, war es nötig, direkt an die Quelle zu gehen. Die junge Frau wurde ausfindig gemacht und gab auf Befragen an, ja, sie habe tatsächlich einen Besucher gehabt, nämlich ihren Freund, und – Sie ahnen es bereits – dieser trug tatsächlich einen weißen Bart! Sie konnte sich dunkel erinnern, daß sich irgendeine dumme Sache zugetragen hatte, während sie draußen war und Tee kochte, doch damit sei es gleich wieder vorbeigewesen. Daraufhin rief sich die Frau meines Bekannten den Abend noch einmal ganz genau ins Gedächtnis zurück, und dabei fiel ihr wieder ein, daß Gordy bei ihrer Rückkehr irgendwie verschreckt gewirkt hatte. Er war im Zimmer hin und her gerannt, hatte sich unter den Sesseln versteckt und einen etwas verängstigten Eindruck gemacht. Da sie sich sein Verhalten nicht erklären konnten, hatten sie es als »komisch« abgetan. Am nächsten Tag schien Gordy wieder ganz der alte zu sein – was er aber nicht war. Irgend etwas Negatives war zwischen Gordy und dem Mann mit dem weißen Bart vorgefallen und hatte sich in Gordys Bewußtsein eingenistet, wie ein Krebsgeschwür, das darauf wartet zu streuen. In der Folgezeit geriet der normalerweise ziemlich ausgeglichene Gordy völlig außer Rand und Band, sobald ein Mann mit einem weißen Bart auf der Bildfläche erschien, und verwandelte sich in einen leibhaftigen Höllenhund. Um die Probe aufs Exempel zu machen, überredete der Tierarzt den ursprünglichen Weißbart, zu ihm in die Klinik zu kommen, wo sich auch Gordy befand. Die Begegnung verlief absolut chaotisch, denn Gordy reagierte mit einem Aggressionsausbruch von einer Heftigkeit, wie er sie nie zuvor an den Tag gelegt hatte. Zum Glück war er angebunden.

Der kleine Hund hatte sich nicht von seiner schon recht eigentümlichen Furcht überwältigen lassen und sich nicht in eine kriecherische, unterwürfige oder sich feige versteckende Kreatur verwandelt, sondern sich für den Mittelweg entschieden: standhaft zu bleiben und es mit Einschüchterung zu versuchen. Seine Besitzer hätten nun mit Hilfe eines Umerziehungsprogramms Gordys Einstellung zu weißbärtigen Männern verändern können, doch sie hielten es lieber mit der von alters her bewährten Vermeidungstaktik. In diesem Fall war das eine durchaus akzeptable Lösung, da Gordy die meiste Zeit bei ihnen zu Hause verbrachte und selten mit Fremden zusammenkam, geschweige denn mit der Spezies der Weißbärte.

218

Manche Hunde mit einer ähnlichen Angst vor Menschen haben mit der Einschüchterung mehr Erfolg und lernen schnell, sich zum Herrn der Lage aufzuschwingen – genau wie ihre menschlichen Pendants. Aus naheliegenden Gründen ist größeren Hunden dabei meist mehr Erfolg beschieden. Wenn ein Hund sowohl ängstlich als auch dominant ist, kann die Angriffsbereitschaft so groß werden, daß die von ihm attackierten Opfer schwere Bißverletzungen davontragen und sich in echter Gefahr befinden. Solche Hunde werden oft als »Angstbeißer« bezeichnet. Ich habe diesen Ausdruck immer als besonders treffend empfunden. Angstbeißer sind immer dann besonders gefährlich, wenn sie keine Fluchtmöglichkeit haben. In einer Situation, in der es Fliehen oder Kämpfen heißt und ihnen kein Ausweg offensteht, bleibt ihnen als einzige Alternative der Angriff.

In unserer Klinik kommt es gelegentlich vor, daß man einen ängstlich-aggressiven Hund aus seinem Käfig holen muß. Wenn man die Käfigtür öffnet und direkt auf ihn zukommt, kann der Hund sehr leicht aggressiv werden und beißen. Doch wenn die betreffende Person beim Öffnen seitlich von der Tür steht, entspannt sich die Lage oft völlig; der Hund kommt freiwillig heraus und ist, sobald er den Käfig ganz verlassen hat, viel ruhiger und ungefährlicher. Weitere Situationen, in denen ängstlich-aggressive Hunde leichter zuschnappen, ergeben sich zum Beispiel, wenn sie sehr kurz an der Leine gehalten werden oder auf dem Hof angekettet sind, denn auch hier haben sie keine Ausweichmöglichkeit.

Noch ein wichtiger Sicherheitshinweis: Für einen Hund ist die Kehrseite eines Opfers weniger bedrohlich als die Vorderseite, was zur Folge hat, daß ängstliche Hunde erst dann zubeißen, wenn der Fremde sich abwendet, um sich zu entfernen. Sie beißen dann vielfach von hinten in den Fußknöchel oder Oberschenkel. Am wenigsten gefährlich sind ängstliche Hunde, wenn sie nicht angeleint sind und sich im Freien befinden. Sie laufen dann vielleicht in einem großen Kreis um den Fremden herum und verbellen ihn, doch in dieser Situation bestimmen sie selbst, in welcher Entfernung sie sich aufhalten wollen, und können, wenn nötig, weglaufen. Resultat: keine Aggression.

Eine typisches Kennzeichen der Angst vor Menschen ist, daß sie sich gegen Fremde wendet. Im allgemeinen betrifft dies Männer oder Kinder, da beide Gruppen anscheinend am ehesten dazu neigen, Hunde in einer so unangenehmen Weise zu behandeln, daß es sich ihnen nachhaltig einprägt. Männer sind ja schließlich aggressiver als Frauen, und was Kinder Tieren antun können, wissen wir alle. Auch hier sind die Jungen schlimmer als die Mädchen, weshalb sie sehr viel öfter das Ziel angstbedingter Aggressivität von Hunden sind.

Bei einer Rekonstruktion früherer Vorfälle ist es manchmal möglich, sich eine ziemlich genaue Vorstellung vom Aussehen des ursprünglichen Übeltäters zu machen. Bei dem Hund des Tierarztes lag die Vermutung, daß es sich um einen Mann mit einem weißen Bart handelte, auf der Hand. In anderen Fällen ist es schwieriger. Nach allem, was wir wissen, fürchten sich Hunde oft vor großen Männern mit Hut oder Bart; gleiches gilt für schwere Stiefel und tiefe Stimmen. Doch manchmal wird die Angstreaktion durch sehr viel subtilere Signale ausgelöst, zum Beispiel Zigarettenrauch oder ein bestimmtes Parfüm. In einem Fall hatte ich es mit einem Hund zu tun, der Angst bekam, wenn jemand das Haus betrat, der Alkohol getrunken hatte, wobei es keine Rolle spielte, ob der Betreffende betrunken war oder nicht. Das beschwor natürlich besonders trübe Vorstellungen herauf, doch war mir das Faktum nicht neu, da ich bereits eine Reihe von Hunden gesehen habe, deren Verstörung meiner Meinung nach von widersprüchlichen Interaktionen mit einer alkoholkranken primären Bezugsperson herrührte. (Vielleicht könnte man sich einiges bei Selbsthilfegruppen wie den »Erwachsenen Kindern von Alkoholikern« abgucken, um solche Hunde richtig zu behandeln.)

Bei manchen Hunden geht die Generalisierung der Fremdenangst so weit, daß fast alle unbekannten Personen bei ihnen eine Angstreaktion auslösen. Die detektivische Nachforschung gestaltet sich dann besonders schwierig, und eine vollständige Desensibilisierung ist so gut wie ausgeschlossen. Wie eine Begegnung von Hunden und fremden Menschen verläuft, hängt bis zu einem gewissen Grad auch von der Reaktion des Hundebesitzers auf den Fremden ab. Die schlimmste Kombination ist ein Besitzer, der mit panischer Angst oder Aufregung reagiert, und ein ängstlicher Fremder, der nervös versucht, mit dem Hund Freundschaft zu schließen. Familienmitglieder und Personen, die dem Hund vertraut sind, haben im allgemeinen keine Probleme mit diesem Hundetyp, der ein äußerst anhänglicher und liebevoller Familienhund sein kann. Problematisch wird es nur mit Fremden. Anders als beim angstbedingten Revierverhalten, das zu Hause besonders schlimm ist, tritt eine angstbedingte Aggressivität dieser Größenordnung meist mit gleichbleibender Heftigkeit auf, unabhängig von der Umgebung, in der man sich gerade befindet.

Einer meiner Patienten, ein mittelgroßer schwarzbrauner Mischlingshund namens Charlie, der wie eine Kreuzung aus Labrador, Deutschem Schäferhund und Pitbullterrier aussah, wies eine ziemlich extreme Form der Menschenangst auf. Seine Angst war so groß, daß er auf jeden fremden Menschen in einer äußerst aggressiven und bösartigen Art und Weise losging und zubiß. Es war einer der schlimmsten Fälle von angstbedingter Aggression, die mir jemals untergekommen sind, so daß ich gezwungen war, die Besitzer darauf aufmerksam zu machen, was den Haltern eines so gemeingefährlichen Hundes blühen kann. Doch zum Glück für Charlie beharrten seine Besitzer resolut darauf, daß er am Leben bleiben sollte. Ein Bekannter von mir, der als Hundetrainer arbeitet, bezeichnet diesen Hundetyp als »Charles Manson im Hundekostüm«. Bei diesem Hund trifft das den Nagel auf den Kopf, dachte ich, selbst der Name paßt. Doch trotz seiner Gefährlichkeit hatte ich Mitleid mit Charlie, denn ich wußte, daß extrem schlechte Erfahrungen oder Umstände dafür verantwortlich waren, daß er so geworden war. Seine Besitzer, Jessie und John McDonald, brachten ihn durch den Nebeneingang in mein Sprechzimmer, damit er keine Gelegenheit hatte, die im Wartezimmer sitzenden Klienten anzufallen.

Jessie hatte Charlie offensichtlich in ihr Herz geschlossen, John dagegen weniger, und ich merkte schnell, daß er hauptsächlich zu ihrer moralischen Unterstützung mitgekommen war. Da waren wir nun im Sprechzimmer, wir drei – und Charlie. Mir fiel schon in den ersten Minuten auf, daß Charlie, der mich mit verhaltener Lautstärke angrollte und die Lefzen drohend zurückgezogen hatte, ständig meine Füße fixierte. Mein Schreibtisch war unten in der Mitte offen, und ganz gleich, was ich mit meinen Füßen anstellte, sie blieben in dem Tunnel unter der Schreibplatte sichtbar. Während des Gesprächs unternahm Charlie mehrmals einen Ausfall in Richtung

Schreibtisch und verschwand knurrend aus meinem Blickfeld, während Jessie kraftlos an seiner Leine zerrte. Ich bemühte mich ruhig zu bleiben, während ich meine Füße ganz langsam soweit wie möglich nach hinten schob und Jessie mit fester Stimme anwies, den Hund wieder zurückzuziehen, so daß ich ihn sehen konnte. Charlie, der etwa 19 Monate alt war, stammte bezeichnenderweise aus einem Tierasyl und war erst im Alter von vier bis fünf Monaten zu seinen Besitzern gekommen. Mit neun Monaten hatten diese ihn kastrieren lassen, doch beeinflußt eine Kastration übersteigertes Angstverhalten nicht. Im Laufe des Gesprächs erfuhr ich auch, daß die McDonalds bereits bei einem Verhaltenskundler gewesen waren, der spielerische Aggression diagnostiziert und Charlie ein Medikament verschrieben hatte.

Ich weiß nicht, wie alt Charlie zu diesem Zeitpunkt war, aber was sich da vor meinen Augen abspielte, war keinesfalls ein Spieldrohen – und im übrigen, warum sollte man etwas Spielerisches mit Medikamenten behandeln? Selbst Charlies Besitzer gaben zu, daß sein Verhalten erheblich gestört war und sie den Hund im Grunde nicht unter Kontrolle hatten. Bei ihnen zu Hause verhielt er sich eigenwillig und dominant, ohne allerdings eine ernsthafte Bedrohung für die McDonalds darzustellen. Wäre seine Dominanz das einzige Problem gewesen, hätte er in meinem Sprechzimmer auch für mich keine Bedrohung bedeutet. Im weiteren Verlauf des Gesprächs erfuhr ich, daß Charlie jeden Besucher, der das Haus betrat, verbellte und ansprang, wobei er manchmal auch nach ihm schnappte oder sogar zubiß. Die McDonalds waren inzwischen zu Einsiedlern geworden, wenngleich nicht aus freien Stücken – es war nur niemand aus ihrer Bekanntschaft mehr bereit, sie zu besuchen. Auch beim

Tierarzt benahm Charlie sich »nicht so gut«. Mit Charlie vor Augen erübrigte sich diese Mitteilung, und während weitere Einzelheiten häßlicher Zwischenfälle vor mir ausgebreitet wurden, wurde ich zunehmend nervöser. Hinter meinem Schreibtisch verschanzt, beobachtete ich, wie Charlie unter heftigem Schnauben unruhig umhertrabte und ab und zu unter Geknurr bösartige Seitenblicke auf meine Füße warf. Ich kam allmählich zu dem Ergebnis, daß die Erklärung für seinen ausgeprägten Fußfetischismus darin zu suchen war, daß ihn jemand als jungen Hund mit Fußtritten traktiert hatte.

Die McDonalds erwarteten von mir Ratschläge zu Charlies Behandlung, und die wollte ich ihnen gern geben. Ich ging mein übliches Repertoire von Ernährungs- und Trainingsanweisungen durch, wozu sowohl die Empfehlung eines proteinarmen Hundefutters gehört als auch der Vorschlag, sämtliche Nahrungsmittel zu meiden, die künstliche Konservierungsstoffe enthalten. Daraufhin berichteten die McDonalds, daß bei Charlie eine Allergie gegen das Konservierungsmittel Ethoxyquin festgestellt worden sei und man dieses wie die Pest meiden müsse. Als nächstes erklärte ich den McDonalds, je mehr Bewegung Charlie habe, desto besser für ihn (und alle anderen). Allerdings gab es bei einem Hund wie diesem gewisse Einschränkungen beim Spazierengehen. Ich für meinen Teil hätte ihm jedenfalls nicht gern im Stadtpark begegnen mögen! Ich betonte vor allem, welch wichtige Rolle die Erziehung zu absolutem Gehorsam spielte, sofern die McDonalds ihn jemals besser in den Griff bekommen wollten. Ich wies sie noch einmal auf die altbewährte Technik hin, einsilbige Befehle zu erteilen und die gewünschte Reaktion zu belohnen – positive Verstärkung also.

Glücklicherweise hatten beide Erfahrung mit dem Abrichten von Hunden, doch irgendwie war es ihnen entgangen, wie wichtig es war, täglich mit Charlie zu üben, damit er wirklich verläßlich reagierte. Auch war ihnen nicht klar gewesen, daß ihr Ziel eine hundertprozentige Erfolgsquote sein mußte, zumindest unter optimalen Umständen, also in den eigenen vier Wänden. Wenn ein Hund unter Idealbedingungen nur in 70 Prozent der Fälle gehorcht, bleibt seinen Besitzern nicht einmal mehr Zeit für ein Stoßgebet, wenn Turbulenzen auftreten. Reichlich Bewegung, eine modifizierte Ernährung und Gehorsamstraining würden Charlies Verfassung wahrscheinlich etwas bessern. Aber damit er keine Gefahr mehr darstellte, brauchte es sicher mehr als das.

Als erste Behandlungsstufe faßte ich eine eingeschränkte Desensibilisierung ins Auge, bei der Charlie Schritt für Schritt mit einigen Bekannten seiner Besitzer konfrontiert werden sollte. Ich erklärte den McDonalds, daß er als erstes der am wenigsten bedrohlichen Person in sicherer Entfernung gegenübergestellt werden solle. Charlie müsse »Sitz« machen und würde im Fall des Gehorsams mit Hundekuchen belohnt. Die regelmäßigen Belohnungen (oder ein anderes angenehmes Erlebnis) sollten dazu führen, daß Charlie die bisher bedrohliche Erfahrung statt mit Angst mit einer angenehmen Reaktion assoziierte. Als nächstes mußte der Freiwillige langsam näher herankommen, aber nur, solange Charlie unter Kontrolle blieb und die Belohnungen honorierte. Letztendlich sollte erreicht werden, daß die betreffende Person direkt neben Charlie stehen konnte, während der Hund weiter seine Leckerli wegputzte. Sodann werde die Reizintensität wieder verstärkt. Das heißt, dem Hund wird eine andere Person, die eine größere Bedrohung darstellt, in einiger Entfernung gezeigt, und so weiter und so fort. Dann führte ich den McDonalds meine »Geheimwaffe« vor – das Hundehalfter. Es gab zwar keine Garantie, daß es funktionierte, aber es lohnte einen Versuch. Da das Halfter im allgemeinen sehr effektiv ist, setzte ich große Hoffnung darauf, daß es sich auch in Charlies Fall bewähren würde.

Einem weniger gefährlichen Hund hätte ich selbst das Geschirr angelegt, doch bei Charlie erschien es mir in jeder Hinsicht besser, daß es die McDonalds taten, während ich die nötigen Anweisungen aus sicherer Entfernung gab. Ich hatte guten Grund anzunehmen, daß Charlie, wenn das Halfter erst einmal richtig saß, sehr viel leichter zu handhaben sein würde und auch ich ihn führen könnte. Jessie kniete sich hin und sorgte dafür, daß Charlie den Kopf stillhielt, und während sie ihm gut zuredete und Schmeicheleien ins Ohr säuselte, legte ihm John den Nackengurt an und zog ihn so zu, daß er eng anlag. Dann befestigte er den Nasenriemen: Charlie sollte noch sein Maul öffnen und hecheln können, doch sollte der Riemen eng genug ansitzen, daß er ihm nicht von der Schnauze rutschte. Während John noch damit herumexperimentierte, fiel das lose Ende des Halfters auf den Boden, und ich streckte die Hand danach aus, um es John zu reichen. Meine Hand war etwa 30 Zentimeter von Charlies Kopf entfernt, doch mit einer blitzschnellen Bewegung warf er sich herum, und schon gruben sich seine Zähne in meinen Daumen und Handrücken. Der Angriff dauerte nur den Bruchteil einer Sekunde, aber ich spürte einen dumpfen, klopfenden Schmerz in der Hand. Ich machte kein Aufhebens davon, damit Charlie kein weiteres Kapital aus meiner mißlichen Lage ziehen konnte und seine Besitzer sich nicht beunruhigten. In jedem Fall saß das Halfter jetzt richtig, und ich glaubte, nun würde eine Wende zum Besseren eintreten. Ich wischte mir das Blut von der Hand und betrachtete das spitze Loch in meinem Daumennagel und die rotblaue Verfärbung darunter, die auf einen Bluterguß schließen ließ. Eins war sicher, ich würde Charlie nicht so bald vergessen. Ich übernahm die Leine, und wir gingen zum Nebeneingang und traten auf den gepflasterten Vorplatz der Klinik hinaus, an diesem schönen Tag im Mai. Kaum war Charlie ins Freie gelangt, begann er sich zu sträuben und gegen das Halfter zu wehren. Er kratzte mit den Pfoten daran, schrubbte mit der Nase über den Boden und warf sich von einer Seite auf die andere wie ein Lachs, der stromaufwärts schwimmt.

»Es ist ganz normal, daß er sich zuerst einmal dagegen wehrt«, versicherte ich den McDonalds. »Ich muß ihn nur eine Zeitlang herumführen, dann wird er sich schon damit abfinden. Los Charlie, komm!« sagte ich zuversichtlich und ging mit raschen Schritten den langen Weg zum Parkplatz hinunter, in der Hoffnung, daß Charlie sich beruhigen würde.

Unterwegs hielt ich an und versuchte Charlie mit einem Zug am Halfter zum Sitzen zu veranlassen, aber er weigerte sich schlicht und fing statt dessen an zu keuchen und zu schnaufen und die Muskeln anzuspannen. Wie die Kehle eines quakenden Frosches blähten sich seine Backen abwechselnd auf und sanken wieder zusammen, und sein Speichel floß in Strömen.

»Versuchen Sie es lieber mal!« schlug ich John vor. »Vielleicht bin ich nicht ganz der Richtige, um ihn an der Leine zu führen; schließlich kennt er mich nicht.«

John übernahm die Leine, aber das änderte nicht viel. Der Hund hörte nicht auf, sich zu wehren und gegen das

Halfter anzukämpfen. Schließlich gaben wir auf – alle außer Charlie! Da standen wir nun im Kreis um Charlie herum, und überlegten, wie es weitergehen solle. John machte Anstalten, mir die Leine zurückzugeben, aber irgendwie griff ich daneben, und das Ende fiel auf den Boden. Was als nächstes geschah, ging unglaublich schnell vonstatten, obwohl es mir damals so vorkam, als liefe es in Zeitlupe ab. Mir war klar, daß Charlie angesichts der losen Leine nicht sitzen bleiben, sondern mit großer Wahrscheinlichkeit weglaufen würde; und die stark befahrene A 30 war nur 50 Meter entfernt. Jemand mußte die Leine aufheben. Ich war am nächsten dran. Konnte das gutgehen? Wenigstens sollte ich es versuchen, dachte ich. Doch in dem Moment, als ich mich nach der Leine bückte, stieß Charlie mit der gleichen Rasanz wie beim erstenmal vor und schnappte nach meiner Hand. Diesmal verpaßte er sie, aber ich konnte den Luftzug seiner Kiefer an meinen Fingerknöcheln spüren.

»Charlie, warum hast du das denn gemacht?« sagte John, als er sich bückte, um die Leine selbst aufzuheben.

Er bekam die Leine einen Moment lang zu fassen, doch gerade als er sich wieder aufrichtete, stürzte Charlie noch einmal unvermittelt los und erwischte John am Handrücken, wobei er ihm eine drei Zentimeter lange Wunde riß. Ich war wegen John besorgt, doch Charlie war immer noch frei. Jetzt war Jessie an der Reihe, die Leine aufzuheben, und zum Glück gelang es ihr auch. Ich war besonders dankbar dafür, weil Charlie es nun auf mich abgesehen hatte und bedrohlich starrend auf mich zukam. Jessie fummelte mit der Leine herum und hielt sie nicht richtig fest, während sie auf Charlie einschnatterte, als wäre er ein ungezogener Zweijähriger, der gerade die Tapete bekritzelt hat. Ich rührte mich nicht von der Stelle und befahl ihr, die Leine strammzuziehen und ja nicht loszulassen. Erst als ich sicher war, daß sie Charlie unter Kontrolle hatte, kümmerte ich mich um John und seine verletzte Hand. Hier mußte sofort etwas geschehen, deshalb nahm ich ihn am Arm und steuerte uns vorsichtig von Jessie und Charlie fort, wobei ich Jessie noch sagte, sie solle den Hund wieder ins Auto bringen. Ich käme gleich zurück, um sie zu holen.

Ich brachte John ins Sprechzimmer, wo ich seine Hand säuberte und verband. Ich riet ihm, ins Krankenhaus zu fahren, um die Wunde nähen und sich Antibiotika und eine Tetanusspritze geben zu lassen, doch das wollte er nicht. Während er dasaß und sich von dem Schreck erholte, veranstalteten wir eine kleine außerplanmäßige Konferenz zum Thema Charlie. Im wesentlichen gab John mir zu verstehen, daß er dem Hund nicht dieselben Gefühle entgegenbrachte wie Jessie und sich ernstliche Sorgen machte, ob sie zu Hause vor ihm sicher seien. Unser Gespräch brach jedoch ab, als Jessie am Seiteneingang erschien. Sie sagte, die Ereignisse dieses Nachmittags hätten Charlie sehr mitgenommen, doch jetzt im Auto beruhige er sich ein wenig.

Wir holten Charlie kein weiteres Mal aus dem Wagen, sondern blieben noch eine Zeitlang sitzen und unterhielten uns, und Jessie bekräftige ihren Entschluß, an Charlies Erziehung zu arbeiten.

»Gibt es denn gar kein Medikament, Herr Doktor, das ihm helfen könnte?« fragte sie.

»Nun, das schon«, sagte ich. »Wir könnten es mit Propranolol versuchen, einem angstmildernden Medikament, das den Kampf-oder-Flucht-Reflex blockiert, ohne daß Charlie benommen wird. Vielleicht hilft ihm das auch, ein bißchen ruhiger zu werden. Ich glaube zwar nicht, daß es Charlie heilen wird, aber es könnte seine Aggressivität um 30 bis 50 Prozent senken, und das wäre immerhin etwas.«

»Können wir es damit versuchen?« fragte sie in bittendem Ton.

»Also gut«, sagte ich, »aber Sie müssen sich darüber im klaren sein, daß aus Charlie nie ein normaler Hund wird. Er wird immer Schwierigkeiten mit Fremden haben und muß als gefährlich eingestuft werden, ob er nun Medikamente bekommt oder nicht. Das Beste, was wir vielleicht erreichen können, wäre, daß Charlie mit Hilfe einer Kombination aus Diät, Bewegung, Gehorsamserziehung und medikamentöser Behandlung um, sagen wir mal, 50 Prozent gebessert wird.«

»Schon die kleinste Besserung wäre mir recht«, sagte sie dankbar, »und ich weiß, daß wir aufpassen müssen.«

Wir beließen es dabei; Jessie hatte Charlie, ihre Instruktionen und das verschriebene Medikament, John eine klaffende Wunde an der Hand und ich einen pulsierenden Schmerz im Daumen. Ich sah ihnen nach, bis sie vom Parkplatz gefahren waren, und überlegte, was das Schicksal wohl für Charlie bereithielt.

Zu meinem größten Erstaunen ging es aber viel besser, als ich erwartet hatte. Nach einer Reihe von zusätzlichen telefonischen Beratungen mit den McDonalds gelangten wir schließlich so weit, daß wir Charlies Besserung auf 80 Prozent veranschlagten, und die McDonalds waren außer sich vor Freude. Wir halten auch weiterhin Kontakt, da sie in Abständen ein neues Rezept für Charlies Medikament brauchen.

Bei aggressivem Angstverhalten muß man eines wissen: Es verliert sich nie ganz. Alles, was wir erreichen können, ist, die Angst zu dämpfen oder den Hund gegen bestimmte Dinge zu desensibilisieren, doch im Grunde kann der Desensibilisierungsprozeß nie als abgeschlossen gelten, sondern es muß ständig daran gearbeitet werden. Die Behandlung des Angstverhaltens durch eine Verhaltensdesensibilisierung entspricht der Behandlung einer Allergie durch eine Spritzenkur. Eine allergische Reaktion, zum Beispiel auf Insektenstiche, kann durch eine Serie von antiallergischen Injektionen gedämpft werden, doch sobald man damit aufhört und die Person erneut gestochen wird, tritt die allergische Reaktion wieder in voller Stärke auf. Bei der Angst ist es genauso. Die Korrekturarbeit ist niemals zu Ende, sondern muß immer weitergeführt werden.

Andererseits: Wenn sich bei einem Hund wie Charlie durch eine Behandlung eine gewisse Besserung einstellt, sollte dies bei fast jedem ängstlichen Hund zu erreichen sein. Ich habe schon viele derartige Hunde mit solchem Erfolg behandelt, daß ihre Besitzer sie für »geheilt« halten und angeben, ihrem Hund gehe es »hundertprozentig besser« (womit sie meinen, sein Verhalten habe sich so sehr gebessert, daß sie das Gefühl haben, er sei nicht mehr gestört). Doch bei genauem Nachfragen stellt sich immer wieder heraus, daß bestimmte verräterische Anzeichen weiterhin vorhanden sind.

Es ist traurig, mitansehen zu müssen, welcher Schaden durch Mißhandlungen in der Kindheit angerichtet werden kann. Die Erfahrungen des Welpen – Mißhandlung, Vernachlässigung oder sonstige widrige Bedingungen – bestimmen die Ausprägung der Verhaltensstörungen in der Folgezeit. Stärke und Form der jeweiligen Angstreaktion hängen zu einem Teil auch von den Erfahrungen ab, die der Hund später im Umgang mit seiner Furcht macht, und zum Teil auch von der Reaktion des Hundehalters.

Zum einen können große Hunde einschüchternder wirken und deshalb schneller zu Angstbeißern werden. Andererseits können die Besitzer das Angstverhalten, ohne es zu wollen, noch fördern, indem sie den Hund für seine Aufregung loben, vermeintlich um ihr Tier zu beruhigen. Viele Hundebesitzer verhalten sich selbst ebenfalls nervös, was die Angst des Hundes noch steigert. Wenn jemand, der einen Hund an der Leine führt, plötzlich eine Habachtstellung einnimmt, dann signalisiert er dem Hund, daß Gefahr droht. Die Leine funktioniert wie eine Art Telegraf und überträgt die Unsicherheit des Halters direkt auf den Hund. Es ist deshalb ein wesentlicher Bestandteil der Therapie und Vorbeugung der Angst vor Menschen – ob der Hund nun aggressiv ist oder nicht –, den Hundehaltern beizubringen, sich im Angesicht von Gefahren zu entspannen und dem Hund gleichzeitig entschiedene Anweisungen zu erteilen.

Es versteht sich von selbst, daß man am besten mit angstbedingter Aggressivität umgeht, indem man sie von vornherein verhindert. Frei nach Thomas Morus: »Ein Lot Vorbeugung ist besser als ein Pfund Heilung.« Die Erziehung sollte bereits in den ersten Lebenswochen beginnen, noch bevor die Welpen die Augen öffnen. Selbst wenn sie noch nicht sehen oder richtig hören können, sind sie bereits imstande, die Gegenwart eines Menschen auf Grund von Berührungen und dank ihres Geruchssinns wahrzunehmen, und schon auf dieser Entwicklungsstufe mögen sie es, gestreichelt zu werden. Ein Mensch, der keine Freude daran hätte, sich in dieser Weise um ein Hundekind zu kümmern und mit ihm die verschiedensten Desensibilisierungsübungen bis ins Jugendalter hinein durchzuführen, sollte es sich wahrscheinlich zweimal überlegen, bevor er einen jungen Hund anschafft. Die richtige Aufzucht eines Welpen bringt viel Verantwortung mit sich. Als Alternative kann man sich ja auch einen ausgeglichenen, bereits sozialisierten Hund von einem Züchter oder aus dem Tierheim holen. Nur ist es dabei ratsam, einen Menschen mitzunehmen, der etwas von Hunden versteht und ihr Temperament beurteilen kann, damit man nicht Gefahr läuft, einen Charlie zu erwischen. Unter dieser Voraussetzung können Sie auch an einem Hund aus dem Tierhort viel Freude haben. Und nicht zuletzt retten Sie damit vielleicht sogar ein Leben.

──────────────────────────────── Ratschläge ─

Fremdenangst und angstbedingte Aggression
Hunde, die Angst vor Menschen haben, weisen als Jungtiere häufig Vermeidungsverhalten auf. Dieses kann sich auf die Dauer in defensives Aggressionsverhalten verwandeln, das sich primär gegen Fremde richtet (besonders Männer und Kinder). Solche Hunde haben oft mehrmals den Besitzer gewechselt und/oder hatten eine unzureichende Sozialisation und können auch durch traumatische Erlebnisse geschädigt sein. Diese Art der Aggression verstärkt sich, wenn es keine Fluchtmöglichkeit gibt, zum Beispiel wenn der Hund angeleint oder angekettet ist oder sich in einem engen Raum befindet.

Behandlung
1. Stellen Sie sicher, daß der Hund genügend Bewegungstraining bekommt – also 20 bis 30 Minuten Spielaktivität am Tag.
2. Geben Sie ihm vernünftige Nahrung (kein Kraftfutter).

3. Führen Sie ein regelmäßiges Trainingsprogramm durch. (Nur positive Verstärkung anwenden!) Dabei kann ein Hundehalfter gute Dienste leisten.
4. Beginnen Sie mit Desensibilisierung und Gegenkonditionierung.
5. Vermeiden Sie, die Angst des Hundes durch eigene Ängste noch zu verstärken.
6. Möglicherweise ist eine pharmazeutische Therapie nötig, mit Medikamenten wie Propranolol (Inderal), Fluoxetin (Prozac, Fluctin) oder Bespar.

Teil III

Hunde mit Zwangsneurosen

Bullies – ein Fall für sich

Wenn ich Ihnen hier die Geschichte meiner Beschäftigung mit der Bullterrierrasse erzähle, so handelt es sich genaugenommen nicht um eine bloße Geschichte. Für mich ist dieses Thema zu einer fixen Idee geworden, von der ich geradezu besessen bin – fast schon eine Lebensaufgabe.

Der Bullterrier ist verwandt mit dem Staffordshire Bullterrier, dem Amerikanischen Staffordshire Terrier sowie mit deren berüchtigtem Vetter, dem Pitbullterrier, doch zeichnet er sich durch manchmal nur geringe Abweichungen in Physiognomie, Körperbau (»Gebäude«), Färbung und Größe aus. Bullterrier haben ein in sanftem Bogen verlaufendes Kopfprofil, schmale, schräg sitzende Augen, eine gewölbte Brust und eher kurze Läufe. Im allgemeinen sind sie reinweiß oder »colored« (schwarz gestromt oder getigert) und wiegen ausgewachsen etwa 20 bis 23 Kilo.

Bullterrier wurden einst als Kampfhunde gezüchtet, doch trotz dieses Erbes sind sie im allgemeinen viel netter, als man vielleicht meint. Gute Exemplare können die besten Familienhunde sein, da sie äußerst anhänglich, intelligent und treu sind, und zudem sind sie so amüsante Persönlichkeiten, daß ihre Anhänger behaupten, im Vergleich zu ihnen seien alle anderen Hunderassen langweilig. Bullterrier-Kritiker dagegen weisen darauf hin, daß bei manchen eine als Wutsyndrom bezeichnete Störung auftritt und sie bei der geringsten Provokation oder sogar unprovoziert extrem aggressiv werden können; und falls sie wirklich einmal zubeißen, lassen sie meist nicht so leicht wieder los. Es wird behauptet, ein Bullterrier könne zweieinhalb Meter hoch springen, einen Ast schraubstockartig mit den Kiefern umklammern und 20 Minuten so hängen bleiben. Diesen Hund von seiner Beute zu trennen ist nur unter Schwierigkeiten möglich. (In einer solchen Situation könnte, so stelle ich mir vor, etwas wie die Rettungsspreizer, mit denen man Menschen aus Unfallautos befreit, gute Dienste tun.)

Wie dem auch sei, selbst glühende Bullterrier-Fans meinen, daß es nicht zu empfehlen sei, sich mit einem Vertreter dieser Rasse anzulegen; vielmehr solle man sich vor Angriffen in acht nehmen. Die Tatsache, daß Bullterrier im Fall einer Attacke auf einen Menschen prompt getötet werden – eine Art künstlicher Auslese –, ist wahrscheinlich dafür verantwortlich, daß die überwiegende Mehrheit ihrer Vertreter so gutmütige Naturen sind. Vor einigen Jahren machte die amerikanische Brauerei Anheuser-Busch die Rasse unbeabsichtigt durch ihre Werbung mit dem Bullterrier »Spuds MacKenzie« populär, doch muß sich dann das Aggressionspotential dieser Rasse auch bis dorthin herumgesprochen haben, denn plötzlich war Spuds auf geheimnisvolle Weise aus der Werbekampagne für Budweiser Bier wieder verschwunden.

Die Bullterrierrasse entstand etwa Mitte des letzten Jahrhunderts durch die Kreuzung von English White Terrier (inzwischen ausgestorben) und englischem Bulldog. Deshalb wurde die neue Rasse anfangs als »Bull *and* Terrier« bezeichnet. In der Folgezeit wurde diese dann immer wieder mit dem English White Terrier und dem Dalmatiner gekreuzt, bis eine Linie reinweißer Hunde entstand, die dann Bullterrier genannt wurde. Dieser milchweiße Hund wurde Mitte bis Ende des letzten Jahrhunderts zum Modehund und erwarb sich eine treue Anhängerschaft. Weitere Verfeinerungen des Körperbaus, wozu auch die »römische« Nase gehörte, und ein erneutes Interesse an Hunden mit schwarzem oder gestromtem Fell (den »coloreds«) führten dann zu den Bullterriern, wie wir sie heute kennen.

Meine intensive Beschäftigung mit dem Bullterrier begann plötzlich und unerwartet an einem Sommernachmittag bei einem Trainingskurs, den Brian Kilcommons organisiert hatte, ein Hundeausbilder, der bei unserem Verhaltensprogramm als Berater fungierte. Hunde der verschiedensten Rassen mit den dazugehörigen Besitzern tummelten sich auf dem Sportplatz der Tierärztlichen Hochschule. Ab und zu formierten sich Gruppen und führten verschiedene Übungen durch. Dabei wurde ich zufällig einem Bullterrier und seinem Besitzer zugeteilt, um sie Leinenführigkeit »im Woodhouse-Stil« zu lehren. Ich hatte das ungewöhnliche Äußere der Bullterrier und ihre physischen Kräfte schon lange bewundert, doch hatte ich damals noch keine fundierten Kenntnisse über ihren Charakter und war auch mit ihren spezifischen Verhaltenseigenarten nicht vertraut.

In einer Pause unterhielt ich mich mit dem Hundehalter David Nobriega, der, wie sich herausstellte, auch Züchter war. Dabei fragte er mich um Rat wegen eines Problems, das bei zwei seiner Bullterrier aufgetreten war, die er zu Hause gelassen hatte. So wie er es mir schilderte, fingen diese in aufgeregtem oder angespanntem Zustand an, sich so im Kreis zu drehen, als ob sie ihren Schwanz jagen wollten. Mir fiel ein, daß ich erst kürzlich einen Artikel darüber gelesen hatte. Daher ging ich nach Beendigung des Trainings noch mit David in mein Büro, wo ich die Abhandlung heraussuchte und für ihn fotokopierte. Als ich ihm die ersten Zeilen des Artikels vorlas, fiel mir auf, daß es sich bei dem darin beschriebenen Hund auch um einen jungen Bullterrier handelte und sich fast alles genauso abspielte wie bei Davids »Schwanzjägern«. Wir lasen zusammen weiter, und mein Interesse wuchs von Satz zu Satz, weil der Artikel auf einmal eine neue Bedeutung für mich gewonnen hatte.

Der fragliche Hund hatte auf die Behandlung mit Naloxon angesprochen, einem Medikament, das die Endorphine blockiert. Von daher stellten die Autoren die Hypothese auf, daß Bull-Rassen möglicherweise auf Grund ihres Kampfhund-Erbes einen angeboren hohen Endorphinspiegel haben, der für ihre Schmerzunempfindlichkeit verantwortlich ist und zugleich auf irgendeine Weise zur Entstehung des Schwanzjagdverhaltens beiträgt – vielleicht bewirkt die dauernde Anstrengung beim Schwanzjagen einen Endorphin-Ausstoß. Diese Hypothese ist durchaus einleuchtend, da die Endorphine ein Teil des natürlichen Selbstregulierungsmechanismus des Körpers sind.

David und ich überlegten, ob er seine beiden Hunde zur Untersuchung und Behandlung in unsere Verhaltensklinik bringen sollte, aber irgendwie kam es nie dazu. Damals verließ er jedenfalls das College mit den besten Vorsätzen und der Fotokopie des Artikels in der Tasche. Erst lange Zeit danach hörte ich wieder von den Nobriegas.

Die achtziger Jahre vergingen wie im Flug, und eine neue Dekade brach an. Wieder wurde es Sommer. An einem heißen Samstagnachmittag, den ich mit der Familie im Garten vertrödelte, hörte ich irgendwo in der Ferne ein Telefon klingeln. Ich horchte auf, und als mir auf einmal klar wurde, daß es unser Küchenapparat war, eilte ich mit Riesenschritten zum Seiteneingang. Ich stolperte die Treppe hinauf und erwischte den Hörer beim fünften Läuten.

»Hier spricht Dr. White vom Angell Memorial Animal Hospital«, ertönte eine nasale Stimme. »Spreche ich mit Dr. Dodman?«

»Am Apparat«, erwiderte ich. »Sie erinnern sich doch noch an mich, John? Wir haben früher in Angell zusammen gearbeitet, als Sie dort Ihr Medizinalpraktikum machten.«

Dr. White, der inzwischen ein Veterinärmediziner von Rang war, bestätigte dies etwas desinteressiert und fuhr dann fort: »Wir haben hier einen Hund, bei dem Sie uns vielleicht behilflich sein können – einen jungen Bullterrier, der seit fast einer Woche auf unserer Intensivstation ist. Er hat die ganze Zeit fast unaufhörlich seinen Schwanz gejagt und nur manchmal gefressen oder getrunken. Ein paarmal ist er vor Erschöpfung zusammengebrochen, aber sobald er wieder wach war, fing er von neuem damit an. Der Hund hat sich so intensiv im Kreis gedreht, daß er sich die Ballen der Hinterpfoten abgelaufen hat und wir sie verbinden mußten. Wir haben ihn in jeder nur erdenklichen Weise getestet und können nichts finden. Deshalb vermute ich, daß wir es eher mit einer Verhaltensstörung zu tun haben als mit einem neurologischen Problem. Kennen Sie den Artikel, in dem die erfolgreiche Behandlung eines schwanzjagenden Bullterriers mit Hilfe eines endorphinhemmenden Medikaments beschrieben wird?«

241

»Ja«, erwiderte ich.

»Also, ich habe mir einen Kostenvoranschlag von der Krankenhausapotheke machen lassen, und danach müßten die Hundehalter etwa 350 Dollar für eine Testinjektion bezahlen, deren Wirkung nur etwa 20 Minuten anhält. Haben Sie zufällig irgendwelche zu Forschungszwecken bestimmten Vorräte davon, damit wir das Medikament an diesem Hund ausprobieren können? Und wenn ja, wie können wir es hierher bekommen?«

Jetzt war mir klar, daß es mehr um meine Beziehungen als um meine Fähigkeiten ging, doch auf Grund meines Interesses an der Störung wollte ich ihm gern behilflich sein. »Wie wär's, wenn Sie den Hund hierher schickten, John?« schlug ich vor. »Ich würde seine Reaktion gern selbst überwachen.«

Er war einverstanden, und bald darauf machten sich die Hundehalter, Rob und Brenda Murdoch, die in Boston lebten, in Begleitung ihres fünf Monate alten Bullterrierrüden Teddy auf den Weg. Während sie noch unterwegs waren, rief ich die Apotheke der Tierärztlichen Hochschule an und bat den Apotheker, eine Naltrexon-Spritze fertigzumachen. Es handelt sich dabei um ein endorphinhemmendes Medikament, das stärker ist und eine längere Wirkungsdauer hat als das in der Fallstudie benutzte. (In Deutschland Nemexin, Anm. d. Übers.) Ich verschob das Familienleben auf später und fuhr schnell bei ihm vorbei, um die Spritze abzuholen.

Kurz nachdem ich wieder zu Hause angelangt war, trafen die Murdochs ein, ein junges kinderloses Ehepaar. Teddy war ihr ein und alles. Sie hatten ihn nicht aus einer bloßen Laune heraus angeschafft, sondern sich monatelang damit beschäftigt, was für eine Art Hund sie haben wollten, bis ihre Wahl schließlich vor etwa zwei Monaten auf Teddy gefallen war. Im ersten Monat hatte er noch dem Bild des perfekten Familienmitglieds entsprochen, das sie sich vorgestellt und erträumt hatten, doch im Laufe des zweiten Monats war ihnen bereits vereinzeltes Im-Kreis-Drehen aufgefallen. Dieses hatte sich vor einer Woche plötzlich so verschlimmert, daß ihr Tierarzt sie an das Angell Memorial Animial Hospital verwies, wo Dr. White den Fall übernahm.

Das Paar, das da vor mir stand, machte einen erschöpften und offensichtlich sehr bekümmerten Eindruck. Rob hielt Teddy auf dem Arm und drückte ihn an sich. Nachdem wir uns kurz bekanntgemacht hatten, bat ich Rob, Teddy auf den Küchenfußboden zu setzen, damit ich sein Verhalten beobachten konnte. Teddy drehte sich ständig um sich selbst und jagte seinen Schwanz, ohne ihn jemals zu erwischen. Er schien sich in einem Zustand äußerster Erregung zu befinden, und während er gegen Wände, Stühle und die Beine des Küchentischs prallte, hörte er nicht auf, hysterisch zu jaulen und zu bellen. Angesichts dieses erbarmungswürdigen Anblicks betete ich, daß die Injektion eine Wirkung zeigen und das arme Tier wenigstens eine Zeitlang von seinem qualvollen Zustand erlöst würde. Es blieb mir keine Zeit, seinen Besitzern im einzelnen zu erklären, auf welchen Überlegungen die vorgeschlagene Behandlung beruhte, doch bemühte ich mich, den Lärm zu übertönen, um mein Vorhaben mit erhobener Stimme wenigstens kurz zu umreißen.

Zunächst einmal half mir meine Frau, die auch Tierärztin ist, einen intravenösen Katheter an einem der Vorderläufe des Hundes zu legen. Dann injizierte ich die farblose Lösung langsam in den Katheter, wobei ich den Murdochs erklärte, daß es vielleicht ein paar Minuten dauern könne, bevor irgendeine Wirkung einträte. Teddy wurde mit Hilfe eines Kinderställchens in eine Küchenecke gesperrt, während ich den Camcorder zückte, um aufzunehmen, was nun passierte. Die Kamera lief, doch Teddy fuhr fort, sich wie ein Kreisel zu drehen und zu bellen. Die Gesichter der Murdochs blieben ausdruckslos, während wir alle auf ein Wunder warteten. Schließlich war es nicht mehr zu leugnen, daß sich das Verhalten des Hundes nicht im geringsten veränderte. Zehn Minuten nach der Injektion mußte ich eingestehen, daß die Behandlung nicht anschlug. Brenda liefen Tränen über das Gesicht, während sie mit ihrem Mann überlegte, welche Möglichkeiten ihnen noch blieben, meine Frau und ich darüber nachdachten, warum die Behandlung nicht geholfen hatte, und Teddy sich weiter im Kreis drehte.

Nach einiger Zeit sagte meine Frau: »Ich finde, es sieht ganz so aus, als hätte er eine Art Anfall.«

Ich mußte ihr beipflichten. Mit seinem Jaulen und Laufen, seiner Gleichgültigkeit gegen alles andere und seiner Bewußtseinsdissoziation machte Teddy tatsächlich den Eindruck, als sei er nicht ganz bei sich – als litte er an einem »elektrischen Gewitter« im Gehirn.

»Vielleicht spricht er auf eine intravenöse Valiumgabe an, wie Hunde, die einen echten epileptischen Anfall haben«, wagte ich mich noch einmal vor.

Würden die Murdochs darauf eingehen? Sie hatten schon soviel durchgemacht. Ich bemühte mich, ihnen klarzumachen, daß die Erkenntnisse, die wir aus Teddys Reaktion auf Valium bekämen, nicht nur Teddy, sondern der Rasse insgesamt helfen könnten, weil wir dann mehr über diesen Zustand wüßten. Die Murdochs gaben ihr Einverständnis zu der Injektion – ein letzter verzweifelter Versuch. Rob hielt Teddy fest, während ich die dickflüssige, strohfarbene Valiumlösung in Teddys Vene drückte.

Der Countdown begann. Wie durch Zauberei begann Teddy sich innerhalb von zwei Minuten nach der Injektion zu entspannen. Das Bellen verstummte, die unwillkürlichen Bewegungen hörten auf, und man konnte fast zusehen, wie sich die Anspannung auf seinem Gesicht löste. Er fing an mit dem Schwanz zu wedeln, dann drehte er sich zu seinem Herrchen um und begann dessen Gesicht liebevoll mit der Zunge abzulecken. Angesichts dieses kleinen Wunders konnten wir nur staunen. Rob setzte Teddy vorsichtig auf den Boden, und der Hund begann geradeaus zu gehen, wenn auch ein wenig schwankend, und setzte sich schließlich hin, den Kopf schräg zur Seite gelegt und leise hechelnd, als fragte er sich, was nun wohl kommen würde.

Wir wollten uns schon zu unserem Triumph beglückwünschen, als Teddy anfing, unruhig über seine linke Schulter zu blicken und ein unangemessenes Interesse für seinen Schwanz und die hinteren Regionen an den Tag zu legen. Die Lage verschlimmerte sich zusehends, denn als nächstes versuchte er zappelnd seinen Schwanz zu erwischen, und allmählich kehrte das vorige Verhalten wieder zurück. Eine weitere Valiumspritze zeigte anfänglich die gleiche Wirkung wie beim erstenmal, doch auch nur vorübergehend.

Ich schlug den Murdochs vor, Teddy für einige Tage auf unsere Intensivstation zu bringen, um ihn mit Hilfe von länger anhaltenden Antikonvulsiva zu stabilisieren, aber sie hatten schon zu viele Enttäuschungen erlebt und entschlossen sich, das Handtuch zu werfen. Beide weinten, als Teddy die tödliche Lösung gespritzt wurde und er friedlich in ihren Armen einschlief. Der Augenblick war schlecht gewählt, um sie um ihr Einverständnis zu einer Autopsie zu bitten, aber ich stellte die Frage trotzdem. Sie lehnten ab; statt dessen wollten sie Teddy mit nach Haus nehmen und ihn in ihrem Garten begraben. Sie dankten mir für meine Bemühungen, und ich half ihnen noch, Teddy in den Kofferraum ihres Wagens zu legen. Traurig fuhren sie davon, und während ich ihnen nachsah, wurde mir klar, daß ich mir wünschte, mir würde sich noch einmal eine Gelegenheit bieten, etwas auszuprobieren, das mehr Erfolg versprach.

Die Monate vergingen, und es wurde Winter. An einem Werktag, abends um neun, erhielt ich wieder einen Anruf von einem betrübten Bullterrierbesitzer, Richard Johnson aus Rhode Island. Die Vorgeschichte seines Hundes Brandy glich der von Teddy fast aufs Haar. Der Hund war ein etwa sechs Monate alter Rüde und hatte erst ein paar Tage zuvor mit dem Kreiseln angefangen. Richard hatte durch die Nobriegas von mir gehört, und noch bevor der Abend zu Ende war, telefonierte ich sowohl mit diesen als auch mit Dawn Mednick, der Züchterin von Brandy. Wir alle hatten ein ausgesprochenes Interesse daran, mehr über seinen Zustand herauszufinden, und Richard war einverstanden, den Hund am folgenden Tag zur Untersuchung in die Tierklinik zu bringen.

Am nächsten Morgen fanden sich die Johnsons in der Klinik ein. Anfangs war Brandy bei unserem Gespräch dabei, doch weil er sich unablässig jaulend im Kreis drehte, ließ ich ihn direkt auf die Intensivstation bringen, wo er mit Valium behandelt wurde. Die Injektion hatte den erwünschten Effekt, und als die Johnsons eine Stunde später wieder wegfuhren, war Brandy völlig ruhig, wenn auch ein bißchen benommen. Ich erstellte mit Hilfe der Johnsons eine detaillierte verhaltenskundliche Anamnese und erhielt von ihnen das schriftliche Einverständnis, Brandy einige Tage zur Beobachtung auf der Intensivstation zu behalten. Sie waren auch einverstanden, daß ich eine vollständige neurologische Untersuchung, inklusive Elektroenzephalogramm und Computertomographie, durchführte. Trotz der erheblichen Kosten, die das mit sich brachte, waren die Johnsons entschlossen durchzuhalten, um dem armen Brandy zu helfen und herauszubekommen, was ihm fehlte.

Tags darauf wurde Brandy betäubt und für das EEG in die Elektrophysiologische Abteilung gebracht. Um die Störung möglichst genau zu lokalisieren, benutzten wir einen vollständigen Satz Elektroden und wendeten visuelle, auditorische und mechanische Reize an, damit uns keine noch so geringe auffällige elektrische Aktivität im Hirn des Hundes entging. Die aufflackernden Röhrenblitze in dem mit elektrischen Apparaten vollgestopften Raum, der Hund mittendrin, sein Kopf medusenartig mit Drähten bestückt – es war wie eine Szene aus »Der junge Frankenstein«. Ich weiß heute nicht mehr, ob ich positive Befunde erwartete oder nicht, denn man findet bei einem EEG nicht immer etwas, nicht einmal im Fall einer Grand-mal-Epilepsie, aber ich weiß noch, wie aufgeregt ich war, als der Schreiber eine Serie von Spitzen produzierte, die für Epilepsie charakteristisch sind. Heureka! Welch ein aufregender Fund! Jetzt hatten wir eine sehr viel besser abgesicherte Diagnose und eine gewisse Hoffnung, doch noch eine erfolgreiche Therapie in die Wege leiten zu können.

Brandy, noch immer in Narkose, wurde auf einer Trage zur Computertomographie gerollt, und das langwierige radiologische Schichtaufnahmeverfahren seines Gehirns begann. Die Aufregung über das EEG war noch nicht abgeklungen, so daß wir nicht besonders auf die Computertomographie achteten, doch schon nach kurzer Zeit wurde ich in den CT-Kontrollraum gerufen, wo der Radiologe mich gelassen darauf aufmerksam machte, daß Brandy auch einen Hydrozephalus hatte, eine übermäßige Flüssigkeitsansammlung im Hirn. Diese neue Erkenntnis führte zu weiteren fieberhaften Diskussionen, Theorien und Spekulationen. Was bedeutete das alles? Wie paßte alles zusammen? Wir wußten, daß wir auf etwas gestoßen waren, aber nicht genau, worauf.

Am Tage nach dem EEG und dem CT wurde Brandy zuerst mit einem endorphinhemmendem Medikament und später mit einem langwirkenden Antikonvulsivum behandelt. Wie zuvor hatte der endorphinhemmende Wirkstoff keinen sichtbaren Effekt, während das intravenös verabreichte krampfhemmende Mittel Brandys Kreiseln stoppte und ihn viel ruhiger machte. Wir behielten ihn noch ein paar Tage in der Klinik, und sein Zustand stabilisierte sich unter oraler Behandlung mit dem Krampfhemmer. Am letzten Tag seines fünftägigen Aufenthalts lief er fast gar nicht mehr im Kreis herum, und wir hatten das Gefühl, daß seine Chancen nicht schlecht standen.

Am späten Nachmittag kamen die Johnsons, um ihn abzuholen. Wir hatten gehofft, daß sein ruhiger Zustand sie beeindrucken würde, doch die Aufregung des Wiedersehens war zuviel für Brandy, und er fing wieder an, wie ein Kreisel herumzutanzen. Das hieß nur eins – auf dem schnellsten Wege zurück in die Intensivstation, wo ihm intravenös und intramuskulär weiteres Valium verabreicht wurde, damit er auf dem Heimweg unter Kontrolle war. Den Johnsons wurden auch noch ein paar hundert Valiumpillen mitgegeben, die sie Brandy bei Bedarf verabreichen sollten, um einem künftigen Kreiselanfall rasch entgegenzuwirken.

In den folgenden zwei Wochen sprach ich mehrere Male mit den Johnsons. Obwohl es zu Rückfällen gekommen war, hatte es doch den Anschein, als ließe sich Brandys Zustand unter Kontrolle bringen. Doch dann fing er an, aggressiv zu werden. Während der seltener gewordenen Kreiselanfälle, die stets durch das Eintreffen von Gästen ausgelöst wurden, packte ihn nun eine blinde Aggressivität, bei der er nicht nur nach Menschen schnappte, die in der Nähe waren, sondern selbst in unbelebte Objekte wie Türen oder Sessel biß. Bei den Johnsons lagen die Nerven blank – kein Wunder, wenn man bedenkt, welche Schäden »Bullies« anrichten können. Sicherheitsgründe gaben schließlich den Ausschlag dafür, daß die Johnsons Brandy wieder an seine Züchterin Dawn Mednick zurückgaben, die ihnen anstandslos ihr Geld wieder aushändigte und sich bereit erklärte, selbst mit Brandy weiterzuarbeiten.

Inzwischen behandelten wir Brandy mit drei verschiedenen Antikonvulsiva, doch die Wochen vergingen, und sein Zustand schien sich nicht zu bessern. Dawn zog einen weiteren Tierarzt hinzu, einen renommierten Neurologen aus New Hampshire, der zwar unserer Diagnose beipflichtete, doch Brandys Zukunftsaussichten als schlecht einstufte. Wie sich zeigte, sollte er damit recht behalten, denn als Dawn ihn wieder ins Auto setzen wollte, biß er sie in die Hand. Zu Hause angekommen, beschloß sie, ihn einschläfern zu lassen. Da Dawn Mitglied des »Komitees für genetische Defekte« des amerikanischen Bullterrier-Klubs war, hatte sie nicht nur ein vorübergehendes Interesse an seiner Störung. Sie wußte, daß eine Autopsie unbedingt erforderlich war, wenn wir mehr über dieses rätselhafte Leiden in Erfahrung bringen wollten. Obwohl es ihr schwerfiel, brachte sie den armen

Brandy tapfer zu uns in die Tierärztliche Hochschule, wo er auf humane Weise eingeschläfert und anschließend einer Autopsie unterzogen wurde.

Während der ganzen Zeit hatte ich mit großem Eifer alles gelesen, was ich über Bullterrier finden konnte – über genetische Krankheiten, Hydrozephalus und was sonst noch für den Fall relevant schien. Ich stieß dabei auf einen hochinteressanten Artikel, in dem ein bei Bullterriern auftretendes erbliches Leiden geschildert wurde: Es macht sich bei jungen Hunden als schwere Dermatitis bemerkbar, bewirkt Wachstumsstörungen und erhöhte Infektionsanfälligkeit und führt schließlich zum Tod. Man nahm an, daß dieses Leiden, das als lethale Akrodermatitis bezeichnet wird, auf eine ererbte Störung des Zink-Metabolismus (Stoffwechsels) zurückzuführen ist. Davon befallene Welpen wiesen auch anfallartige Aktivität, gesteigerte Aggressivität und Hydrozephalus auf. Hatten wir es möglicherweise mit einer anderen Ausprägung dieser Störung zu tun? Und falls ja, wie ließ sich das beweisen?

Die Autopsie an Brandy ergab Hinweise auf pathologische Veränderungen von Haut und Nieren sowie einen Hydrozephalus. Die Hautkrankheit paßte genau zu der Zinkmangelsyndrom-Theorie, da sie zum gleichen Typus gehörte wie die der unter Zinkmangel leidenden Welpen. Ich beschloß, einen Spezialisten, den Neuropathologen Dr. Rod Bronson, hinzuzuziehen, um in bestimmten Hirnregionen nach Veränderungen zu suchen, die für durch Zinkmangel bedingte Anfälle charakteristisch sind, und ich setzte ihm die gesamte Vorgeschichte auseinander. Im Laufe unserer Besprechung erwähnte Dr. Bronson, daß der vorher amtierende Leiter seines Labors ein Zinkspezialist gewesen sei, der ihm zahlreiche Veröffentlichungen zu diesem Thema überlassen habe. Er erinnerte sich auch an eine Veröffentlichung über eine Zuchtlinie an Zinkmangel leidender Mäuse, die sich auf Grund der dadurch hervorgerufenen Veränderungen der Gleichgewichtsorgane im Innenohr im Kreis drehten. Ich brauche wohl nicht zu betonen, daß sich unser Interesse als nächstes den Zinkmangelsyndromen zuwendete, inklusive solcher, die an Zinkmangel leidende Mäuse betrafen. Eine Durchsicht der Literatur zu diesem Thema deutete darauf hin, daß Zinkmangel Hydrozephalus, Anfälle und Innenohrstörungen verursachen kann sowie Hautprobleme und Störungen des Immunsystems, was die Infektionsanfälligkeit erhöht. Die Zinkmangel-Hypothese wurde mit jeder neuen Wendung wahrscheinlicher.

Obwohl die eingehende pathologische Gehirnuntersuchung in Brandys Fall zu keinem Ergebnis führte, brachten uns unsere Überlegungen zu der Annahme, daß der gesamte Komplex der Verhaltens- und Organveränderungen möglicherweise mit einem Zinkmangel zu tun hatte.

Nun wurde noch ein weiterer Kollege bemüht, Dr. Lawrence Erway, der an der Universität von Cincinnati und am Bar-Harbor-Labor im Staate Maine forscht und als Experte auf dem Gebiet des Zinkmangels gilt. Unsere in der Entwicklung befindliche Theorie über einen genetischen Zusammenhang stieß bei ihm auf Zustimmung; er erwähnte auch, wie erstaunlich er es fand, daß die Bullterrierrasse im Gegensatz zu weißen Katzen und Dalmatinern nicht unter Taubheit litt. Wieder war ein Augenblick der Wahrheit gekommen. Wir fragten uns nun, wie viele der typischen Probleme dieser Rasse – von der Gaumenspalte über den Nabelbruch bis zu Erkrankungen von Herz und Nieren sowie instabilen Kniescheiben – durch einen einzigen genetischen Defekt im Zink-

Metabolismus erklärt werden könnten. Die Antwort war: jedes einzelne. Doch wer würde das glauben, und wie sollten wir weiter verfahren?

Das nächste Puzzlestück lieferte unser Dermatologe an der Tierärztlichen Hochschule, der sich an die gemeinschaftliche Studie eines Tierarztes und eines Ernährungswissenschaftlers an der Universität von Kalifornien in Davis erinnerte. Diese Wissenschaftler hatten Blutproben von Bullterriern mit lethaler Akrodermatitis auf Zink und Kupfer untersucht. Der beteiligte Tierarzt hatte sich inzwischen aus der Forschungsarbeit zurückgezogen und sich mit einer Privatpraxis selbständig gemacht, aber es gelang mir, Kontakt mit ihm aufzunehmen und durch ihn schließlich auch den Ernährungswissenschaftler ausfindig zu machen. Dieser war sehr interessiert und erklärte sich bereit, uns seine Kenntnisse mitzuteilen und mit uns zusammenzuarbeiten. Er bot uns an, die Dienste seines Labors in Anspruch zu nehmen und dort das Blut der betroffenen Tiere auf seinen Gehalt an verschiedenen Metallen, darunter auch Zink und Kupfer, analysieren zu lassen. Wir spekulierten gemeinsam über die zugrundeliegende genetische Störung und die Rolle, die möglicherweise ein Zinktransportprotein namens Metallothionin spielte. Auch mein Kollege an der Medizinischen Fakultät von Boston, Dr. Louis Shuster, vertiefte sich im Laufe der Zeit immer mehr in das Projekt und erklärte sich bereit, Blut und Gewebe auf Metallothionin zu untersuchen. Zusätzlich konnten wir auch noch einen Genetiker, Dr. Martin Shalling, gewinnen, uns bei der Suche nach dem mit dem Defekt in Zusammenhang stehenden Gen bzw. den Genen zu helfen.

Dank der Mitwirkung einiger engagierter Züchter in unserer näheren Umgebung erhielten wir im Laufe der nächsten Monate immer mehr Faktenmaterial über normale Bullterrier wie auch über Hunde, die entweder an lethaler Akrodermatitis oder an der Kreiselstörung litten. Einer der im Kreis laufenden Hunde stammte erneut aus Dawns Zucht. Posie, so der Name der Hündin, war an eine Familie auf Long Island, New York, verkauft worden. Bereits nach wenigen Tagen begann Posie sich im Kreis zu drehen und mußte wieder zurück nach Massachusetts. Dawn brachte sie zu uns in die Klinik, um sie neurologisch untersuchen zu lassen, und wie bei allen anderen »Kreiselhunden« zeigte das EEG eine für Epilepsie charakteristische Gehirnaktivität, während bei der Computertomographie ein ziemlich ausgeprägter Hydrozephalus festgestellt wurde. Posie wurde erfolgreich mit dem Antikonvulsivum Phenobarbital behandelt und schließlich an ihre Besitzer auf Long Island zurückgegeben. Der mit dem Umzug verbundene Stress rief aber leider sogleich ein erneutes Kreiseln hervor, so daß sie wieder in ihre Heimat in Neuengland zurückgebracht wurde, wo sie derzeit dank einer niedrigen Dosis eines Antikonvulsivums ein kreiselfreies Leben verbringt.

Etwa zu dieser Zeit war die Wohlfahrtsstiftung des »Bull Terrier Club of America« auf unsere Forschungstätigkeit aufmerksam geworden und stellte Gelder bereit, so daß Hundehalter ihre Hunde komplett untersuchen lassen konnten, ohne völlig bankrott zu gehen. Die Treffen mit dem Geschäftsführer der Stiftung gestalteten sich sehr erfreulich für mich, da wir beide in den sechziger Jahren in Glasgow studiert hatten und damals dieselben Lokale und Schlupfwinkel heimgesucht hatten. Bei den gemeinsamen Gesprächen mit ihm und Dawn Mednick erfuhr ich nun auch einiges über die Vorgänge in den inneren Zirkeln des amerikanischen Bullterrier-Klubs sowie über die Gestaltung der Jahresversammlung, die die Bezeichnung »Silverwood Meeting« trägt. Mir wurde klar, daß nicht alle Klubmitglieder von der Vorstellung angetan waren, Fehler oder Krankheiten der Rasse mit Hilfe wissenschaftlicher Forschung aufzudecken. Manche vertraten die Ansicht, daß alle Hunderassen irgendwelche Fehlbildungen hätten und dies auch immer so bleiben werde. Weshalb sollte man dergleichen also überhaupt versuchen? Andere argumentierten entgegengesetzt, nämlich, daß die Weiterzüchtung einer genetisch fehlerhaften Rasse verwerflich sei, weil dies zu anomalem Nachwuchs führe. Zum Glück für mich war die letztere Fraktion sehr stimmkräftig, wahrscheinlich auf Grund ihrer persönlichen Erfahrungen mit Problemhunden. Schließlich machte ich die Bekanntschaft des Vizepräsidenten des Züchterklubs, der mich als Redner zum »Silverwood Meeting« 1993 einlud. Ich nahm die Einladung an, obwohl zu der Zeit unsere Erkenntnisse noch recht vorläufig waren.

Der Termin der Jahresversammlung rückte näher, während ich mich weiter mit der Erforschung der Ahnentafeln beschäftigte. Dabei stieß ich auf gewisse Widerstände, da zunehmend Fragen der Zuchtpolitik ins Spiel kamen. Ein Kollege gab mir den Rat, die Namen der betroffenen Hunde geheimzuhalten, um mir die Möglichkeit weiterer Unterstützung offenzuhalten. Ich fand es reichlich nervtötend, mich um solche Gesichtspunkte kümmern zu sollen, während sich unsere Hypothese immer noch leicht veränderte und die Tagung näher rückte. Mir war aufgefallen, daß einige der in der Veröffentlichung über die lethale Akrodermatitis erwähnten Hunde einen Farbwechsel des Fells von Schwarz zu Bronze aufwiesen. Die einzige Erklärung dafür war ein gleichzei-

tiger Kupfermangel. Dies konnte als sekundäres Phänomen der Zinkmangel-Hypothese zugeordnet werden, es
konnte aber auch bedeuten, daß der Kupfermangel der
primäre Defekt war und der Zinkmangel eine sekundäre
Rolle spielte. Unsere Laborergebnisse deuteten stärker
auf letzteres hin. Ich konnte also nur ehrlich sein und auf
ein verständnisvolles Auditorium hoffen.

Schließlich war der große Tag da: Ich flog nach Chicago
und erwischte einen Zubringerwagen zu dem Hotel, in
dem die Jahresversammlung des Bullterrier-Klubs statt-
fand. Als ich dort eintraf, sah ich zu meiner Überraschung, daß sich Dutzende Bullterrier auf dem Parkplatz
tummelten. Mein Vortrag war für ein Uhr mittags ange-
setzt, so daß ich mir eine ruhige Ecke suchte, um noch
einmal meine Diapositive durchzugehen. Als die Reihe
schließlich an mir war, leitete ich meinen Vortrag mit
Brandys Geschichte ein und ging dann dazu über, meine
Theorien hinsichtlich der Ursachen seines Zustands dar-
zulegen. Ich hatte das Gefühl, daß mir die meisten Zuhörer trotz der Komplexität des Themas folgen konnten und
positiv eingestellt waren, aber es blieb mir keineswegs
verborgen, daß es einige sehr kritische Gesichter gab. Am
Ende des Vortrags erntete ich herzlichen Applaus. Nachdem ich noch eine Vielzahl von Fragen aus dem Publikum
beantwortet hatte, machte ich mich schnell aus dem
Staub, weil ich bald wieder in Boston sein wollte, um
mich für den nächsten Tag auszuschlafen. Am Ausgang
wartete noch eine kleine Gruppe, die eine weitere Salve
von Fragen auf mich niedergehen ließ, doch schließlich
konnte ich den Tagungsort verlassen. Mir war bewußt,
daß ich mehr Fragen aufgeworfen als beantwortet hatte,
aber zumindest hatte ich ein gewisses Aufsehen erregt.
Das »Spuds-Projekt« war auf dem besten Weg.

Seit der Jahresversammlung sind zahlreiche Bullterrier wie Brandy von überall her an mich überwiesen worden. Darunter waren sowohl Schwanzjäger als auch Hunde mit Wutsyndrom, aber es gab auch einige, die eine ganz andere Störung aufwiesen, zum Beispiel zwanghaftes Ballspielen oder Stöckchentragen, und deren Störungen neue Rückschlüsse darauf erlaubten, warum es zu einem derartigen Verhalten kommt. Wenn diese Verhaltenseigenarten auch auf den ersten Blick scheinbar nichts miteinander zu tun haben, leuchtet bei längerem Nachdenken doch ein, daß der unwiderstehliche Drang, den eigenen Schwanz zu jagen und festzuhalten, nicht allzu weit entfernt ist von einem zwanghaften Drang, der sich auf einen Tennisball oder einen Stock richtet. Demzufolge fing ich an, einen erweiterten und verallgemeinerten Begriff für die verschiedenen zwanghaften Verhaltensweisen zu benutzen und sie als »anfallsbedingtes Zwangsverhalten« zu bezeichnen. Diese Klassifikation läßt einen sinnvolleren Blick auf eine mögliche Vererbung zu.

Jedenfalls zielen meine derzeitigen Bemühungen vor allem in diese Richtung, wobei ich mich auf die Mitarbeit einer neuen Kollegin an der Verhaltenskundlichen Abteilung unserer Klinik stützen kann, Dr. Alice Moon, Spezialistin für verhaltenskundliche Genetik. Bereits zu Beginn unserer Erhebungen lenkte Alice meine Aufmerksamkeit auf die Tatsache, daß diese zwanghaften Verhaltensweisen in vielem dem angeborenen Beutefangverhalten gleichen. Das war sehr einleuchtend, da die Bullterrierrasse ursprünglich einer mit Inzucht einhergehenden Zuchtwahl unterworfen war, um ihren Kampftrieb noch zu verstärken. Insbesondere waren ihre diesbezüglichen Fähigkeiten bei Hundekämpfen und als Rattenbeißer hochgeschätzt, so daß Hunde, die sich in einer dieser Verhaltensweisen hervortaten, zu Champions gekürt und als Zuchthunde eingesetzt wurden. In einem der ersten Bücher über Bullterrier wird ein besonders erfolgreicher Rattenbeißer erwähnt, der in einer Stunde mehrere hundert Ratten tötete, wogegen ja nichts einzuwenden ist.

Wir vertreten heute die Ansicht, daß diese Rasse eine vererbte Störung des Metallionen-Metabolismus aufweist, die partiell anfallsartige (Verhaltens-)Störungen hervorruft, wobei das Epizentrum irgendwo in der limbischen Gehirnregion liegt, das heißt in dem Zentrum, das die Gefühle kontrolliert. Krämpfe oder krampfartige Anfälle in diesem Bereich verursachen extreme Stimmungsschwankungen, die von Wut bis zu extremer Angst reichen, wie wir bereits gesehen haben; und sie lösen möglicherweise auch eine oder mehrere angeborene, instinktive Verhaltensmuster aus, die von benachbarten Basalganglien gesteuert werden. Die Folge davon ist ein unwiderstehlicher Zwang, bestimmte Verhaltensweisen funktionslos zu wiederholen. Interessanterweise ist auch bei Menschen, die an Zwangsneurosen leiden, eine abnorme Gehirnstruktur festzustellen, und es kommt zu ähnlichen anfallsartigen Störungen.

Die derart erweiterten Erkenntnisse haben nicht nur theoretische Bedeutung, sondern führen auch zu neuen Behandlungsmethoden. Seit kurzem benutze ich neben Antikonvulsantien das für Menschen bestimmte Neuroleptikum Prozac (Fluctin) und seine Abkömmlinge zur Komplementärbehandlung betroffener Hunde. Dies hat zu erheblich besseren Ergebnissen geführt, so daß heute Hunde wie Brandy eine viel größere Heilungschance haben als je zuvor. Wir verfolgen diese Theorie weiter, um die Diagnose und Behandlung noch stärker zu verfeinern, doch eines unserer wichtigsten Ziele ist es, die Züchter aufzuklären und ihnen bei der Identifizierung anfälliger Hunde zu helfen, so daß es vielleicht in absehbarer Zeit möglich ist, das Problem durch Zuchtwahl zu eliminieren.

Dementsprechend sind für die nahe Zukunft weitere Forschungsarbeiten geplant. Wenn es gelänge, eine sogenannte Gensonde zu finden, wäre es vielleicht auch bald möglich, durch Untersuchung von Schleimhautzellen, die man mit einem Wattestäbchen der Innenseite der Backe entnimmt, Hunde, die Genträger, aber klinisch unauffällig sind, zu identifizieren. Und dies könnte Licht in die ethischen Fragen der Zuchtstrategien bringen und einen Weg in die Zukunft weisen. Wenn wir bei unserer Suche Erfolg haben, könnte dies schließlich zur Entdeckung des Gens (bzw. der Gene) führen, das (bzw. die) für das geschilderte Erscheinungsbild verantwortlich ist (sind). Und damit wäre der Fall abgeschlossen. Ist Forschung nicht etwas Wunderbares?

—————————————————————————————— **Ratschläge**—

Zwanghaftes Verhalten von Bullterriern

Bei dieser Hunderasse treten die verschiedensten zwanghaften Verhaltensweisen auf wie Schwanzjagen und zwanghafte Beschäftigung mit Spielobjekten, Stöcken, Tennisbällen usw. Das Verhalten könnte eine Analogie zur menschlichen Zwangsneurose sein und scheint mit teilweiser Anfallsaktivität im Gehirn einherzugehen.

Diagnose und Diagnose-Kriterien

1. Beobachtung und Quantifizierung des auffälligen Verhaltens. Dauert es länger als eine Stunde am Tag? Wirkt es sich störend auf die normalen Aktivitäten aus? Wird der Hund unruhig, wenn man ihn an seinem Verhalten hindert?

2. EEG – schnelle Aktivität, epileptoide Spitzen.

3. CT – Hydrozephalus (tritt nicht grundsätzlich auf).

4. Reaktion auf Antikonvulsiva oder Neuroleptika: Das zwanghafte Verhalten nimmt ab oder hört auf.

Behandlung

1. Versuchen Sie dem Hund ein möglichst abwechslungsreiches und interessantes Umfeld zu bieten. Machen Sie so wenig wie möglich Gebrauch von Hundeboxen und anderen Formen des Einsperrens, und lassen Sie den Hund so selten wie möglich allein.
2. Verschaffen Sie dem Hund möglichst viel Bewegung, und stellen Sie seine Nahrung um.
3. Üben Sie mit dem Hund Verhaltensweisen ein, die mit dem unerwünschten Verhalten inkompatibel sind (Gegenkonditionierung).
4. Behandeln Sie den Hund unter Aufsicht eines Tierarztes mit Antikonvulsiva wie Phenobarbital oder Neuroleptika wie Prozac (Fluctin, Fluoxetin).

Phantomjäger

In den Anfängen der verhaltenskundlichen Arbeit an der Tierärztlichen Hochschule von Tufts mußte ich alle telefonischen Anfragen selbst entgegennehmen, weil sonst niemand abkömmlich war. Rudelmäßig gesprochen, war ich also Alpha- und Omega-Hund zugleich. Wenn ich morgens ins Büro kam, hatte der Anrufbeantworter oft schon 15 oder 20 Telefonate verzweifelter Hundehalter gespeichert, doch nach dem ersten Schock krempelte ich die Ärmel hoch und machte mich an die Arbeit. Dabei hatte ich immer wieder mit dem gleichen Problem zu kämpfen, nämlich mir anhand der Darstellung, die die Besitzer vom Verhalten ihrer Hunde gaben, ein Bild von dem jeweiligen Fall zu machen. Manchmal war es möglich, gleich am Telefon eine halbwegs richtige Diagnose zu stellen, doch oft war es nicht so einfach.

Bei einem Fall der nicht so einfachen Art ging es um einen Old English Sheepdog bzw. Bobtail, der angeblich Kaninchen halluzinierte. Der Anruf kam von Angie Warren vom Hunderettungsdienst des »Old English Sheepdog Club«. Angie war auf der Suche nach einem neuen Zuhause für einen Bobtail namens Brendan, doch gestaltete sich diese schwierig, weil er ein höchst eigenartiges Verhalten an den Tag legte. Das einzige, was Angie mir dazu sagen konnte, war, daß er in ihrem Haus Phantasiekaninchen jagte, und zwar so lange, bis sie endlich in einem imaginären Kaninchenbau verschwanden.

»Kaninchen...« sagte ich grübelnd und überlegte, wer von uns dreien hier eigentlich Halluzinationen hatte.

Angies Beschreibung seines Verhaltens war zwar durchaus ernst gemeint, doch sie wußte in Wirklichkeit sehr viel mehr, als sie vorläufig durchblicken ließ, und hatte sich nur einen kleinen Scherz mit mir erlaubt. Brendans Problem war der erste Fall eines »Phantomjägers«, dem ich begegnete, doch ihm sollten in den nächsten Jahren noch viele folgen. Angie war einverstanden, Brendan zur Untersuchung in die Klinik zu bringen, und schickte mir in der Zwischenzeit Unmengen von Informationsmaterial zu.

Brendan war einige Zeit zuvor vom Rettungsdienst des »Old English Sheepdog Club« aus einem Tierasyl in Rhode Island geholt worden. Seine letzten Besitzer wollten sich scheiden lassen und hatten ihn deswegen in einer Hundepension in Rhode Island untergebracht, wo er eine Zeitlang zusammen mit einem Greyhound gelebt hatte. Als die Besitzer sich weigerten, ihn abzuholen oder die Rechnung zu bezahlen, war er ins Tierasyl gekommen. Angie hatte die verantwortungslosen Besitzer angerufen, die ihr bereitwillig seine Vorgeschichte schilderten, ihn jedoch keinesfalls zurücknehmen wollten.

Drei Dinge standen fest: Brendan war dreieinhalb Jahre alt, wog 36 Kilo und war stocktaub. Er war einer von elf Welpen gewesen und hatte im Alter von sechs Wochen eine schwere Krankheit durchgemacht, ein Magen-Darm-Leiden, das in Intensivpflege hatte behandelt werden müssen. Er erholte sich aber und wurde zu einem sehr zärtlichen, wenn auch schwierigen Junghund. Als er noch ziemlich klein war, hatten seine Besitzer ihm ein

Spiel beigebracht, bei dem sie mit einer Taschenlampe auf dem Fußboden entlangleuchteten. Brendan liebte dieses Spiel und jagte wie verrückt hinter dem Strahl der Taschenlampe her. Bald jedoch wurde aus dem Spiel eine Zwangsvorstellung, von der er völlig beherrscht wurde. Er fing an, auch Sonnenstrahlen, Schattenbilder und sogar Dinge zu jagen, die – zumindest für uns – gar nicht wirklich existierten.

Seine Taubheit war irgendwann in seinem ersten Lebensjahr von einem Hundeausbilder entdeckt und von Spezialisten am Angell Memorial Animal Hospital bestätigt worden. Schon damals mußte Brendan gelegentlich bei Stresszuständen Valium bekommen. Vom Temperament her war er also keineswegs gesund. Er war dann von einer Kollegin von mir, einer verhaltenskundlich ausgebildeten Fachtierärztin, betreut worden, die ihm Handsignale beibrachte. Diese hatte außerdem eine Aversionstherapie gegen das Schattenjagen angeregt, die darin bestand, ihm eine Tabasco-Wasser-Mischung ins Maul zu spritzen. Diesem Rat hatten seine Besitzer jedoch nicht folgen mögen, da sie die Methode für gemein hielten; sie hatten statt dessen Zitronensaft genommen, was aber auch nichts gebracht hatte. Danach hatte die Verhaltenskundlerin einen Greyhound als Kumpan für Brendan vorgeschlagen, der ihn an frühere glücklichere Zeiten erinnern sollte, doch war dies keine erfolgreiche Taktik gewesen, da Brendan und der Greyhound sich aus Futterneid bekämpften. Er war auch eine kurze Zeit mit Medikamenten behandelt worden, jedoch vergeblich. Nun war also die Reihe an mir herauszufinden, was in seinem Fall zu tun war.

Angie brachte Brendan an einem Septembertag des Jahres 1989 in die Tierärztliche Hochschule, und so lernten wir drei einander kennen. Angie ist eines dieser intelligenten Energiebündel, denen rein gar nichts entgeht. Ihre hellwachen Augen schossen pfeilschnell zwischen Brendan und mir hin und her, während wir darüber sprachen, wie sich seine »Macke« im einzelnen äußerte. Brendan, der mich durch seine langen Ponyhaare hindurch anblinzelte, machte einen völlig ruhigen Eindruck. Mir fiel auf, daß sein eines Auge blaßblau war, ein sogenanntes Glasauge, was bei einem grau-weiß gescheckten Hund nichts Ungewöhnliches ist. Sowohl das Augenleiden wie die Haarfarbe sind die Folge einer unregelmäßigen Pigmentverteilung, und höchstwahrscheinlich galt das auch für seine Taubheit. Das Pigment Melanin ist für eine normale neurale Entwicklung des Innenohrs notwendig. Anscheinend wandern die Pigmentzellen im Laufe der Entwicklung zum Ohr und bahnen so den Weg für die nachfolgenden Nervenzellen. Wenn sich unpigmentierte Bereiche mit Bereichen überschneiden, an denen sich das Gehör entwickelt, kann dies eine defekte Nervenentwicklung zur Folge haben, die wiederum Taubheit nach sich zieht. Dasselbe geschieht bei Menschen, die am Klein-Waardenburg-Syndrom leiden: Menschen mit diesem Syndrom haben eine dichte weiße Stirnlocke und leiden oft auch an Innenohrtaubheit.

Während ich noch darüber nachdachte, insbesondere über die Bedeutung seiner Taubheit, fuhr Angie fort, mich mit Fakten über Brendan zu bombardieren. Sie berichtete, daß sie ihn schon einmal bei einem jungen Paar untergebracht hatte, das bereit war, das Phantomjagen zu akzeptieren, doch die beiden hätten ihn zurückgegeben, nachdem er einen von ihnen gebissen hatte, als sie ihn in eine Hundetransportbox setzen wollten. Ich hielt dies für ein Anzeichen von dominanzbedingter Aggression, die bei Bobtails nicht selten ist. Das Paar hatte Brendan nach vier Tagen zurückgebracht, und nach einer kurzzeitigen privaten Unterbringung war er wieder bei Angie gelandet. Bei ihr zu Hause hatte er sich zu Anfang ganz manierlich und ruhig aufgeführt und sich in einem nicht allzu großen Zwinger im Innern des Hauses scheinbar recht wohl gefühlt. Das hatte aber nur drei oder vier Tage gedauert, dann begann er sich wieder in den alten Phantomjäger von früher zu verwandeln.

Anfangs war er nur anfallsweise hyperaktiv geworden; er schoß dann im Zwinger herum und blieb ab und zu stehen, um seinen Schatten an der Wand hinter sich anzustarren. Doch bald nahm sein Verhalten derartige Formen an, daß er, von Fressen oder Schlafen abgesehen, nichts anderes mehr tat. Er setzte oder legte sich keine Sekunde mehr ruhig hin, sondern war im Grunde ständig in Bewegung. Angie hatte versuchsweise die Schattenbildung mit Hilfe einer vor den Zwinger gehängten Decke unterbunden, und das hatte auch etwas genützt. Solange die Decke dort hing und Brendan keinen Schatten warf, verhielt er sich erheblich ruhiger und war zumindest zeitweise damit beschäftigt, an einem Kunststoffknochen zu nagen oder seitlich an der Decke vorbei nach Angie auszuspähen. Er fuhr allerdings damit fort, dorthin zu starren, wo vorher Schatten zu sehen gewesen waren. Damit verbrachte er zwar viel Zeit, doch war dies immerhin noch besser, als dauernd nach Schatten zu jagen. Manchmal scharrte Brendan auch auf dem Fußboden, als wollte er etwas Nichtvorhandenes ausgraben, doch machte er das anscheinend aus Spaß. Er wedelte beim Buddeln mit seinem »Stummelschwanz«, und das Ganze schien eher Spielcharakter zu haben. Nach etwa einer Woche nahm Angie die Decke wieder ab, um zu sehen, was dann passierte, und im selben Moment begann Brendan erneut, den Schatten hinterherzujagen. Es zeigte sich, daß Menschen, die sich dem Zwinger näherten, Auslöser dafür waren, wohl weil sie einen Schatten warfen. Schließlich konnte man nur noch von der einzigen Seite an den Käfig herantreten, an der es auf Grund der Position der Lichtquellen zu keiner Schattenbildung kam.

Nach dem Experiment mit der Decke hatte Angie versucht, das Auftreten von Brendans Schattenjagen mit einer extragroßen Portion Liebe und Zuwendung zu verhindern, und ihn stundenlang gekrault. Das hatte manchmal den gewünschten Erfolg gehabt, doch generell schienen ihm Streicheln und Zuwendung nicht so wichtig zu sein wie die Chance, vielleicht doch noch einen Schatten zu erwischen. Er gewöhnte sich aber so sehr an ihre Zuwendung, daß er zuweilen sogar zu ihr kam und sich wie eine Katze schmeichelnd an ihr rieb, um sich seine Streicheleinheiten zu holen. Tagsüber verbrachte er einen Großteil der Zeit damit, Angie mit Blicken zu verfolgen und jede ihrer alltäglichen Verrichtungen sowie das Kommen und Gehen anderer Hunde zu beobachten. Letzteren begegnete er sehr freundlich, er machte niemals den Versuch, beim Spielen mit ihnen zu dominieren, sondern verhielt sich grundsätzlich eher unterwürfig. Manchmal hielt er aber mitten im Auf-den-Rückenrollen (einer Geste der passiven Unterwerfung) inne und jagte hinter etwas her, von dem er glaubte (oder hoffte), daß es sich um einen Schatten handelte. Er schien den Gedanken an Schatten nie ganz aufgegeben zu haben.

Eine weitere verhaltenstherapeutische Methode, die Angie ausprobiert hatte, bestand darin, immer wieder einmal im Laufe des Tages Brendans Blick aufzufangen, ihm mit der Hand zuzuwinken und dann zu ihm zu gehen, um ihn zu kraulen und zu streicheln. Dies ist eine Möglichkeit, die Bindung zwischen Mensch und Hund zu stärken, wenn Lautäußerungen keinen Stellenwert im Kommunikationsrepertoire haben. Auch die Besucher wurden mit diesem Signal vertraut gemacht, und Brendan zeigte eine recht gute Reaktion auf diese neue Art der Interaktion, indem er häufiger als vorher innehielt, um den Blick eines Besuchers aufzufangen und sich seine Belohnung abzuholen. Brendans Interpretation von Handsignalen wurde immer besser; er verstand Zeichen für »Sitz«, »Platz«, »Bleib«, »Nein«, »Still« und »Braver Hund«. Er machte einen höchst zufriedenen Eindruck, wenn er es richtig gemacht hatte, und das Handzeichen für »Braver Hund« erfüllte ihn mit derartiger Begeisterung, daß er sich aufführte, als würde er gleich vor Freude explodieren.

Angie erzählte, daß Brendan leidenschaftlich gern Auto fuhr. Wenn er in einem Wagen saß, machte er keinerlei Anstalten, Schatten zu jagen, er hielt nicht einmal Ausschau nach ihnen. Es machte ihm nichts aus, sich den ganzen Tag dort aufzuhalten, und er wirkte zufrieden und glücklich. Andere Hütehunde verhalten sich in dieser Situation durchaus nicht so ruhig, weil sie die fremden Fahrzeuge anscheinend als Schafe ansehen, die sich nur schneller bewegen. Das bringt sie völlig aus der Fassung und kann – besonders an belebten Kreuzungen! – für den Fahrer gefährlich werden. Brendan war das genaue Gegenteil davon. Wenn er aufgeregt war, genügte es manchmal schon, ihn ins Auto zu setzen. Das wirkte auf ihn wie ein Beruhigungsmittel, und es dauerte keine fünf Minuten, bis er eingeschlafen war. Ich grübelte darüber nach, was dies zu bedeuten hatte, und ob sich der Effekt nutzbringend in sein Behandlungsprogramm einbauen ließe.

Ein anderer Faktor, der zunehmend in den Vordergrund trat, war Brendans Angewohnheit, seine jeweilige Bezugs- und Pflegeperson ständig auszutesten. Es war zu allen Zeiten unerläßlich, ihn strikt unter Kontrolle zu haben, denn wenn Brendan keinen starken Führer hatte, übernahm er selbst die Oberherrschaft. Angie berichtete, daß Brendan sogar sie bei mehreren Gelegenheiten herausgefordert hatte: einmal, als sie ihn an die Leine legen, und einmal, als sie ihn in die Hundebox bringen wollte. Seine Kampfansage bestand darin, zu knurren und die Zähne zu fletschen oder sich umzudrehen und nach einem Arm zu schnappen. Einmal war er Angie sogar richtig angegangen. Diese Vorfälle, die immer dann auftraten, wenn Brendan daran gehindert wurde, seinen eigenen Willen durchzusetzen, ließen auf ein Dominanzproblem schließen. Obwohl dieses Verhalten besorgniserregend war und eine potentielle Gefahr darstellte, war es nicht unser Hauptproblem, so daß ich mich nicht so eingehend damit beschäftigte, wie es mir möglich gewesen wäre.

Nach unserem Gespräch bat ich Angie, Brendan in den Beobachtungsraum zu bringen, wo ich das Schattenjagen auslösen und filmen wollte. Angie war überzeugt, daß Brendan damit in dem Moment anfangen würde, wenn er allein war, doch für den Fall, daß er durch die unbekannte Umgebung abgelenkt sein sollte, hatte sie eine Taschenlampe dabei, die ihn mit Sicherheit dazu bringen würde. Zuerst schnüffelte Brendan, ohne sich weiter um uns zu kümmern, in sämtlichen Ecken herum, um die neue Umgebung kennenzulernen. Nach etwa fünf Minuten wurde uns das Warten zu lang, und wir beschlossen, mit der Taschenlampe nachzuhelfen. Im selben Augenblick ging es los! Brendan sprang mit einem Satz zu der erleuchteten Stelle, nahm dann eine auffordernde Spielstellung ein und starrte gebannt auf den beleuchteten Fleck. Angie ließ den Strahl der Taschenlampe durch den Raum tanzen, und der Hund folgte ihm so schnell und in so dichtem Abstand, als wäre er durch ein unsichtbares Band damit verbunden. Ganz gleich, wo der Lichtstrahl stillstand, der Hund war im Bruchteil einer Sekunde an der betreffenden Stelle.

Der Anblick des hin und her jagenden Hundes konnte einen schwindlig machen, und deshalb bat ich Angie, nachdem ich sein Verhalten ausreichend mit der Kamera festgehalten hatte, die Taschenlampe auszumachen. Sie tat es, wobei sie mir einen verschmitzen Blick zuwarf, weil sie genau wußte, was nun passieren würde – Brendan machte einfach weiter, als sei nichts geschehen. Er hetzte von einer Wand zur anderen, nun sozusagen auf der Jagd nach etwas Nichtexistentem, und hielt nur manchmal inne, um einen bestimmten Punkt auf dem Boden zu fixieren – den Kaninchenbau! Schließlich mußten wir eingreifen. Wir legten ihn an die Leine und führten ihn aus dem Raum.

»Schon ziemlich eigenartig, nicht?« sagte Angie. Ich konnte ihr nur zustimmen.

Wir brachten Brendan wieder ins Auto, wo wir sicher sein konnten, daß er friedlich bleiben würde, und begannen darüber zu diskutieren, was da eigentlich vor sich ging und welche Behandlungsmöglichkeiten sich anboten. Als Angie berichtete, daß ihr das gleiche Verhalten bereits bei drei anderen Bobtails begegnet war, bat ich sie, darüber nachzudenken, ob sie noch irgend etwas außer der Rasse gemeinsam gehabt hatten. Sie konnte sich erinnern, daß zwei der anderen Hunde auch taub gewesen waren, beim dritten war sie sich nicht sicher. Ich überlegte, welche Rolle die Taubheit spielen konnte, und fragte mich, ob vielleicht alle Phantomjäger taub waren. Es war

268

einleuchtend, daß visuelle Erfahrungen für einen Hund, der nichts hörte, besonders erregend waren. Das konnte eine begründete Vermutung sein. Ich glaube übrigens immer noch, daß Taubheit bei manchen Hunden eine Rolle spielt, obwohl mir inzwischen Schattenjäger begegnet sind, die ausgezeichnet hören.

Weitere Faktoren, die ich in Betracht zog, waren Brendans Hyperaktivität und Hartnäckigkeit. Zum einen war er ohne Frage ein Energiebolzen, zum anderen schien er unfähig, von seinem eigenartigen Verhalten abzulassen, wenn er erst einmal damit angefangen hatte. Ich vermutete, daß verhaltenstherapeutische Maßnahmen und Medikamente, die der Angstminderung und Beruhigung dienen, vielleicht helfen konnten. Seine Unfähigkeit, mit dem einmal begonnenen Verhalten wieder aufzuhören, wies darauf hin, daß wir es möglicherweise mit einem durch Krampfanfälle hervorgerufenen Phänomen zu tun hatten.

Zum Einstieg sollte sein Behandlungsprogramm aus angemessener Bewegung, einer ausgewogenen, proteinarmen Ernährung und einer Therapie zur Verhaltensmodifikation bestehen, das heißt, sein Schattenjagen sollte grundsätzlich ignoriert werden, während er für Zeiten, in denen er ruhig war, mit Zuwendung und Leckerbissen belohnt werden sollte. Angie wurde außerdem gebeten, den guten Kommunikationsstand durch Weiterführung des auf Handzeichen basierenden Gehorsamstrainings aufrechtzuerhalten. Zusätzlich wurde Brendan das angstmindernde Medikament Tranxene (Tranxillium) verschrieben, das Ähnlichkeit mit Valium hat. Da es auch krampfhemmende Eigenschaften hat, dachte ich, daß das Leiden, wenn nicht durch das eine, dann durch das andere unter Kontrolle zu bringen sei.

Aber es sollte nicht sein. Das Medikament wirkte so stark, daß der Hund tapsig und unsicher wurde, während er zugleich einen tierischen Hunger entwickelte. Er wurde so gefräßig, daß er anfing, Katzenstreu, Papier und was sonst nicht alles hinunterzuwürgen. Nur an seinem Phantomjagen änderte sich nichts. In der Hoffnung, ein anderes Medikament könnte eine Wirkung zeigen, verordnete ich ihm nun das Antikonvulsivum Phenobarbital, aber wieder geschah nichts. Danach verzichtete ich auf jede Medikation und konzentrierte mich auf einige der von Angie bereits erfolgreich angewendeten Techniken. Mit diesen Mitteln – der Decke, den Handsignalen, dem Streicheln und der positiven Verstärkung von gutem Verhalten – erzielten wir schließlich einen gewissen Fortschritt. Aber es ging nur sehr langsam voran.

Während ich mir noch den Kopf über Brendan zerbrach, erhielt ich einen alarmierenden Anruf von Angie. Sie teilte mir mit, daß sie den Hund einschläfern lassen müsse, weil er sie gebissen habe. Angie hatte sich gebückt, um ihn am Halsband zu nehmen und ins Haus zu bringen, und er hatte sich ohne Vorwarnung umgedreht und ihr eine tiefe Bißwunde zugefügt. Anschließend hatte er, statt Reue zu zeigen, sich bedrohlich lauernd an sie herangepirscht, so daß Angie sich mit einer Schaufel verteidigen mußte. Von diesem Augenblick stand für sie fest, daß es keine Möglichkeit mehr gab, mit ihm weiterzumachen, und sie hatte die einzige Entscheidung getroffen, die ihr noch offenstand.

Ich konnte Angies Enttäuschung nachfühlen, denn ich wußte, wieviel Mühe sie sich gegeben hatte. Auch für Brendan tat es mir leid. Ich hatte überdies das Gefühl, selbst bis zu einem gewissen Grad mitschuldig zu sein, weil ich mich so stark auf das Schattenjagen konzentriert hatte und nicht genügend auf den anderen Aspekt seines Verhaltens, seine Dominanz, eingegangen war, der er nun sein vorzeitiges Ende verdankte.

Während ich noch über Brendans Schicksal brütete, wurde ich von dem Besitzer eines weiteren phantomjagenden Hundes angesprochen. Das unmittelbare Nacheinander dieser beiden Fälle bot mir natürlich eine ausgezeichnete Vergleichsmöglichkeit. Bei dem neuen Fall handelte es sich um eine einjährige kastrierte Hündin namens Cullie, eine Mischung aus Rottweiler und Labrador. Sie sah aus wie ein rassereiner Rottweiler, nur war sie viel kleiner.

Cullie war mit vier Wochen von der Mutter getrennt worden. Als sie neun Monate alt war, bemerkte ihre Herrin, Josie Kennedy, daß sie ab und zu einen Schatten ansprang und ihm hinterherjagte. Anfänglich hatte sie dies für ein »niedliches Hundespiel« gehalten und bei den regelmäßigen Spielstunden noch gefördert. Doch etwa zehn Tage nach dem ersten Auftreten dieses Verhaltens war nichts Niedliches mehr daran, und Josie wurde klar, daß sie es mit einem echten Problem zu tun hatte. Cullie war wie besessen von Schatten, ganz gleich von welchen bewegten Objekten sie stammten. Ihre Obsession wurde so schlimm, daß ihr drei Tage lang das wenige, was sie überhaupt zu sich nahm, mit der Hand gefüttert werden mußte, und ihr Gewicht schmolz unter den angstvollen Blicken ihrer Besitzerin dahin. Ständige Bewegung war die Regel, zumindest bis alle abends im Bett lagen und das Licht gelöscht wurde.

Josie war mit Cullie bereits bei ihrem Tierarzt gewesen, der ihr aber nicht hatte helfen können, obwohl er alle nur erdenklichen Tests durchgeführt hatte. Es ließ sich einfach keinerlei physische oder funktionale Abnormität feststellen. Als vorläufige Maßnahme hatte der Tierarzt Cullie mit Phenobarbital behandelt, das sie ein bißchen ruhiger zu machen schien. Ohne das Medikament war Cullie nach Josies Aussagen ein hoffnungsloses Nervenbündel. Doch selbst mit diesem war sie weit davon entfernt, ein normaler Hund zu sein.

Cullie war anders als Brendan – sie gehörte einer anderen Rasse und einem anderen Geschlecht an, und sie hatte ein gutes Gehör. Ihre einzigen Gemeinsamkeiten waren, daß auch sie als Welpe sehr früh und abrupt von ihrer Mutter getrennt worden war und daß ihr Verhalten, solange es noch lustig wirkte, gefördert worden war. Die Tatsache, daß eine niedrige Dosierung von Phenobarbital bei Cullie anscheinend eine positive Wirkung gehabt hatte, fand ich hochinteressant, doch wollte ich erst einmal mit einer rein verhaltensorientierten Behandlung beginnen. Ich sorgte dafür, daß die Besitzer noch stärker darauf achteten, der Hündin keinerlei Beachtung zu schenken, wenn sie ihre Phantomjagd-Anfälle hatte, eine Maßnahme, die auf der Theorie beruht, daß das Verhalten durch jedwede Beachtung, sei sie gut oder schlecht, noch gefördert wird. Ich empfahl Cullies Besitzern, sich absichtlich fernzuhalten, wenn sie dieses Verhalten zeigte.

Ich riet Josie auch, sich eines sogenannten *Überbrückungsreizes* zu bedienen. Dabei handelt es sich um einen neutralen Reiz, der den Hund augenblicklich in seiner Tätigkeit unterbrechen und seine Aufmerksamkeit auf etwas Neues lenken soll. In Cullies Fall riet ich zu einer Entenpfeife als Überbrückungsreiz, wobei es auch irgendein anderer tiefer Ton getan hätte, zum Beispiel das Anschlagen einer Stimmgabel oder Klaviertaste. Sobald Josie bemerkte, daß Cullie Schatten jagte, sollte sie die Pfeife ertönen lassen und dann sofort auf dem Absatz kehrtmachen und weggehen. Dahinter stand die Theorie, daß Cullies Aufmerksamkeit zuerst durch den Ton erregt und dann sogleich auf das nächste Ereignis, Josies Fortgang, gelenkt würde. Im Falle des Erfolgs wäre dies ein Beispiel für die Wirkung einer negativen Verstärkung. Oder einfacher formuliert, Cullie würde mit dem Schattenjagen aufhören, um ein unangenehmes Ereignis abzuwenden – Josies Weggehen.

Einige Wochen später erhielt ich Josies Rückmeldung: Das Resultat war spektakulär. Cullie war zwar nicht geheilt, doch hatte sich ihr Verhalten erheblich gebessert. Nach Josies Schätzung hatte das Schattenjagen sich um 80 Prozent verringert. Wir blieben noch einige Zeit in Verbindung. Jedesmal wenn ich mit Josie sprach, hatte sich Cullies Verhalten weiter gebessert. Schließlich jagte sie keine Schatten mehr – jedenfalls nicht im Haus. Hielt sie sich draußen im Garten auf – vor allem gegen Abend, wenn die untergehende Sonne lange Schatten auf den Rasen warf –, lief sie noch gelegentlich herum und ergötzte sich an ihrem alten Fetischkult, doch draußen hatte Josie, wie sie betonte, ja auch nie mit der Hündin trainiert. Josie und ich waren hochzufrieden mit dem Ergebnis der Verhaltensmodifikation: Soweit es Josie betraf, war das Problem gelöst.

Ich machte mir weiter Gedanken darüber, wodurch das mysteriöse Schattenjagen ausgelöst wurde. Ich wußte nun, daß es, insoweit es die Aufmerksamkeit des Besitzers erregte, noch verstärkt wurde. Doch wie kam es überhaupt dazu? War es ein durch Zufall erlerntes Verhalten? Beruhte es auf einer angeborenen Neigung? Oder war ein unbekannter äußerer Einfluß dafür verantwortlich?

Ich kann diese Fragen noch immer nicht alle beantworten, doch habe ich ein paar Vorstellungen dazu, die möglicherweise Licht ins Dunkel bringen. Der erste Gedanke kam mir, als ich von der Besitzerin eines Bullterriers konsultiert wurde. Sie berichtete, daß ihr Hund mit sechs Monaten begonnen hatte, Schatten an einer Mauer zu jagen, anfangs nur nebenbei, dann ohne Unterlaß und unter Ausschluß aller anderen Betätigungen. Die Schatten wurden auf die Dauer zu einer solchen Wahnvorstellung, daß der Hund schließlich auf Vorschlag des behandelnden Tierarztes eingeschläfert werden sollte.

Meine Erkenntnisse in bezug auf Bullterrier und ihre ererbte Neigung zu anfallsartigen Auffälligkeiten erweckten in mir den Verdacht, daß auch bei dem in Frage stehenden Verhalten Krampfanfälle eine Rolle spielten. Andererseits konnten ebensogut zwanghafte Verhaltensweisen, die eventuell mit Krampfanfällen in Zusammenhang stehen, dafür verantwortlich sein. Schließlich ist auch bei etwa zehn Prozent der Menschen, die an Zwangsneurosen leiden, ein zugrundeliegendes Anfallsleiden festzustellen. Bei den Bullterriern scheinen die üblichen Zwänge wie Schwanzjagen, Ball-Fetischisieren usw. mit dem Jagdtrieb zusammenzuhängen, und es ist wohl kaum von der Hand zu weisen, daß auch das Schattenjagen eine Form des Beutefangverhaltens ist. Diese Fragen lassen sich nur durch weitere Fallstudien, bei denen die Reaktionen auf bestimmte Behandlungen untersucht werden, endgültig klären.

Das zweite Erlebnis, das mich die Ursache in Krampfanfällen suchen ließ, war die Begegnung mit einem fliegenfangenden Junghund. Er schnappte unablässig nach imaginären Fliegen, und wenn dieses seltsame Verhalten erst einmal eingesetzt hatte, machte er bis zur restlosen Erschöpfung weiter. Zwischen diesem Fliegenfangen und dem Schattenjagen gab es bemerkenswerte Ähnlichkeiten. Das Fliegenfangen wurde anfänglich dadurch gefördert, daß die Besitzer über dem Kopf des Hundes mit den Fingern schnippten – dies traf übrigens auf alle fliegenfangenden Hunde zu, die ich gesehen habe. Dieser Hund schien (wie auch die anderen »Fliegenfänger«) außerdem ein ziemlich eintöniges Leben gehabt zu haben, was ich als sensorisches Deprivationssyndrom bezeichne. Bei diesem Hund versuchte ich es mit der gleichen Behandlung – Überbrückungsreiz und Beachtungsentzug – wie bei Cullie und erzielte das gleiche positive Ergebnis, was als eine weitere Bestätigung dafür zu werten ist, daß das Erregen von Aufmerksamkeit eine große Rolle bei dieser Verhaltensauffälligkeit spielt. Interessanterweise wird auch das Fliegenfangen mit anfallsartigen Verhaltensauffälligkeiten in Verbindung gebracht, und ansonsten ist sonnenklar, daß es sich dabei um ein weiteres Beispiel von fehlgeleitetem Jagdtrieb handelt.

Schattenjagen, Fliegenfangen und weitere halluzinatorische Verhaltensweisen scheinen viele Gemeinsamkeiten zu haben. Sie setzen im jugendlichen Alter ein, werden von den Besitzern gefördert, und die Hunde haben oft keine nützliche Aufgabe zu leisten und sind über längere Zeit eingesperrt. Den betroffenen Hunderassen (vom Zwergschnauzer bis zum Bullterrier) sind Anfallsleiden nicht fremd, wenngleich diese, sofern sie auftreten, nicht epileptischer Natur sind. Zwangsneurotisches Verhalten, das auch eine angemessene Erklärung für diese Auffälligkeiten sein kann, geht manchmal mit partiellen Anfällen einher, was eine eigenartige Mischung darstellt.

Wie zu erwarten, haben Rassen, die diese Verhaltenseigenarten aufweisen, meist auch ausgeprägte Jagdinstinkte: Meine letzten beiden Fälle betrafen einen Rauh-haar-Foxterrier (Drahthaarfox) und einen Labrador Re-triever. Vielleicht sind Schattenjagen und Fliegenfangen einfach eine neue Form (wenn auch auf dem Jagdtrieb beruhend), wie sich bei Hunden eine Zwangsneurose zeigt. Derzeit bin ich dabei, Neuroleptika als Begleitung zur Verhaltenstherapie schattenjagender Hunde auszu-probieren, und sie scheinen wirksam zu sein. Der er-wähnte Drahthaarterrier ist nach vierwöchiger Behand-lung mit Prozac (Fluctin) bereits um 50 Prozent gebes-sert. Dieser kleine Kerl und der Labrador jagten aber auch nach Schatten, wenn kein Mensch in der Nähe war. Mangelnde Beachtung scheint also nicht der einzige Grund für ihr Verhalten gewesen zu sein. Sie hatten wirk-lich einen »Schatten«!

Ganz gleich, wie die abschließende Erklärung lauten mag, ich persönlich habe seit damals, als ich zum ersten-mal von Phantasiekaninchen und imaginären Kanin-chenhöhlen hörte, doch einiges über dieses Verhalten da-zugelernt. Heute weiß ich besser, worauf ich achten muß und welche Behandlung etwas bewirken kann, und ich bin sicher, die passenden Puzzleteilchen für die noch ver-bleibenden Lücken werden sich auch noch finden lassen!

— Ratschläge —

Halluzinatorische Verhaltensweisen
Zu den häufigsten halluzinatorischen Verhaltensweisen gehört das Jagen nach Lichteffekten oder Schatten und das Schnappen nach eingebildeten Fliegen.

Diagnose
1. Beobachtung und Quantifizierung des Verhaltens reichen aus. (Es gelten dieselben Kriterien wie für Bullterrier. Vgl. die Zusammenfassung am Ende von Kap. 11)
2. Ein EEG kann nützlich sein, um eine eventuell existierende Krampfaktivität aufzuklären.
3. Untersuchungen mit CT (Computer-Tomographie), MRI (Magnetic Resonance Imaging) oder PET/SPECT (Positionen-Emissions-Tomographie / Single-Photon-Emissions-Computertomographie) könnten in Zukunft hilfreich sein.

Behandlung
1. Sorgen Sie für eine abwechslungsreichere Umgebung, und gestalten Sie den Lebensraum des Hundes möglichst vielseitig und interessant. Benutzen Sie Hundeboxen, Zwinger und andere Formen des Einsperrens so wenig wie möglich, und beschränken Sie die Zeiten, in denen der Hund allein bleibt, auf ein Minimum.
2. Achten Sie auf angemessene Ernährung und Bewegung.
3. Versuchen Sie, dem Hund keine Beachtung zu schenken, wenn er in sein eigenartiges Verhalten verfällt. In diesem Zusammenhang kann ein Überbrückungsreiz nutzbringend sein.
4. Eventuell verschreibt der Tierarzt Antikonvulsiva und/oder Neuroleptika.

Das große Lecken

Im Jahr 1989 sah ich Taylor, einen drei Jahre alten hirsch-roten Dobermann aus Springfield, Massachusetts zum ersten Mal. Er war ein besonders schöner Vertreter seiner Rasse, weshalb er auf Ausstellungen gezeigt wurde und als Deckrüde diente. Unglücklicherweise hatte der Hund, wie viele Dobermänner, ein Leckproblem. Taylors orale Neigungen wurden auffällig, als er etwa einen Monat alt war: Mit knetenden Bewegungen trat der Welpe mit den Pfoten gegen Kissen und Decken, während er sie zugleich mit dem Maul bearbeitete und daran nuckelte, bis sie völlig durchnäßt waren. Da Taylor früh verwaist und mit der Flasche aufgezogen worden war, wirkte dies wie ein fehlgeleitetes Trinkverhalten (Milchtritt), ähnlich dem Daumenlutschen beim Menschen. Taylor saugte auch an den Ohren anderer Hunde, und wenn weder Decken noch Ohren verfügbar waren, behalf er sich mit Steinen, oder er nahm seine Flankenhaut ins Maul und kaute darauf herum, bis sie feucht von Speichel war. Dieses Decken- und Flankensaugen tritt fast ausschließlich bei Dobermännern auf, was eine genetische Ursache nahelegt. Bei Taylor fiel es jedoch schwer, dies nicht als Folge der Mutterentbehrung zu erklären. Höchstwahrscheinlich sind komplexe Verhaltensweisen wie diese eine Kombination von Ererbtem und Erworbenem, wobei beide Komponenten für deren Auftreten nötig sind. Freud hätte Taylors Verhalten sicher mit Interesse beobachtet und nicht gezögert, ihn als oral fixiert einzustufen.

Als Taylor zwei Jahre alt war, setzte eine weitere orale Aktivität ein – Beinlecken. Es fing mit der unteren Hälfte seines rechten Hinterlaufs an, danach wandte er seine Aufmerksamkeit seinem Gelenk am rechten Vorderlauf zu. Er begann auch an seiner rechten Flanke mit größerer Intensität als bisher zu lecken und herumzuknabbern. Als er mir vorgestellt wurde, beschäftigte er sich in erster Linie mit seinem linken Vorderlaufgelenk, bearbeitete allerdings auch seine Flanke immer noch, so daß sich dort durch das Lecken und Nagen eine große eiternde Wunde gebildet hatte. Das Gelenk sah auch nicht gerade gut aus, denn es wies ein eiterndes Geschwür von der Größe eines Vierteldollars auf. Taylors Besitzerin Pam Rhodes war eine charmante und gebildete Dame, die offensichtlich einen großen Bekanntheitsgrad in Dobermann-Züchterkreisen hatte. Sie war wegen Taylors Zustand ernsthaft besorgt, nicht nur, weil er scheußlich aussah und nicht auf Ausstellungen gezeigt werden konnte, sondern auch wegen seiner Gesundheit.

Ich erklärte Pam, sein Leiden lasse sich sowohl auf genetische Faktoren wie auch auf Umwelteinwirkungen zurückführen (letztere insbesondere in den kritischen ersten drei Lebensmonaten). Ich erwähnte ebenfalls, daß Langeweile oder Stress es noch fördern könnten: Es wird allgemein angenommen, daß das übermäßige, auf bestimmte Bezirke beschränkte Lecken der Extremitäten, das sogenannte Leckgranulome zur Folge hat, bei Stress oder in der Eintönigkeit des Eingesperrtseins entsteht. In den meisten Fällen geben die Halter der betroffenen Hunde an, daß sie den Hund mehrere Stunden am Tag allein lassen. Wenn ein Hund an einer bequem erreichbaren Stelle seines Körpers Fellpflege betreibt (zum Beispiel an einem Vorderlauf, wenn der Hund auf Brust oder Flanke liegt, oder an einem Hinterlauf, wenn er sich zum Liegen zusammengerollt hat), dann bewirkt diese Betätigung eine gewisse Erleichterung der Langeweile oder des Stresszustands, und das Verhalten verstärkt sich auf diese Weise selbst. In diesem Fall bezeichnet man die Fellpflege als Übersprunghandlung.

Im Laufe der Zeit führt das Lecken zu einer Erosion der Haut und der Bildung eines Granuloms (krankhafte Gewebsveränderung mit Geschwulstbildung). Das Leckverhalten schleift sich schließlich so ein, daß es jederzeit ausgeübt wird, selbst wenn der Hund nicht allein ist oder sich langweilt. Wenn die neuralen Bahnen gut entwickelt sind und das Verhalten zu einem Automatismus geworden ist, bezeichnet man es als Stereotypie. Im Lehrbuch werden Stereotypien als eine wiederkehrende, gleichförmige Aufeinanderfolge motorischer Leistungen definiert; auf den Betrachter wirken sie wie ein Verhalten ohne Sinn und Verstand. Das trifft haargenau auf diese Art des Leckens zu.

Pam hörte sich diese Theorien und Erklärungen an und gestand mir dann, daß Taylor, wenn man sich nicht gerade gezielt mit ihm beschäftigte, mehrere Stunden am Tag allein sei. Sie fand auch, daß sich sein Verhalten zu einer Stereotypie ausgewachsen hatte, und räumte ein, daß sich trotz der vielen tierärztlichen Bemühungen nicht das geringste daran geändert hatte. Der ortsansässige Tierarzt hatte das Bein mit verschiedenen Medikamenten und Salben behandelt und zeitweise auch einen Verband angelegt, damit Taylor nicht direkt an die wunde

Stelle kommen konnte. Einmal hatte er es sogar mit einem großen trichterförmigen Plastikkragen versucht, der es dem Hund unmöglich machte, an sein Bein zu gelangen. Solange Taylor die Wunde nicht erreichen konnte, begann sie auch abzuheilen, doch für alle Zeiten mit dem Plastiktrichter herumzulaufen war nicht gut möglich, und sobald dieser abgenommen wurde, fing er gleich wieder damit an, das Bein abzulecken, und die Wunde brach wieder auf.

Danach sprach ich mit Pam über alternative Behandlungsmöglichkeiten. Ich begann damit, einige vielleicht förderliche Veränderungen von Taylors Tagesablauf und seines Lebensraums aufzuzeigen. Als erstes erklärte ich, daß Taylors Zustand durch mehr Bewegung verbessert werden könne. Im Augenblick bekam er sehr wenig Auslauf. Wenn man ihm mehr Bewegung verschaffte, würde ihn das von überschüssigen Energien befreien und von seinem unerwünschtem Verhalten abhalten. Ich riet ihr, ihn nicht einfach nur auszuführen, sondern täglich 20 bis 30 Minuten ein regelrechtes Bewegungstraining zu veranstalten. Ich erteilte ihr auch Ratschläge zu seiner Ernährung und empfahl, ihm angesichts seines verhältnismäßig ruhigen Lebens ein proteinarmes Futter zu geben und möglicherweise nur geriatrische Portionen.

Zur gezielten verhaltensmodifizierenden Therapie gab ich Pam den Rat, seine Umgebung abwechslungsreicher zu gestalten, so daß Taylor in Situationen, in denen er sich sonst langweilte, weil er nichts zu tun hatte, immer etwas Interessantes zur Ablenkung vorfinden würde. Wenn die Besitzer anwesend sind, ist es ganz einfach, für Abwechslung zu sorgen; es genügt eine Kombination von Gehorsamstraining, Spielen und interaktiven Betätigungen wie Kämmen und Bürsten. Doch wenn niemand in der Nähe ist, ist es nicht so leicht, einen Hund zu beschäftigen. Im Laufe der Jahre habe ich mir einiges einfallen lassen, um Hunden in Abwesenheit ihrer Familie etwas zur Unterhaltung zu bieten. Grundsätzlich bedeutet das, einen Vorrat an ungewöhnlichen Hundespielsachen und Freßbarem, das sich nicht gleich wegputzen läßt, anzulegen und dem Hund abwechselnd davon etwas zu überlassen, so daß er nicht das Interesse daran verliert. Ich schlug Pam vor, Taylor mit Erdnußbutter gefüllte Knochen oder Plastikspielsachen zu geben, wenn sie das Haus verließ. Außerdem erwähnte ich – wenn auch auf bloßen Verdacht –, daß es ihm vielleicht helfen würde, eine Bandschleife mit Haushaltsgeräuschen und menschlichen Stimmen auf dem Kassettenrekorder abzuspielen. Pam hörte sich meine Vorschläge aufmerksam an, doch noch bevor ich zum medizinischen Teil der Behandlung übergehen konnte, stellte sie die 100000-Mark-Frage: »Angenommen, ich mache das alles – wie hoch ist die Wahrscheinlichkeit, daß er ganz mit dem Lecken aufhört?«

»Nicht sehr hoch«, mußte ich notgedrungen erwidern. »Aber ohne eine anregendere Umgebung und einen anderen Ablauf seines Alltags besteht eine geringere Chance, daß die pharmakologische Behandlung, die ich Ihnen gleich vorschlagen werde, zum Ziel führt.«

Ich fuhr dann fort, eine neue medikamentöse Behandlung zu erläutern, die ich gemeinsam mit Dr. Lou Shuster an der Tufts-Tierklinik entwickelt hatte. Ich erklärte in groben Zügen, daß Stress bestimmte chemische Botenstoffe oder Neurotransmitter im Gehirn freisetzt, die Endorphine. Diese aktivieren dann einen weiteren Neurotransmitter namens Dopamin, der Gedanken mit Handlung verbindet. Zuviel Dopamin verursacht Hyperaktivität und Stereotypie, was bei Taylor der Fall war.

Wenn die Endorphine, so wie bei dem erwähnten Medikament, gehemmt werden können, wird die unerwünschte Verhaltensweise seltener oder hört ganz auf.

»Sind Endorphine diese Chemikalien, die bei Langläufern einen Psycho-Kick hervorrufen?« fragte Pam.

»Ja, genau«, bestätigte ich. »Ich habe mich schon oft gefragt, ob es bei der Fellpflege beim Hund zu einem Feedback kommt, so daß noch mehr Endorphine freigesetzt werden, wodurch dann eine Art Circulus vitiosus entsteht. In diesem Fall könnten sich die betreffenden Hunde womöglich durch Lecken ein High verschaffen!«

Pam nickte langsam und neigte sich zu Taylor herunter. »Du bist ein braver Hund«, hörte ich sie kaum vernehmbar flüstern. Taylor saß neben ihr und trug einen geduldigen, fast weise zu nennenden Ausdruck zur Schau, als verstünde er, worüber wir redeten.

Pam war einverstanden, Taylor versuchsweise medikamentös behandeln zu lassen. Unser Gespräch war beendet, und die beiden verließen die Klinik, nachdem Pam das Medikament in der Krankenhaus-Apotheke abgeholt hatte.

Zwei Wochen später trafen wir uns zu unserem nächsten Gespräch. Pam berichtete, daß das Leckverhalten um die Hälfte abgenommen hatte. Ich riet ihr, die Medikamentendosis zu erhöhen und noch einige Zeit damit fortzufahren. Drei Wochen später teilte sie mir frohlokkend mit, daß das unerwünschte Verhalten am Tag nach der ersten Erhöhung der Dosis komplett aufgehört habe. Taylor habe nicht nur aufgehört, sein Bein zu lecken, er lasse jetzt auch seine Flanke in Ruhe und kaue nicht mehr auf Steinen herum! Pam war überglücklich, und zugegebenermaßen ging es mir ebenso. Ich hatte zwar schon erlebt, daß das Lecken nach einer Testinjektion mit einem Endorphinhemmer kurzfristig aufhörte, doch Taylor war mein erster klinischer Erfolg bei oraler Gabe des Medikaments. Während einer ein- bis zweiwöchigen Phase entwöhnte ich dann den Hund wieder, und das Leckverhalten setzte nicht wieder ein – zumindest eine Zeitlang nicht. Es hatte den Anschein, als sei Taylor völlig wiederhergestellt, und die Wunden heilten allmählich ab. Einige Monate später sah er so gut aus, daß Pam ihn sogar wieder auf eine Ausstellung schickte.

Taylor hatte dann doch noch zwei Rückfälle im Abstand von etwa einem halben Jahr. Jedem ging ein Vorfall voran, bei dem es zu einem kleineren Trauma kam. Das eine Mal war Taylor von einem anderen Hund gebissen worden, beim zweitenmal hatte ihn ein Insekt gestochen. Beide Ereignisse führten dazu, daß er die betreffende Stelle wie wild leckte, so daß Pam nach kurzer Zeit den Eindruck hatte, daß er erneut in dasselbe rhythmische Lecken verfiel, das sich vorher so schlimm ausgewirkt hatte. Bei jedem dieser Vorfälle setzte ich das Medikament für kurze Zeit wieder ein, und das Verhalten war innerhalb von ein bis zwei Wochen verschwunden. Ich erklärte Pam diese Rückfälle am Beispiel des Pendels, das bald zur einen und dann zur anderen Seite ausschlägt. Wie beim Anhalten eines Pendels kam es durch das Medikament zu einem Stillstand des Leckverhaltens, bis es dann durch irgendeinen äußeren Reiz von neuem ausgelöst wurde. Einmal aktiviert, setzte es sich jedoch so lange fort, bis es erneut zum Stillstand gebracht wurde. Taylor lebte mit seiner auf diese Weise unter Kontrolle gebrachten Störung noch eine Reihe von Jahren, in denen ich durch Pam weiter engen Kontakt zu ihm hielt.

Etwa zu der Zeit, als sich der Erfolg von Taylors Behandlung abzeichnete, rief mich ein Dermatologe von der Mayo-Klinik an. Er hatte einige Veröffentlichungen gelesen, in denen Dr. Lou Shuster und ich über die Behandlung von Leckgranulomen bei Hunden und Krippenbeißen bei Pferden mit endorphinhemmenden Wirkstoffen geschrieben hatten, und wollte nun wissen, ob diese Medikamente auch für einen seiner menschlichen Patienten geeignet seien. Er beschrieb mir diesen als einen Mann mittleren Alters, Vizepräsident einer größeren amerikanischen Firma, der vor einigen Jahren angefangen hatte, ständig an einer Gesichtshälfte herumzufummeln und zu kratzen (man nennt dies neurotische Exkoriation). Er hatte das so lange betrieben, bis die Haut vereitert war und fast ständig blutete. Dabei hatte er einen seiner Nasenflügel erheblich verletzt und sich an der Schläfenseite der Stirn tiefe Kratzer zugefügt. Anscheinend konnte er einfach nicht damit aufhören, obwohl das Verhalten zu gefährlichen und abstoßenden Verletzungen geführt hatte und äußerst qualvoll für ihn war. Keine der von seinen Ärzten durchgeführten Behandlungsmethoden hatte einen mehr als zeitweiligen Erfolg gehabt, und die Erprobung endorphinhemmender Medikamente war eine der wenigen Möglichkeiten, die ihnen noch offenstanden. Ich gab ihnen einige Informationen über die Dosierung beim Menschen und versicherte ihnen, daß ein Versuch sich lohnen könne.

Das Ergebnis war noch spektakulärer als bei Taylor. Der Patient hörte drei Tage nach der ersten oralen Dosis auf, an seiner Haut herumzukratzen, und ließ während des ganzen Monats, in dem er damit behandelt wurde, die Finger von seinem Gesicht, so daß die Wunden abzuheilen begannen. Auch nach Beendigung der Therapie fing er, genau wie Taylor, nicht wieder damit an, und sechs Wochen später war seine Haut völlig abgeheilt. Die Ärzte an der Mayo-Klinik waren von ihrem Erfolg so beeindruckt, daß sie einen Leserbrief an eine bekannte dermatologische Fachzeitschrift schrieben, um ihren Kollegen die Ergebnisse mitzuteilen. Mir kam der Gedanke, den Patienten anzurufen, um ihn zu fragen, ob er vielleicht Interesse daran hätte, eine Folgestudie an Hunden zu sponsern, doch dann sah ich lieber davon ab – wahrscheinlich hätte es ihm nicht besonders gefallen, wenn er erfahren hätte, daß seine Therapie von einem Tierarzt empfohlen worden war.

Vor kurzem wurde ein endorphinhemmendes Medikament zur Behandlung des Alkoholismus vorgestellt. Dies deutet darauf hin, daß dort möglicherweise ähnliche Verstärkungsmechanismen eine Rolle spielen, die die Sucht nach Alkohol auf dieselbe Weise steigern, wie es bei neurotischer Exkoriation und hundlichem Leckzwang geschieht. Allerdings haben nicht alle der von mir mit endorphinhemmenden Wirkstoffen behandelten Hunde mit Leckgranulomen in der gleichen positiven Weise reagiert. Noch ist mir der Grund dafür nicht klar. Ich kann dazu nur sagen, daß es möglicherweise unterschiedliche Arten von Leckproblemen gibt, bei denen unterschiedliche Mechanismen zum Tragen kommen.

Im Jahr 1990 veröffentlichte eine tierärztliche Fachzeitschrift einen wichtigen Artikel, in dem die erfolgreiche Behandlung des caninen Leckgranuloms durch Anafranil, ein für den Menschen bestimmtes Neuroleptikum, beschrieben wurde. Anafranil bewirkt, ähnlich wie Prozac (Fluctin), eine größere Verfügbarkeit des Neurotransmitters Serotonin im Gehirn, indem es den Abbau des einmal freigesetzen Serotonins hemmt. Serotonin hat unter anderem mit der Regulierung der Stimmung zu tun; im allgemeinen hat ein höherer und gleichmäßigerer

Serotoninspiegel einen stabilisierenden Effekt auf die psychische Verfassung. Da Hunde mit Leckgranulom auf Anafranil reagieren und da zwischen zwanghaftem Pfotenlecken und dem Waschzwang beim Menschen bestimmte Parallelen nachzuweisen sind, vertraten die Verfasser des Artikels die Ansicht, daß Leckgranulome bei Hunden den Zwangsneurosen beim Menschen entsprechen.

Bei etwa 85 Prozent der menschlichen Zwangsneurosen liegt eine obsessive Beschäftigung mit Reinlichkeit, Bakterien und Krankheit vor, die zu zwanghaften Wasch- und Reinigungsritualen führt. Hier stehen wir vor einem Problem, sofern wir die menschliche Zwangsneurose modellhaft auf Hunde anwenden wollen, denn Tiere machen sich ja keine Vorstellung von Krankheitserregern und Vorbeugungsmaßnahmen. Allerdings können sich bei Kindern, die ebensowenig mit derlei vertraut sind, Zwangsvorstellungen in bezug auf Dinge entwickeln, die wie etwas Ansteckendes aussehen, ohne es zu sein, zum Beispiel hinsichtlich der Farbe Blau, oder sie entwickeln sogar Zwänge *ohne* vorhergehende Zwangsvorstellung. Vielleicht sind die betroffenen Hunde in dieser Hinsicht eher so wie Kinder und haben primäre Zwänge, denen bestenfalls rudimentäre Zwangsvorstellungen vorangehen. (»Ich muß nur noch ein paarmal lecken, bis mein Fell wieder gepflegt ist.«)

Einer der ersten Hunde, die ich mit Neuroleptika behandelte, war ein ziemlich großer und dichtbehaarter schwarzer Mischlingshund mit Namen Stan. Stans Frauchen war eine promovierte Psychologin, die mit Zwangsneurosen und deren Therapie vertraut war. Mir war vom ersten Augenblick an klar, daß Stan ihr sehr viel bedeutete und sie nichts unversucht lassen würde, um ihm zu helfen. In diesem Fall war ich besonders dankbar, es mit einer gebildeten Klientin zu tun zu haben, die den festen Willen sowie die finanziellen Möglichkeiten hatte, mich Stan auf angemessene Weise behandeln zu lassen. Stans Leckgranulom war eines der schlimmsten, die ich je zu Gesicht bekommen habe. Es war so tief vereitert, daß ich Sorge hatte, der Knochen könne infiziert sein, wenn ich auch gegenüber der Klientin nichts davon verlauten ließ, daß ich von einem Fall gehört hatte, bei dem ein Leckgranulom zu einer Knocheninfektion geführt hatte, die es nötig machte, den Lauf zu amputieren. Wie dem auch sei, Stan wurde mit Anafranil behandelt, und ich blieb während der darauf folgenden, sich dahinschleppenden Wochen mit seiner Besitzerin in ständiger Verbindung.

Das Ergebnis der Behandlung war höchst eindrucksvoll. Im Laufe von drei Behandlungsmonaten hörte Stan nach und nach auf, sich zu lecken, und seine Heilung verlief nach dem gleichen Schema wie bei den auf die gleiche Weise behandelten menschlichen Patienten mit Zwangsneurosen. Nach zwei Wochen war er um 50 Prozent gebessert, nach vier Wochen um 75 Prozent und so fort, bis die Wunde schließlich fast völlig verheilt war und das Lecken nur noch gelegentlich und nicht intensiv auftrat. Wir erreichten zwar nie eine hundertprozentige Heilung, doch war der Erfolg trotzdem bemerkenswert, und Stans Besitzerin ist mir bis heute dankbar dafür. Während ich dies schreibe, zwei Jahre danach, ist Stan noch immer in Behandlung, und es hat den Anschein, als würde ihn eher das Alter einholen als ein neues Leckgranulom.

Es gibt noch viele andere von Hunden gezeigte wiederkehrende Verhaltensweisen, die man derzeit entweder als Stereotypien oder als Zwangsneurosen bezeichnet, je nachdem welcher Schule man sich zurechnet. Ich habe

Fälle gehabt, wo Hunde zwanghaft den Fußboden oder polierte Holzoberflächen ableckten. Manche von ihnen lecken so ausdauernd, daß sie tiefe Spuren auf dem Teppich hinterlassen oder die Politur von lackierten Oberflächen total entfernen. Bei den Politurleckern scheinen Cocker Spaniels überproportional vertreten zu sein, was bei mir den Verdacht geweckt hat, daß eine genetische Komponente mit im Spiel ist. Falls sich diese Annahme als gerechtfertigt erweist, würde dies die Theorie der Zwangsneurose stützen. Das Leckgranulom selbst scheint familiär gehäuft aufzutreten und ist zumeist bei größeren Hunderassen anzutreffen, so bei Dobermann, Labrador und anderen Retrievern.

Wie bereits im vorigen Kapitel erwähnt, gibt es auch Hunde, die andere Wiederholverhalten aufweisen, etwa Schnappen nach imaginären Fliegen oder Schattenjagen, während wieder andere ständig nach etwas Nichtvorhandenem zu suchen scheinen oder ihren Schwanz so lange jagen, bis sie vor Erschöpfung zusammenbrechen. Wir wissen immer noch nicht genau, was in all diesen Fällen vor sich geht, doch handelt es sich möglicherweise um Formen einer Zwangsneurose. Wenn Neuroleptika sich bei einem bestimmten Wiederholzwang als effektiv erweisen, neigt sich die Waage zugunsten der Diagnose Zwangsneurose. Forschungsvorhaben zu diesen Problemen werden derzeit in unserer Klinik und an anderen Tierärztlichen Hochschulen durchgeführt.

Leckgranulom

Typisch für dieses Leiden ist das ständig wiederholte Lekken derselben Stelle, häufig an den unteren Gliedern der Läufe. Die Aufmerksamkeit kann sich mit der Zeit von einer Stelle zu einer anderen verschieben. In erster Linie sind große Hunderassen (Labrador Retriever, Deutscher Schäferhund, Dänische Dogge, Dobermann) davon betroffen. Die erkrankten Tiere sind oft nervös oder ängstlich.

Behandlung

1. Am besten wählen Sie eine Nahrung, die auf die Aktivität Ihres Hundes abgestimmt ist. Vermeiden Sie zum Beispiel Kraftfutter bei einem Haushund, der die meiste Zeit eingesperrt oder ruhend verbringt.
2. Je mehr Auslauf der Hund hat, desto besser: 20 bis 30 Minuten intensives Bewegungstraining ist das absolute Minimum.
3. Sorgen Sie für ein abwechslungsreiches und anregendes Umfeld, mit vielen Spielsachen, die der Hund bewegen und auf denen er herumkauen kann.
4. Ihr Tierarzt sollte Antibiotika verschreiben, sofern eine Infektion vorliegt.
5. Es kann angezeigt sein, den Hund mit einem Neuroleptikum wie Prozac (Fluctin, Fluoxetin) oder Anafranil (Clomipramin) zu behandeln. Alternativ können eventuell auch opioide Antagonisten wie Naltrexon eine erhebliche Besserung bewirken.

Kapitel 14

Ein anrüchiges Problem

Zugegeben, als ich mich mit gestörtem Hundeverhalten zu beschäftigen begann, war ich nicht allzu begeistert von der Aussicht, mich auch mit dem Problem des unangebrachten Absetzens von Harn und Kot (wie die mangelnde Stubenreinheit im Fachjargon heißt) zu beschäftigen. Es gelang mir sogar eine Zeitlang, diesem Thema aus dem Weg zu gehen, indem ich es als ein langweiliges, weiter nicht interessantes Erziehungsproblem von minderer Bedeutung abtat. Welch ein Irrtum! Dieses Problem stellt nämlich erstens eine erhebliche Herausforderung der diagnostischen und therapeutischen Fähigkeiten dar, und zweitens kann ein Fehlschlagen der Korrektur dieses manchmal recht hartnäckigen Problems schwerwiegende Folgen für das Tier haben.

Hunde sind, wie viele andere Arten, von Natur aus sauber. Sie haben eine angeborene Neigung, Harn und Kot an Stellen abzusetzen, die von ihrem Freß- und Schlafbereich weit entfernt sind. Diese scheinbare Pingeligkeit existiert möglicherweise auf Grund eines damit verbundenen evolutionären Vorteils: Saubere Hunde werden nicht so leicht von Parasiten befallen.

Warum ist mangelnde Stubenreinheit bei Hunden dann eines der häufigsten Verhaltensprobleme, das nach Schätzungen in 10 bis 20 Prozent aller Fälle vorliegt?

Und warum haben manche Menschen solche Schwierigkeiten, ihre Hunde dazu abzurichten (oder umzuerziehen), sich im Freien zu erleichtern, so daß das Problem
letztendlich zum Einschläfern von Hunden führen kann?
Bei einem großen Teil der Hunderttausenden von Hunden, die jeden Monat durch die Behörden einem vorzei-
tigen Ende zugeführt werden, steht traurigerweise eben-
dieses Problem im Hintergrund ihrer vorangegangenen
Abschiebung ins Tierheim. Viele dieser Hunde haben
zwar Besitzer, die sie lieben, die es aber einfach nicht
mehr aushalten, mit einem Hund, der nicht stubenrein
ist, unter einem Dach zu leben.

Die erste und einleuchtendste Erklärung mangelnder
Stubenreinheit ist die Tatsache, daß viele Hunde keine
Möglichkeit haben, das Haus selbständig zu verlassen, so
daß ihnen manchmal nichts anderes übrigbleibt, als das
eigene Nest zu beschmutzen. Dies betrifft vor allem Welpen und junge Hunde, die längere Zeit allein gelassen
werden, denn sie brauchen häufige »Baumbesuche«.
Eine Faustregel besagt, daß ein junger Hund den Harn so
viele Stunden halten kann, wie er Monate zählt, plus
eins. Sobald ein Hund ausgewachsen ist, kann er – je
nachdem wieviel Wasser er getrunken hat – acht bis zehn
Stunden warten, bevor er nach draußen muß.

Wenn wir Ausscheidungsprobleme verstehen wollen,
ist es unabdingbar, sich klarzumachen, daß Urinieren
und Koten für einen Hund mehr bedeuten als nur die
Ausscheidung körperlicher Abfallprodukte. So seltsam
es uns erscheinen mag, die Hinterlassung von Urin und
Kot ist auch ein Mittel der visuellen und olfaktorischen
Kommunikation. Furchtsame Hunde begeben sich beim
Urinieren in Hockstellung, um Unterwürfigkeit zu signalisieren, während dominante Hunde alles und jedes mar-

kieren, um ihren Revieranspruch zu erheben. Die »Bello war hier«-Botschaft ist in Pheromonen genannten biologischen Duftmarken verschlüsselt und als Entsprechung zu unseren Visitenkarten zu betrachten. Ausgewachsene, nicht kastrierte Rüden sind aus hormonalen Gründen in diesem Markierungsspielchen am produktivsten. Weitere nicht mit der Ausscheidung zusammenhängende Ursachen für unangemessenes Urinieren sind medizinische Leiden wie zum Beispiel Zystitis (Blasenentzündung), aber auch extreme Angst oder Furchtsamkeit. Die richtige Ursache herauszufinden, kann sich manchmal zu einem komplizierten Geduldsspiel auswachsen.

An einem Tag im Frühling hatte ich einen Termin mit Charlotte Arnold, einer sehr angenehmen Klientin, die mir ihre Rauhhaar-Foxterrierhündin Bushka vorstellen wollte. Ich kannte Charlotte bereits von früheren Besuchen mit ihrem damaligen Hund, einem Welsh Corgi, mit dem es dominanzbedingte Probleme gegeben hatte. Charlotte, eine pensionierte Lehrerin, hatte sich Bushka vor acht Monaten aus einem Tierheim geholt, um die durch das Ableben ihres vorigen Gefährten entstandene Lücke zu füllen. Doch schon bald wurde ihr klar, warum sich die früheren Besitzer von der Hündin getrennt hatten: Bushka war eine unverbesserliche Hausbeschmutzerin. Sie urinierte bis zu achtmal am Tag an allen erdenklichen Stellen; erschwerend kam noch hinzu, daß sie gelegentlich sogar einen Haufen in die Küche setzte. Man hatte Charlotte gesagt, daß einer der Gründe für Bushkas urinäre Inkontinenz eine zu kleine Blase sei, die zudem noch zu ungünstig liege, um eine angemessene Harnmenge aufzunehmen, was durchaus möglich war, aber nicht unbedingt stimmen mußte. Was immer der Grund war, die Sache ging Charlotte zunehmend auf die Nerven.

Zu dem Zeitpunkt, als ich Bushka kennenlernte, war sie schon wegen ihrer angeblichen Beckenblase operiert worden, doch Charlotte berichtete, daß es seither eher noch schlimmer geworden sei. Wenn in Begleitung von unangebrachter Harnabgabe auch unangebrachtes Absetzen des Kots auftritt, bin ich immer geneigt, eher eine problematische Erziehung zur Stubenreinheit in Betracht zu ziehen als medizinische Ursachen. Trotzdem beschäftigte ich mich als erstes mit Bushkas medizinischer Vorgeschichte, wobei ich mich insbesondere für die letzten Resultate der Blut- und Harnanalyse interessierte, obwohl ich nicht erwartete, dabei wirklich auf irgend etwas von Bedeutung zu stoßen. Nachdem ich ein medizinisches Problem, so gut es mir möglich war, ausgeschlossen hatte, gedachte ich Bushka zu behandeln, als ob sie einen plötzlichen Verlust der Stubenreinheit erlitten habe.

Ich wies Charlotte an, Bushka mehrmals am Tag an der Leine an einen geeigneten Platz außerhalb des Hauses zu führen und ihr genügend Zeit für die erwünschte Verrichtung zu lassen, vielleicht eine Viertelstunde. Um den gewählten Platz anziehender zu machen, riet ich ihr, dort harngetränktes Zeitungspapier auszulegen, um Bushka den passenden olfaktorischen Hinweis zu geben. Die Ausflüge zum Kotplatz sollten nach folgendem Schema verlaufen: als erste Tat am Morgen, dann den Tag über in dreistündigen Abständen und schließlich spätabends zum letztenmal. Charlotte sollte Bushka 15 bis 20 Minuten nach dem Fressen und sofort nach dem Schlafen, Knochennagen oder Spielen hinausführen. Beim Hin- und Rückweg sollte sie ein flottes Tempo anschlagen und Bushka keine Ablenkungen von ihrer Aufgabe gestatten. Der gesamte Ablauf sollte von einem akustischen Fingerzeig begleitet werden, ähnlich dem »Nun mal zack, zack!«, das die unvergeßliche Barbara Woodhouse so populär gemacht hat. Wenn der erwünschte Effekt daraufhin eintrat, sollte Bushka zur Verstärkung des Verhaltens sofort gelobt werden und einen hochgeschätzten Leckerbissen, zum Beispiel gefriergetrocknete Leber, als Belohnung bekommen. Ich wies darauf hin, wie wichtig das richtige Timing sei, denn wenn die Belohnung nicht wenige Sekunden nach der erlösenden Tat erfolgt und die Hündin inzwischen zum Beispiel einen Vogel auf dem nächsten Baum beobachtet, kann dies das falsche Verhalten verstärken.

Nach erfolgreichem Abschluß der Mission sollte Bushka dann wieder ins Haus dürfen, wo sie sich aber in einem eingegrenzten und genau überwachbaren Bezirk aufzuhalten hatte. Falls Bushka irgendwelche Anzeichen einer bevorstehenden Harnabgabe zeigte, wie Im-Kreis-Drehen oder Am-Boden-Schnüffeln oder auch nur allgemeine Unruhe, sollte sie umgehend wieder nach draußen geführt und dazu angehalten werden, den dafür vorgesehenen Ort zu benutzen. Falls Bushka draußen *keinen* Kot oder Harn abgab, sollte sie wieder ins Haus gebracht und in einem engen Raum, zum Beispiel einer Hundebox eine Viertelstunde lang eingesperrt und dann wieder hinausgeführt werden. Da Bushka bereits an eine Hundebox gewöhnt war, hielt ich dies für den geeignetsten Ort zur Einschränkung ihrer Bewegungsfreiheit, weil er keinen zusätzlichen Stress hervorrief.

Die meisten Hunde urinieren nicht in ihrer Box, sofern sie klein genug ist, da sie keine Möglichkeit haben, sich von ihrer Hinterlassenschaft genügend weit zu entfernen. Normalerweise halten sie sich deshalb, solange sie können, zurück und warten eine bessere Gelegenheit ab. In

Fällen, in denen der Hund einmal so lange eingesperrt war, daß er sich gezwungenermaßen und wider besseres Wissen dort entleert hat, sind Hundeboxen allerdings nicht mehr zweckdienlich. Ist der Reinheitskodex einmal durchbrochen, ist das Eingeschlossensein kein Hinderungsgrund mehr. Sehr kleine Hunde können sich in einer großen Box auch einfach ans andere Ende zurückziehen und so der Verschmutzung aus dem Weg gehen.

Eine Hundebox sollte so lang sein, daß sich der Hund bequem hinlegen, so breit, daß er sich umdrehen, und so hoch, daß er darin stehen kann – anders ausgedrückt, sie sollte gemütlich sein. Manche Hunde werden hysterisch, wenn man sie darin einsperrt, besonders wenn sie nicht daran gewöhnt wurden, die Box als den sicheren Hafen bzw. die heimelige Höhle zu betrachten, als die sie gedacht ist. Hunde, die ihre Box nicht mögen, können im Laufe von mehreren Wochen wieder eingewöhnt werden, indem man sie erst daneben und schließlich darin füttert und sie mit Leckerbissen, Streicheleinheiten und Lob belohnt, wenn sie in die offene Box hineingehen. Das Einschließen in der Box als Strafe zu benutzen, ist kontraproduktiv, weil es die Vorstellung, daß die Box eine Höhle oder Zuflucht darstelle, nicht fördert.

Bushkas Verhältnis zu ihrer Box war etwas problematisch; wenn sie abends dort eingesperrt wurde, urinierte sie gelegentlich auf die darin liegende Hundedecke. Charlotte fand dann die nasse Decke zusammengeknäult am hinteren Ende des Verschlags vor. Ich war der Meinung, die feuchtigkeitsaufsaugende Decke erleichtere es Bushka vielleicht, in der Box zu urinieren, weil sie ihr Heim dabei nicht direkt beschmutzte, und wies deshalb Charlotte an, die Decke eine Zeitlang zu entfernen und abzuwarten, ob dies vielleicht dazu führte, daß Bushka etwas länger durchhielt. Für den Fall, daß die Hundebox ihren im Umerziehungsprozeß angestrebten Zweck nicht erfüllte, zählte ich Charlotte die anderen Möglichkeiten auf, die es gab. Sie konnte Bushka zum Beispiel in der Zeit zwischen den Gartenbesuchen mit einer kurzen Leine an einem Bein des Küchentischs festbinden oder es mit dem sogenannten »Nabelschnur-Training« probieren, was bedeutete, daß sie Bushkas Leine an ihrem eigenen Gürtel befestigte und sie so den ganzen Tag um die Füße hatte, wenn sie zu Hause war. Ganz gleich, welche Methode des Wegsperrens oder Anbindens man auch wählt, in jedem Fall steckt dahinter dasselbe Prinzip: Auf Grund ihres angebotenen Reinlichkeitsinstinkts harnen und koten Hunde normalerweise nicht dort, wo sie stehen.

Charlotte war also klar, worauf sie achten mußte, doch sie hatte noch eine Frage, eine sehr berechtigte dazu.

»Was soll ich tun, wenn Bushka direkt vor mir uriniert und ich nicht rechtzeitig eingreifen kann? Soll ich sie ausschimpfen oder es einfach ignorieren?« wollte sie wissen.

»Auf keinen Fall schimpfen«, erwiderte ich, »denn wenn Sie das tun, macht sie es eben, wenn Sie gerade nicht hingucken, und draußen würde sie sich dann sträuben, ihr Geschäft vor Ihren Augen zu verrichten. Sie können aber etwas anderes tun, nämlich irgendeinen Lärm veranstalten, indem Sie zum Beispiel mit der Faust auf den Tisch hauen oder eine Blechdose mit Münzen schütteln. Eine solche unerwartete, unhöfliche Störung bewirkt, daß ihre Schließmuskeln sich zusammenziehen und sie mittendrin aufhört. Dann sollten Sie sie schnell an die Leine nehmen und nach draußen bringen. Ums Aufwischen können Sie sich später kümmern.«

Charlotte prägte sich auch dies ein, und ich ging nun zu einem weiteren wichtigen Aspekt der Eindämmungsmaßnahmen über, dem Reinemachen nach einem »Unglück«.

»Es ist absolut unerläßlich, den Schmutz jedesmal gründlich zu entfernen, denn sonst hat der Geruch auf Bushka dieselbe Anziehungskraft wie eine Wärmequelle auf eine wärmegelenkte Rakete. Es genügt nicht, den Harn mit Küchenpapier aufzusaugen und die verunreinigte Stelle mit Seifenwasser zu wischen. Der Fleck muß grundsätzlich noch mit einem Mittel nachbehandelt werden, das Gerüche neutralisiert. Versuchen Sie erst gar nicht, den Geruch mit Essig oder Ammoniak zu übertönen, das genügt nicht. Ein Geruchsneutralisierer dagegen zerstört tatsächlich die Quelle des Geruchs, und darum geht es. Es gibt zwei Arten von Mitteln, die einen enthalten Enzyme, die anderen Bakterien, und ihre Effektivität ist in etwa die gleiche. Da es sich um biologische Mittel handelt, reagieren beide Produkte empfindlich auf Chemikalien und extreme Temperaturen, deshalb müssen Sie achtsam damit umgehen, damit sie ihre Wirkung nicht einbüßen. Lassen Sie sie nicht in der Sonne oder an der Heizung stehen und behandeln Sie die verschmutzte Stelle keinesfalls vorher mit einem chlorhaltigen Haushaltsmittel, denn dann funktioniert es nicht.«

Charlotte war entschlossen, einen Versuch mit diesem Programm zu wagen, und machte sich wieder auf den Weg. Wie verabredet, rief sie mich nach einer Woche an. Bushkas Zustand hatte sich wesentlich gebessert. Sie hatte sich im Handumdrehen an die neuen Regeln gewöhnt und war jetzt völlig stubenrein – jedenfalls bei Tage. Seit unserem Gespräch war es kein einziges Mal tagsüber zu einer unangebrachten Entleerung gekommen. Nachts sah es allerdings etwas anders aus... Jeden Morgen zwischen halb fünf und fünf Uhr fing Bushka an, unaufhörlich zu bellen, und Charlotte mußte dann so schnell wie möglich aus dem Bett springen, um Bushka nach draußen zu bringen, weil ihr sonst ein Unglück in ihrer Box passierte. Anscheinend funktionierte das Entfernen der Hundedecke, denn zuvor hatte Bushka sich nie auf diese Weise gemeldet, sondern sich einfach auf der Decke auslaufen lassen und war wieder eingeschlafen. Es war also möglich, Bushka heil durch die 24 Stunden des Tages zu bekommen, doch die Aussicht, von nun an allmorgendlich um halb fünf aufstehen zu müssen, erfüllte Charlotte mit Schrecken. Ich überlegte, ob es an der kleinen Blase lag, die den Harn einfach nicht länger halten konnte. Auch fiel Charlotte ein, daß Bushka es noch nie länger als vier bis sechs Stunden ohne Urinieren ausgehalten hatte. Aber Charlotte sagte auch, daß sie wegen des Schlafmangels den ganzen Tag wie betäubt herumlaufe und ihren vielen Verpflichtungen nur noch mit Mühe nachkommen könne. Es mußte also etwas geschehen. Doch was?

Ich dachte an die Zeit zurück, als eines meiner Kinder es zuweilen nicht schaffte, ohne Zwischenfall durchzuschlafen, und zwar in einem Alter, in dem das Bettnässen normalerweise schon längst der Vergangenheit angehört. Damals hatte ich mich mit den medizinischen Hintergründen der Enurese (so nennt man das unbeabsichtigte Harnlassen) und deren Behandlung befaßt. Eine der Möglichkeiten war, ein trizyklisches Antidepressivum zu verschreiben, das unter anderem den Muskeltonus des Blasenausgangs erhöht. Gestützt auf diese Kenntnisse und meine Erfahrung mit der Anwendung solcher Medikamente bei Hunden, riet ich Charlotte, es bei Bushka mit Tofranil zu probieren. Der Erfolg stellte sich umgehend ein. Eine einzige kleine Dosis am Tag genügte, um Bushka – und damit Charlotte – zum Durchschlafen zu verhelfen. Beim letztenmal, als ich von Bushka hörte, nahm sie dieses unschädliche (und recht preiswerte) Medikament noch immer und war weiterhin »unfallfrei«.

Es freute mich sehr, daß ich Charlottes Problem hatte lösen können, nicht nur, weil es eine Herausforderung dargestellt hatte, sondern auch weil ich spürte, daß sie nahe daran gewesen war, Bushka wieder ins Tierheim zu geben. Und diesmal hätte das ihr sicheres Ende bedeutet. Charlotte war zwar eine äußerst mitfühlende und hingebungsvolle Hundehalterin, doch die acht Monate vor ihrem Besuch der Tufts-Klinik, in denen alle Mühen umsonst gewesen waren, hatten sie zermürbt und an den Rand ihrer Kräfte gebracht. Es war mir von Anfang an klar gewesen, daß es danach keine weiteren Behandlungsversuche gegeben hätte.

Bushkas mangelnde Stubenreinheit war geradezu exemplarisch und rührte wahrscheinlich von zurückliegenden unzureichenden Methoden der Sauberkeitserziehung her; vielleicht hatte sich das Problem durch den Aufenthalt im Tierheim noch verschärft. Mit Sicherheit war ihr Einnässen in der Box ein Zeichen dafür, daß sie irgendwann in ihrem Leben vernachlässigt worden war. Außerdem spielte auch eine genetische Disposition eine Rolle. Allem Anschein nach sind Terrier generell nicht so leicht zur Stubenreinheit zu erziehen, besonders wenn in dem Haushalt mehrere Hunde leben. Bei Klienten, die über mangelnde Stubenreinheit ihres Terriers klagen, bin ich immer in Versuchung, sofort auf schlechte Erziehung zu tippen. In einem Fall hat mich dies Vorurteil allerdings in Schwierigkeiten gebracht, und ich konnte das Problem

erst lösen, als ich einen nicht besonders cleveren Rück-
zieher machte.

Die betreffende Hundehalterin besaß zwei Yorkshire
Terrier, und der eine hatte über ein Jahr lang im Haus
uriniert. Ohne den Hund erst einmal einer Reihe von
Tests zu unterziehen, legte ich gleich mit einem Umerzie-
hungsprogramm los – doch nach zwei Wochen hatte sich
an dem Verhalten noch so gut wie nichts verändert. Nun
erst tat ich das, was gleich zu Anfang fällig gewesen wäre.
Ich nahm eine Urinprobe und schickte sie zur biochemi-
schen Analyse, Anlage einer Bakterienkultur und zur Be-
stimmung der antibiotischen Empfindlichkeit ins Labor.
Wie sich herausstellte, litt der Hund an einer leichten
Zystitis, die auf eine dreiwöchige Behandlung mit einem
Antibiotikum ansprach. Die Klientin hatte wegen meiner
Unterlassung einige Unannehmlichkeiten gehabt, doch
die erfolgreiche Lösung des Problems besänftigte sie wieder. Aus diesem Versäumnis habe ich viel gelernt. Ich
veranlasse heute in jedem Fall medizinische Tests, auch
wenn das Problem noch so klar zutage zu liegen scheint,
weil ich denselben Fehler nicht noch einmal machen will.

Viele andere Leiden, von Nierenkrankheiten und Drü-
senstörungen bis zu einer Art Alzheimer-Krankheit, können mit unangebrachtem Urinieren einhergehen. Ältere
Hunde, die an Inkontinenz leiden, haben manchmal ein
sogenanntes kognitives Dysfunktionssyndrom. Vereinfacht ausgedrückt bedeutet das, daß diese Hunde auf
Grund von altersbedingten Gehirnveränderungen die
Kontrolle über die Blase verlieren. Glücklicherweise
wird demnächst ein neues Präparat zur Behandlung dieses Syndroms auf den Markt kommen und Besitzern von
alten Hunden neue Hoffnung geben. Deprenyl wirkt ein
bißchen wie einige der früheren Antidepressiva, den

Monoaminooxidase-Hemmern, aber im Gegensatz zu den MAO-Hemmern treten hierbei keine ungünstigen Reaktionen auf bestimmte Futtermittel auf; das heißt, es passiert nichts, wenn ein damit behandelter Hund sich ein Stückchen Käse schmecken läßt. Außerdem benehmen sich Hunde, die mit Deprenyl behandelt werden, manchmal wieder wie in ihrer Jugend, und tatsächlich liegen Beweise vor, daß sie auch eine längere Lebenserwartung haben.

Die Besitzerin eines zehnjährigen Irish Setters, dem kürzlich Deprenyl verabreicht wurde, berichtete dem Tierarzt, der das Medikament verordnet hatte, daß ihr Hund sich plötzlich so aufführte, als wäre er wieder zwei Jahre alt. Der Arzt interpretierte dies als gute Nachricht – doch die Dame sagte, das Benehmen des Hundes habe ihr schon damals keineswegs gefallen, er sei hyperaktiv gewesen und ein höchst lästiger Hausgenosse. Daraufhin wurde die Dosis so lange angepaßt, bis er sich schließlich wie ein sechs Jahre alter Hund benahm!

Manchmal ist die Erklärung für unangebrachtes Urinieren noch offensichtlicher als in den erwähnten Fällen. So kann jeder, der einen nicht kastrierten Rüden besitzt, einmal erleben, daß dieser das Bein an einem Möbelstück hebt, insbesondere wenn der Hund meint, etwas beweisen zu müssen. Wenn eine Hündin in der Nachbarschaft läufig wird, kann dies mit einer erstaunlichen Häufigkeit geschehen, und gleiches gilt für den Fall, daß ein zweiter Hund angeschafft wird. Dieses Verhalten ist völlig normal und aus Sicht des Hundes keineswegs unangebracht. Bei Rüden beruht es zum einen auf einem gewissen hormonalen Antrieb, zum anderen scheint es in Zusammenhang mit Dominanz aufzutreten. Kennzeichnend für das Markierungsverhalten ist die Abgabe von kleinen

Harnmengen an strategisch wichtigen Punkten. Man bezeichnet dies auch als Visitenkartensyndrom – eine Art von hundlichem Graffitisprayen. Glücklicherweise lassen sich die meisten Fälle von Beinheben durch eine Kastration leicht unter Kontrolle bringen. Etwa 90 Prozent der Hunde hören in den ersten Wochen nach der Operation damit auf. Bei denen, die das Verhalten nicht aufgeben, lassen sich viele durch Dominanzumkehrstrategien unter Kontrolle bringen, ein Vorgehen, bei dem es sich hauptsächlich darum handelt, unterwürfige Verhaltensweisen zu belohnen.

Die letzte Art der unangebrachten Entleerung wird durch bestimmte Ängste oder eine generelle Ängstlichkeit motiviert. Legt man diese Definition ein wenig weiter aus, dann ist wahrscheinlich das unterwürfige Urinieren am häufigsten anzutreffen. Es tritt bei jungen Hunden auf – in den meisten Fällen handelt es sich um Weibchen im Alter von sechs Monaten bis zu zwei Jahren. Diese urinieren, wenn sie einen Menschen an der Tür begrüßen oder wenn bestimmte Menschen sie ansprechen oder auf sie zugehen. Häufig passiert es auch, wenn man die Hand nach dem Halsband ausstreckt oder dem Hund die Leine anlegt. Hunde, die dieses Unterwerfungssignal geben, neigen zu Ängstlichkeit; ihr Selbstvertrauen kann durch strenge Behandlung oder quasi militärische Methoden der Erziehung zum Gehorsam erschüttert worden sein. Bestimmte Rassen, allen voran der Cocker Spaniel, scheinen ganz besonders zu unterwürfigem Urinieren zu neigen. Labile Hunde halten den vermeintlichen Herausforderer offenbar für so stark, daß sie sich zu einer Respektsbezeugung gezwungen fühlen – eben durch Urinieren in hockender Stellung oder Sich-auf-den-Rücken-Legen. Auf Grund ihrer körperlichen Merkmale (Statur, Stimme, Körpersprache) sind es vor allem Männer, die ein solches Verhalten dafür anfälliger Hunde auslösen.

Unterwürfiges Urinieren ist eigentlich ein großes Kompliment, doch wenn der Urin in Ihren besten Teppich sickert oder unter Ihren Schuhen quatscht, wird sich die Freude darüber in Grenzen halten. Manche Leute schreien ihre Hunde dann an, was zwar verständlich ist, doch leider hat eine derartige Reaktion den gegenteiligen Effekt. Der Hund meint, er sei nicht demütig genug gewesen und duckt sich noch tiefer und gibt noch einmal einige Tropfen Urin ab. In solchen Fällen hilft nur, das Tier in Frieden zu lassen. Je aktiver Sie gegen dieses Problem angehen, desto schlimmer wird es.

Mein vorläufig letzter Fall von unterwürfigem Urinieren betraf eine junge Cocker-Spaniel-Hündin, die Will, einem unserer Wärter in der Pferdeabteilung, gehörte. Misty, so hieß sie, war sechs Monate alt. Ich riet Will, Misty weder anzublicken noch anzusprechen, wenn er nach Hause kam, sondern direkt in die Küche zu gehen und sich dort hinzusetzen. Außerdem wies ich ihn an, weniger Gewicht auf ihren Gehorsam zu legen und statt dessen ihr Selbstbewußtsein zu stärken, indem er unser Programm zur Bekämpfung von Dominanz einfach auf den Kopf stellte. Eine Schlüsselstellung dabei nimmt das »Tauziehen« mit einem alten Handtuch oder ähnlichem ein. Will sollte nun jeden Abend mit seiner Hündin um die Wette ziehen und zerren, aber *er sollte Misty gewinnen lassen!* Zusätzlich riet ich ihm, wenn er sich ihr im Hause nähern oder ihr die Leine anlegen wollte (letzteres war besonders problematisch), in die Hocke zu gehen und sie zu sich zu rufen, statt auf sie zuzukommen und dabei bedrohlich über ihr zu stehen.

Will befolgte meine Ratschläge, und der Zustand hatte sich bald um einiges gebessert, außer daß die kleine Hündin immer noch urinierte, sobald er sich daranmachte, ihr die Leine anzulegen. Obwohl Will sich redliche Mühe gab, erwies sich dies als besonders schwieriger Punkt. Was konnte ich ihm noch raten? Schließlich fiel mir etwas ein: Er sollte während des gesamten Vorgangs der Hündin niemals das Gesicht zuwenden. Für Will bedeutete dies, daß er sich mühsam, mit dem Rücken voran, in der Hocke auf sie zubewegen und die Leine mit nach hinten gestreckten Armen an ihr Halsband fummeln mußte. Hoffentlich, dachten wir beide, würde nicht gerade in diesem Augenblick einer seiner Nachbarn zufällig durchs Fenster sehen und meinen, er gehöre wohl zum Psychiater... So verrückt und peinlich diese Taktik anmutet, sie hat funktioniert! Und – noch ein Vorteil für Will – nach einigen Wochen war es soweit, daß er wieder aufhören konnte, auf dem Boden herumzurutschen, ohne daß Misty wieder mit dem unterwürfigen Urinieren anfing. Sie hatte gelernt, daß es nicht nötig war.

Natürlich legen die meisten Hunde dieses störende Verhalten mit zunehmendem Selbstvertrauen und Älterwerden von allein ab, doch kann es einem ganz schön auf die Nerven gehen, wenn der Teppich sechs bis zwölf Monate lang ständig naß wird, und deshalb werden solche Vorschläge zur Verhaltensmodifikation normalerweise gern angenommen. Aus meiner Sicht ist eine Neustrukturierung von Hund-Mensch-Interaktionen nichts anderes als eine Beschleunigung des natürlichen Laufs der Dinge.

Andere angstbedingte Entleerungsprobleme können etwas tückischer sein als das unterwürfige Urinieren. Zu dieser Kategorie gehört das durch Trennungsangst bedingte Urinieren. Die Diagnose fällt meist nicht schwer, da das Tier nur uriniert (und/oder kotet), wenn der Hundebesitzer abwesend ist. Hunde, die unter Trennungsangst leiden, weisen auch viele andere verräterische Anzeichen auf: Zum Beispiel folgen sie ihrem Herrn im Haus auf Schritt und Tritt, reagieren mit allen Zeichen von Angst, wenn er Anstalten zum Fortgehen trifft, winseln und bellen, wenn er weg ist, fressen zeitweilig nicht (psychogene Anorexie), richten Schäden in der Wohnung an und sind außer sich vor Freude, wenn ihre Herrschaft heimkehrt. In diesen Fällen reicht eine Behandlung der Trennungsangst aus, um das unangebrachte Ausscheidungsverhalten verschwinden zu lassen.

Ein letzter Typ des angstbedingten Urinierens und Kotens hat mit der Angst zu tun, die durch Veränderungen im Haushalt verursacht wird. Ich erinnere mich an einen Fall, bei dem es um eine vierjährige Lhasa-Apso-Hündin namens Maxine ging. Ihre Besitzerin berichtete, daß das Problem am Tag begann, als sie mit ihrem Neugeborenen aus dem Krankenhaus zurückkam. Maxine begann, scheinbar wahllos auf den Teppichboden zu urinieren und zu koten. Dieses angstbedingte Markierverhalten steigerte sich noch durch die Reaktion der Besitzer, die darüber maßlos verärgert waren und laut zu schreien anfingen, sobald sie Maxine dabei ertappten. So wurde das Verhalten der Hündin noch verstärkt, denn auf diese Weise konnte sie sich die erwünschte Beachtung verschaffen.

Der Rat an ihre Besitzer lautete, sich mehr um Maxine zu kümmern, wenn das Baby in der Nähe war, und nicht so sehr, wenn das nicht der Fall war. Außerdem sollten sie Ruhe bewahren, wenn es wieder dazu gekommen war, und an den verschmutzten Stellen einen Geruchsneutralisierer benutzen. Maxine erhielt ein leichtes angstreduzierendes Medikament, um besser mit der neuen Herausforderung fertig zu werden, und das übrige sollte die Zeit mit sich bringen.

Bei der Nachfrage einen Monat später hieß es, daß Maxine ruhiger und »richtig lieb« geworden sei und es während der gesamten Zeit nur einmal zu einem Mißgeschick gekommen sei. Auch in der Folgezeit gab es, selbst nach Absetzen des Medikaments keine weiteren Probleme mehr, und ich konnte den Fall als abgeschlossen betrachten.

Im Vergleich zu früher weiß ich heute besser, wie wichtig eine exakte Diagnose für die Behandlung derartiger Störungen ist. In diesem Zusammenhang ist mir klar geworden, daß es von äußerster Wichtigkeit ist, eine gründliche körperliche Untersuchung des Tieres vorzunehmen, inklusive entsprechender Labortests, und eine detaillierte Vorgeschichte des Verhaltens zu erstellen. Wenn die Diagnose feststeht, ist die Behandlung normalerweise ziemlich unkompliziert. Glücklicherweise kann ich berichten, daß ich fast alle Patienten, die mir in den letzten Jahren vorgestellt wurden, erfolgreich behandeln konnte, den Fall eines achtjährigen Bichon frisé eingeschlossen, der schon sein Leben lang im Haus gekotet und geharnt hatte. Dieser Hund urinierte sogar in einer Hundebox, aber nie im Schlafzimmer seines Frauchens, so daß dieser Raum als Einsperrort während des Umerziehungsprogramms gewählt wurde. Sowohl seine Besitzerin als auch ich staunten, wie schnell es Erfolg hatte. Wenn ich es geschafft habe, diesen Hund zu kurieren, dachte ich für mich, dann werde ich auch mit jedem Störfall im Wasserwerk fertig.

Unangebrachte Ausscheidungen

In den meisten Fällen ist das Harnen und Koten im Haus ein (aus Hundesicht) normales Verhalten, das gewöhnlich durch eine verfehlte Erziehung zur Stubenreinheit verursacht wird, insbesondere wenn es sich um junge Hunde handelt. Ein weiterer Grund dafür ist das Markieren, das bei dominanten Rüden besonders ausgeprägt ist, wo es in Form des Beinhebens auftritt. Es gibt auch medizinische Ursachen, besonders bei älteren Hunden. Hunde, die nur dann urinieren oder Kot absetzen, wenn ihre Besitzer abwesend sind, können an Trennungsangst leiden.

Behandlung

1. Wenn die Ursache eine mangelhafte Sauberkeitserziehung ist, kann es genügen, den Hund durch Umerziehung an einen bestimmten Kotplatz außerhalb des Hauses zu gewöhnen.
2. Zur Behandlung von Markierungsverhalten bei ausgewachsenen Rüden ist die Kastration das Mittel der Wahl, sofern dies in Frage kommt. Bei anderen Arten des Markierungsverhaltens kann eine Dominanzumkehrbehandlung oder eine Behandlung mit angsthemmenden Medikamenten angezeigt sein.
3. In angstbedingten Fällen sollte man versuchen, die angstauslösenden Ursachen zu verringern. Eine medikamentöse Behandlung, zum Beispiel mit Bespar, kann zweckdienlich sein.
4. Sofern ein Verdacht auf krankhafte Ursachen besteht, sollten diese zuerst durch Ihren Tierarzt diagnostiziert und behandelt werden.

Nachwort

Die in diesem Buch geschilderten Fälle stellen einen Querschnitt der wichtigsten Verhaltensprobleme bei Hunden dar und zeigen zugleich, welche Möglichkeiten es gibt, sie zu korrigieren. Es ist wichtig, die Ursachen solcher Verhaltensstörungen zu kennen, weil dies den Weg zu der Lösung weist, die immer noch die beste ist – sie von vornherein zu verhindern. Bei einigen Auffälligkeiten liegt eine starke genetische Disposition vor, die durch Umwelteinflüsse und eigene Erfahrungen des Tieres noch verstärkt wird. In anderen Fällen kommt es bei einem ansonsten ausgeglichenen Hund auf Grund von traumatischen Erfahrungen mit seiner Umwelt, die die Grenzen seiner Belastbarkeit überschreiten, zu einer Störung des Verhaltens. Das skrupellose Züchten von Rassehunden, allein nach Gesichtspunkten der äußeren Erscheinung, ohne Rücksicht auf Wesensfestigkeit, hat bei bestimmten Rassen zu zahlreichen verdächtigen Zuchtlinien geführt, insbesondere hinsichtlich ihrer Aggressivität. Diese Frage ist im »Time Magazine« sowie in Fernsehsendungen ausführlich diskutiert worden. Bezeichnend ist die Äußerung eines Hundeausbilders in einer TV-Sendung: »Was da gezüchtet wird, kann man nur als den letzten Dreck bezeichnen.« Das trifft den Nagel auf den Kopf, und manch einer fragt sich, ob die ethischen Maßstäbe des Züchtens buchstäblich vor die Hunde gegangen sind oder ob die Hundevereine noch rechtzeitig aufwachen, um sich mit dieser entscheidenden Frage zu befassen.

Erschwerend kommt hinzu, daß bestimmte Fernsehserien einigen Hunderassen zur Popularität verholfen haben, deren negative Verhaltensbesonderheiten berüchtigt sind (was dort natürlich nicht gezeigt wurde). Wenn sich die Leute dann einen Jack Russell Terrier kaufen, weil sie sich in Eddie aus der Fernsehserie »Frasier« verliebt haben, müssen sie zu ihrer Überraschung feststellen, daß ihr Hundchen keineswegs ein Engel, sondern auch nur ein Terrier ist und sich vielleicht als hyperaktiver kleiner Kläffer entpuppt, der womöglich gar noch bissig wird. Der Disney-Film »101 Dalmatiner« machte den Dalmatiner populär – eine Rasse, die im 19. Jahrhundert ursprünglich zum Bewachen und Begleiten von Kutschen gezüchtet wurde. Seine Wachsamkeit beruht auf Dominanz- und Bewachungsverhalten. Diese nicht auf den ersten Blick sichtbare Seite seines Charakters ist das genaue Gegenteil der bei den kindlichen Kinobesuchern geweckten Erwartungen, die nämlich glauben, daß alle Angehörigen dieser Rasse so lieb und freundlich sind wie die Disney-Gestalten. Dann gibt es da noch die Hunde, die in »Susi und Strolch« und »Ein Hund namens Beethoven« auftreten, und, nicht zu vergessen, den aus der Bierwerbung bekannten Spuds MacKenzie.

Natürlich ist keine dieser Rassen von Grund auf schlecht, doch hat jede ihre besonderen Verhaltenseigenarten, und es ist nicht gesagt, daß sich diese in jedem Fall mit dem Lebensstil oder der Persönlichkeit der Leute vertragen, die sich einen dieser Hunde gern anschaffen würden. Um bestimmte Hunderassen (zum Beispiel Rottweiler oder Akitas) richtig zu erziehen, sind Vorkenntnisse über ihre Haltung unbedingt erforderlich. Sie eignen sich keinesfalls für Leute, die noch nie einen Hund hatten. Abgesehen vom Erbgut der Rasse empfiehlt es sich auch, die Abstammungslinie des Hundes zu überprüfen, wobei es manchmal schwierig ist, von den Züchtern auf weitergehende Nachfragen klare Auskünfte zu bekommen. Die Mutter und den Deckrüden Ihres zukünftigen Hundes kennenzulernen kann Sie hinsichtlich seiner nächsten Verwandten beruhigen und Ihnen eine gewisse zusätzliche Sicherheit geben. Es sollte sich dabei um Hunde handeln, die unbekümmert und munter sind, sich von Ihnen streicheln lassen und Sie weder anknurren noch anbellen oder sich feige vor Ihnen zurückziehen. Falls Sie sich von einem der Elterntiere abgeschreckt fühlen, ist das normalerweise ein schlechtes Vorzeichen.

Manche Leute kaufen sich im Zoogeschäft Broschüren, um etwas über die sie interessierende Hunderasse zu erfahren. Das nützt aber nicht viel, denn oft äußern sich darin die Züchter, und diese verlieren natürlich kein Sterbenswörtchen über die Nachteile ihrer Rasse. Anzunehmen, daß sich bei ihnen Aussagen über die schlechten Eigenschaften ihrer Hunde finden, wäre dasselbe, wie von einer Mutter zu erwarten, daß sie sich negativ über die Intelligenz oder das Benehmen ihrer Kinder äußert. Es gibt jedoch auch gute Informationsquellen. Für empfehlenswert halte ich »Harper's Guide to Dogs«, herausgegeben von Roger Caras, oder »Selecting a Puppy« von Dr. Ben und Lynette Hart. In diesen beiden Büchern findet man tatsächlich eine genaue und ehrliche Beschreibung der verschiedenen Hunderassen, deren Stärken und Mängel korrekt dargestellt werden.

Ich möchte allen, die sich einen Hund anschaffen wollen, dringend ans Herz legen, sich vorher möglichst eingehend über die ins Auge gefaßte Rasse zu informieren –

über Temperament und Haltung sowie weitere Gesichtspunkte wie die Länge des Haarkleids, die Unterhaltskosten, das Ausmaß der nötigen Pflegemaßnahmen, der Bewegung und der Eignung hinsichtlich des eigenen Lebensstils und des vorhandenen Platzes. Jeder sollte den für ihn passenden Hund wählen – ob mit oder ohne die Hilfe eines Hundeausbilders oder Verhaltenskundlers –, denn sofern alles optimal verläuft, wird man vierzehn bis sechzehn Jahre mit dem Tier verbringen. Es ist also keine Entscheidung, die man aus einer spontanen Laune oder aus Prestigegründen treffen darf, sondern eine Frage, die sorgfältig überlegt sein will.

Angenommen, Ihre Wahl ist auf eine geeignete Rasse gefallen, dann lautet die nächste Frage: Welches Alter ist am besten geeignet, um die Gefahr von Verhaltensstörungen so gering wie möglich zu halten? Meine Empfehlung lautet, einen Hund von sechs bis acht Wochen zu sich zu nehmen. Zu einem früheren Zeitpunkt kann es Probleme auf Grund seiner mangelnden Sozialisation an Artgenossen geben, ein älterer Hund dagegen ist kein unbeschriebenes Blatt mehr. Unter Umständen mag es genügen, wenn Sie wissen, daß der Hund ein gutes Zuhause hatte, in die Familie integriert war und richtig erzogen wurde, aber es gibt immer wieder Beispiele, wo dies nicht ausreichte. Sogar mit einem Hund aus dem Tierheim kann es gutgehen, sofern Sie genau wissen, worauf Sie achten und was Sie vermeiden sollten. Manche dieser bedauernswerten Tiere können wunderbare Hausgenossen werden, und außerdem retten Sie ein Leben, wenn Sie eines von ihnen mitnehmen. Ganz gleich, wofür Sie sich entscheiden – für einen reinrassigen Welpen oder einen Hund aus dem Heim –, in jedem Fall wäre es das beste, einen Tierarzt zur Einschätzung seines Charakters zu

Rate zu ziehen, bevor Sie eine endgültige Wahl treffen. Auch wenn eine Wesensprüfung bei jungen Hunden etwas ungenau ist und die Wissenschaftler nicht völlig überzeugt sind, daß ein solcher Test eine sichere Vorhersage darstellt, so ist es doch eine Tatsache, daß die meisten Menschen, die sich beruflich mit Hunden beschäftigen, dies für eine effektive Maßnahme halten. Der Test findet normalerweise am 49. Lebenstag des Hundes statt (also im Alter von sieben Wochen), aber es können auch mehrere Tests nötig sein, um eine gültige Voraussage zu treffen. Meiner Meinung nach ist ein von einer geeigneten Person durchgeführter Wesenstest nützlich, da er wertvolle Informationen über den Hund, den man sich anschaffen möchte, gibt. Auch durch zusätzliche Fakten können Sie Hinweise auf das Wesen des Hundes erhalten, den Sie in die nähere Wahl gezogen haben. Zumindest bei Hunden aus dem Tierheim kann man potentielle Probleme mit einiger Sicherheit vorhersagen. Trennungsangst zum Beispiel läßt sich mit fast hundertprozentiger Sicherheit feststellen.

Und wie geht es weiter, wenn Sie den Hund erworben haben? Wie sollten Sie vorgehen, wenn es sich dabei um einen Welpen handelt? Die Antwort, die ich Ihnen bereits in diesem Buch gegeben habe, lautet: mit einer guten Portion Sozialisation. Begegnungen mit Artgenossen – »Welpenpartys« – sind ein Muß. Ebenso wichtig ist es, den Hund in die Familie und den Alltag zu integrieren. »Parken« Sie ihn nicht in einem Zwinger! Binden Sie ihn nicht ständig an einen Baum! Bemühen Sie sich nach Kräften, ein hohes Kommunikationsniveau mit Ihrem Hund zu erreichen! Sorgen Sie dafür, daß er viel Bewegung bekommt und sich nicht langweilt! Und vor allem, behandeln Sie das neue Familienmitglied fair, ohne es zu verwöhnen oder zu verzärteln! Zur Hundeerziehung gehört auch der Gehorsam, doch vertrauen Sie nicht auf Strafen, sondern auf positive Verstärkung, bis einsilbige Kommandoworte umgehend befolgt werden. Grenzen zu setzen ist ein wichtiger Teil der Erziehung eines sozialverträglichen Hundes. Bestimmen Sie, welches Verhalten Sie von Ihrem Hund erwarten, und belohnen Sie ihn entsprechend! Unerwünschtes Verhalten sollten Sie, wie bereits durchgehend betont, grundsätzlich ignorieren.

Wenn sich trotz aller vorsorglichen Maßnahmen herausstellen sollte, daß sich bei Ihrem Hund eine Verhaltensstörung entwickelt, sollten Sie die Zusammenfassungen am Ende jedes Kapitels durchlesen oder in dem entsprechenden Abschnitt nach Lösungsmöglichkeiten suchen. Falls Ihnen nicht klar ist, wie Sie am besten vorgehen, sollten Sie sich Hilfe von außen holen. Als erstes sollten Sie wahrscheinlich bei Ihrem Tierarzt anrufen. Erkundigen Sie sich nach Informationen zu der betreffenden Auffälligkeit, und warten Sie ab, ob man Ihnen dort helfen kann. Falls nicht, fragen Sie, ob man Ihnen einen Fachmann empfehlen kann, der Sie bei der vorliegenden Verhaltensstörung beraten kann. Dabei sollte es sich vorzugsweise um einen Tierverhaltensexperten oder einen verhaltenskundlichen Fachtierarzt handeln; es gibt allerdings auch viele Hundeausbilder, die kompetenten Rat zu bestimmten Fragen der Hundehaltung und -erziehung erteilen können. Es ist immer das beste, so früh wie möglich einzugreifen, denn dann sind die Erfolgsaussichten noch besonders günstig. Wenn sich ein Verhalten erst einmal eingeschliffen hat, wird es sehr viel schwieriger, den Fehler wiedergutzumachen. Entgegen dem Sprichwort kann ein alter Hund zwar auch noch neue Tricks lernen, aber es dauert etwas länger...

Wenn Sie sich an diese Regeln halten, gibt es keinen Grund, warum Sie nicht einen ausgeglichenen, freundlichen Hund haben sollten, der sich gut in die Familie einfügt. Ihre Bekannten und Familienmitglieder müssen vor unerwünschten Aggressionsausbrüchen sicher sein, und für Sie sollte der Hund ein guter Gefährte sein, ohne von Ihnen übermäßig abzuhängen. Ängste und Phobien lassen sich bis zu einem gewissen Grad durch Vorbeugung vermeiden, und auch eine Neigung zu zwanghaften Verhaltensweisen läßt sich durch die richtige Gestaltung des Tagesablaufs und Lebensraums des Hundes in Schach halten. Die richtige Auswahl, Erziehung und Haltung sowie die rechtzeitige Korrektur unerwünschter Verhaltensweisen trägt dazu bei, daß aus Ihrem Hund ein vorbildlicher »Bürger auf vier Beinen« wird und sich eine enge Beziehung zwischen Ihnen und Ihrem Hund entwickelt.

Register

316

317

318